Guttentagsche Sammlung
Nr. 154. Deutscher Reichsgesetze. Nr. 154.
Textausgaben mit Anmerkungen.

Das Reichsgesetz für Jugendwohlfahrt

vom 9. Juli 1922

und Jugendgerichtsgesetz

vom 16. Februar 1923.

Bearbeitet und herausgegeben von

Paul Drewes — Amtsgerichtsrat
Emil Sandré — Kreissyndikus

Referenten im Provinzialwohlfahrtsamt der Provinz Pommern.

Berlin und Leipzig 1924.
Walter de Gruyter & Co.
vormals G. J. Göschen'sche Verlagshandlung — J. Guttentag, Verlagsbuchhandlung — Georg Reimer — Karl J. Trübner — Veit & Comp.

Vorwort.

Als im Jahre 1912 der Entwurf eines Gesetzes über das Verfahren gegen Jugendliche eingebracht wurde, forderte mich der Verlag auf, das Gesetz für ihn zu kommentieren. Ich nahm das Anerbieten an und hatte die Arbeit so weit gefördert, daß das Buch nach der Verabschiedung des Gesetzes hätte erscheinen können. Diese blieb aber aus. Bei Einbringung eines Entwurfs eines Jugendgerichtsgesetzes im Jahre 1920 erinnerte mich der Verlag an unsere Beziehungen, und wir vereinbarten, daß ich auch dieses Gesetz kommentieren solle, allerdings den Zeitverhältnissen entsprechend nur als kleine Handausgabe. Die Verabschiedung des Gesetzes ließ auf sich warten.

Als dann im Jahre 1922 das Reichsgesetz für Jugendwohlfahrt verabschiedet war, wurde ich aufgefordert, auch für dieses Gesetz die Bearbeitung einer kleinen Handausgabe zu übernehmen. Nach anfänglicher Ablehnung erklärte ich mich nach Gewinnung des Herrn Kreissyndikus Sandré als Mitarbeiter dazu bereit in der Annahme, daß die Verabschiedung des Jugendgerichtsgesetzes noch in weitem Felde liege. Es wurde vereinbart, daß das Reichsjugendwohlfahrtsgesetz einschließlich der zu erwartenden Landesausführungsgesetze bearbeitet werden sollte. Statt dessen wurde das Jugendgerichtsgesetz schnell verabschiedet und wird bereits am 1. Juli 1923 in Kraft treten. Der Verlag legt Wert darauf, daß beide Gesetze in einem Bande vereinigt bis zum 1. Juli gedruckt vorliegen sollen. Da die Landesausführungsgesetze bisher nicht erschienen sind, und da inzwischen bekannt geworden ist, daß der V. Abschnitt des Reichsjugendwohlfahrtsgesetzes in seiner bisherigen Fassung nicht in Kraft treten würde (vgl. auch S. 193), so muß das vorliegende Buch ohne diesen V. Abschnitt sowie ohne die Landesausführungsgesetze zunächst hinausgehen, die nach endgültiger Verabschiedung in einem Nachtragsbande folgen werden.

Die Verteilung zwischen den beiden Bearbeitern ist in der Weise erfolgt, daß Kreissyndikus Sandré Abschnitt I, II, III, V, sowie das Einführungsgesetz zum Reichsjugendwohlfahrtsgesetz und ich Abschnitt IV und VI des Reichsjugendwohlfahrtsgesetzes sowie das Jugendgerichtsgesetz bearbeitet haben. Kreissyndikus Sandré hat außerdem die redaktionelle Überarbeitung des Reichsjugendwohlfahrtsgesetzes vorgenommen.

Das vorliegende Buch kann wegen seiner schnellen Bearbeitung nicht den Anspruch machen, als ein wissenschaftliches Werk zu gelten. Wir hoffen aber, daß es dem Praktiker ein Hilfsmittel bei seiner Arbeit sein kann. Kreissyndikus Sandré ist mehrjähriger Direktor des großen Wohlfahrtsamtes des Kreises Randow, ich war langjähriger Jugendrichter in Stettin und bin seit 1920 Referent für Jugendfürsorge beim Provinzialwohlfahrtsamt in Pommern. Wir haben beide auf den in den Gesetzen geregelten Gebieten gearbeitet und einige Erfahrungen gesammelt. Im einzelnen bemerke ich noch, da das Buch auch in der Jugendfürsorge weniger bewanderten Personen als Hilfsmittel dienen soll, habe ich es für notwendig gehalten, den Abschnitten IV und VI kurze historische und systematische Vorbemerkungen voranzuschicken. Dadurch ließ sich nicht vermeiden, daß Wiederholungen in den Anmerkungen vorkommen. Für die Benutzung des Buches wäre es unpraktisch gewesen, in allen diesen Fällen in der Anmerkung auf die Vorbemerkungen zu verweisen.

So hoffen wir, daß unsere Arbeit ein kleiner Baustein in der Weiterentwicklung der so notwendigen Arbeit an der Jugend sein möge.

Stettin, im Juni 1923.

Drewes.

Inhalt.

Abkürzungen.

Avm. = Amtsvormund.
BA. = Bundesamt für Heimatwesen.
Begr. = Begründung zum Entwurf eines Reichsjugendwohlfahrtsgesetzes. Drucksache des Reichstages. I. Wahlperiode 1920/21 Nr. 1666.
Begr. = Begründung zum Entwurf eines Jugendgerichtsgesetzes. Drucksache des Reichstages. I. Wahlperiode 1920/22 Nr. 5171.
BGB. = Bürgerliches Gesetzbuch.
D. 1919 = Denkschrift zu einem Entwurf zum StGB. 1919.
EBA. = Entscheidungen des Bundesamts für Heimatwesen.
EG. = Einführungsgesetz.
Evm. = Einzelvormund.
Fe. = Fürsorgeerziehung.
FGG. = Gesetz über die Angelegenheiten der freiwilligen Gerichtsbarkeit.
GStG. = Geldstrafengesetz.
GVG. = Gerichtsverfassungsgesetz.
JA. = Jugendamt.
JGG. = Jugendgerichtsgesetz.
Jgdl. = Jugendlicher.
JMBl. = Justizministerialblatt.
KG. = Kammergericht.
LAV. = Landarmenverband.
LJA. = Landesjugendamt.
Mdj. = Minderjähriger.
Mdl. = Mündel.
OAV. = Ortsarmenverband.
OLG. = Oberlandesgericht.
PflK. = Pflegekind.

PrFEG.	=	Preuß. Fürsorgeerziehungsgesetz.
RA.	=	29. Ausschuß des Reichstags.
RAB.	=	Bericht des 29. Ausschusses über den Entwurf eines Reichsjugendwohlfahrtsgesetzes. Drucksache des Reichstages. I. Wahlperiode 1920/22 Nr. 3959.
RJWG.	=	Reichsgesetz für Jugendwohlfahrt.
RG.	=	Reichsgericht.
RGBl.	=	Reichsgesetzblatt.
RJA.	=	Reichsjugendamt.
SchA.	=	Schutzaufsicht.
StAG.	=	Reichs- und Staatsangehörigkeitsgesetz.
StrGB.	=	Strafgesetzbuch.
StrPrO.	=	Strafprozeßordnung.
UWG.	=	Gesetz über den Unterstützungswohnsitz.
VG.	=	Vormundschaftsgericht.
Vm.	=	Vormund.
Vmsch.	=	Vormundschaft.
ZBl.	=	Zentralblatt für Vormundschaftswesen, Jugendgerichte und Fürsorgeerziehung.
ZPrO.	=	Zivilprozeßordnung.

Zur Geschichte des Reichsgesetzes für Jugendwohlfahrt.

Das Reichsgesetz für Jugendwohlfahrt stellt einerseits einen Abschluß, anderseits einen Anfang dar, einen Abschluß insofern, als der bisherigen Buntscheckigkeit auf dem Gebiete der Jugendwohlfahrtspflege wenigstens bis zu einem gewissen Grade ein Ende gemacht worden ist, einen Anfang insofern, als das eben nur bis zu einem gewissen Grade geschehen ist und die Vereinheitlichung, vor allem aller staatlichen Betätigungen auf diesem Gebiete, noch weiter gefördert werden muß.

Die erwähnte Buntscheckigkeit der Jugendwohlfahrtspflege tritt nicht allein in den zahlreichen Formen der freien Liebestätigkeit, die wie in der übrigen Wohlfahrtspflege auch hier die Pionierarbeit geleistet hat, sondern auch in der gesetzlichen und verwaltungsmäßigen Regelung dieser Materie zutage. „So werden geregelt: durch das Bürgerliche Gesetzbuch und das Reichsgesetz über die freiwillige Gerichtsbarkeit das Vormundschaftsrecht; durch das Bürgerliche Gesetzbuch die Aufgaben des Gemeindewaisenrates, durch Landesrecht seine Organisation; durch Landesgesetze die Fürsorgeerziehung Minderjähriger; durch das Handelsgesetzbuch die Verhältnisse der kaufmännischen Lehrlinge, durch die Gewerbeordnung die Verhältnisse der gewerblichen Lehrlinge und die Beschäftigung von Kindern in Fabriken, durch das Reichsgesetz vom 30. März 1903 die Kinderarbeit in gewerblichen Betrieben, durch Landesgesetze, Ministerial- und Polizeiverordnungen das Pflegekinderwesen, durch die Reichsversicherungsordnung die Versicherungspflicht Jugendlicher, durch das Reichsgesetz über den Unterstützungswohnsitz, Landesgesetze und Verordnungen die Armenpflege gegenüber hilfsbedürftigen Jugendlichen, durch das Strafgesetzbuch und die Strafprozeßordnung das Strafrecht, das Strafverfahren und die Strafvollstreckung gegen straffällig gewordene Jugendliche, durch Verwaltungsvorschriften die Strafaussetzung und die Einrichtung der Sondergerichte für Jugendliche (Jugendgerichte) und die Jugendgerichtshilfe usf." Daß eine derartige Buntscheckigkeit, ganz abgesehen von der Vergeudung von Zeit, Kraft und Arbeit, vor allem dem Wohle der Jugend nicht sehr dienlich sein kann, liegt auf der Hand. So reichen denn die Bestrebungen, hier Wandel zu schaffen, bereits bis in die letzten Jahrzehnte des vergangenen Jahrhunderts zurück.

Vorangegangen sind hier die deutschen Städte und an erster Stelle Hamburg. Hier schuf Dr. Johannes Petersen im Jahre 1910 die Behörde für öffentliche Jugendfürsorge und damit eine Zentralstelle für alle dieses Gebiet betreffenden Arbeiten. Hamburgs Beispiel fand in den nächsten Jahren Nachahmung in verschiedenen anderen Städten, Lübeck, Frankfurt a. M., Dresden, Leipzig usw.

Hatten so die Kommunalverwaltungen die praktische Lösung der Frage ein bedeutendes Stück vorwärts gebracht, so bemühte man sich daneben, im Deutschen Verein für Armenpflege und Wohltätigkeit und im Archiv Deutscher Berufsvormünder um die theoretische Klärung. Hier sind vor allem Namen wie Klumker, der Vorkämpfer für das Recht des unehelichen Kindes, Friedeberg, Blaum und andere zu nennen. 1916 setzten die beiden genannten Organisationen die „Kommission für reichsgesetzliche Regelung der öffentlichen Jugendfürsorge“ ein. Das Ergebnis ihrer Arbeiten gab dann im September 1918 auf dem „Deutschen Jugendfürsorgetag“ in Berlin Blaum in seinem Referat über ein Reichsgesetz über Jugendämter.

In dem Titel des Referates war bereits der Grundgedanke der dann von der Versammlung einstimmig angenommenen Entschließung vorweg genommen: Schaffung von „Jugendämtern in Stadt und Land als Träger der öffentlichen Jugendfürsorge (Fürsorge für Armenkinder, Waisenkinder, Kost- und Haltekinder, uneheliche Kinder, Fürsorgezöglinge)“. Blaum forderte zur Verwirklichung dieses Zieles ein Reichsrahmengesetz, „das sich darauf beschränken muß zu regeln: a) die Aufgaben der Jugendämter im allgemeinen, b) die Organisation der öffentlichen Jugendämter, c) die Verteilung ihrer Kosten“*).

Wenngleich die Erfüllung der Forderungen des Deutschen Jugendfürsorgetages zunächst allein schon infolge der Staatsumwälzung und ihrer Folgen auf sich warten ließ, so zeigte sich doch, daß die Arbeit nicht vergeblich war. Der Art. 7 Ziff. 7 der Verfassung

*) Näheres vgl. Jugendämter als Träger der öffentlichen Jugendfürsorge usw., C. Heymann, Berlin, 1919.

des Deutschen Reiches vom 11. August 1919 übertrug dem Reich die Gesetzgebung über die Bevölkerungspolitik, die Mutterschafts-, Säuglings-, Kinder- und Jugendfürsorge. Damit war prinzipiell die Verpflichtung des Reiches, diesem Stoff Gestalt zu geben, anerkannt.

Ehe aber das Reich mit einem Reichsgesetz hervortrat, beschäftigten sich verschiedene Länder mit der Frage eines derartigen Gesetzes. In Preußen kam im Jahre 1918 der Entwurf eines solches Gesetzes nicht über die erste Lesung im Landtag hinaus. Dagegen wurde am 8. Oktober 1919 im Württembergischen Landtag ein Jugendamtsgesetz und ein solches über die Berufsvormundschaft angenommen. Beide Gesetze waren auf den Ergebnissen des Deutschen Jugendfürsorgetages aufgebaut.

1920 trat dann das Reichsministerium des Innern mit dem Entwurf eines Reichsgesetzes hervor, der in den Besprechungen mit den Landesregierungen zahlreiche Änderungen erfuhr. Dieser Vorentwurf wurde dann im Februar 1920 dem Reichsrat vorgelegt, jedoch führten besonders finanzielle Bedenken im Sommer 1920 zu einer Vertagung.

Es war das Verdienst der weiblichen Abgeordneten aller Reichstagsfraktionen, durch ihre Interpellation im Januar 1921 der Angelegenheit wieder Fortgang gegeben zu haben. Bereits im März 1921 ging dem Reichstag neu der Entwurf eines Reichsjugendwohlfahrtsgesetzes zu. Der Entwurf zeigte eine gewisse Unstimmigkeit zwischen Reichsrat und Reichsregierung in bezug auf das Reichsjugendamt, die Kostenregelung und die landesgesetzlichen Vorbehalte, wie aus der Gegenüberstellung der vorgeschlagenen Fassung der betreffenden Paragraphen und der zugehörigen Teile der Begründung hervorgeht. Die Fachwelt beschäftigte sich eingehend mit diesem Entwurf und veröffentlichte eine ganze Reihe von zum Teil sehr weitgehenden Abänderungsvorschlägen. Es ist selbstverständlich, daß ein Gesetz, das Gültigkeit für das ganze Reich haben soll, bei aller Vorsicht dennoch gewisse Einschränkungen der bisherigen Freiheit mit sich bringt, vor allem war hier zu bedenken die Selbständigkeit der Selbstverwaltungskörper nicht minder als die Selbständigkeit der freiwilligen Liebestätigkeit. Die zutage getretenen starken Meinungsverschiedenheiten veranlaßten im April 1921 die Einberufung eines großen Sachverständigenausschusses zur Vorbereitung der Reichstagsvorlagen. Ihre Ergebnisse wurden in einer von ihrem Vorsitzenden, Dr. Polligkeit und Dr. Eiserhardt verfaßten Denkschrift dem Reichstage übergeben. Der 29. Ausschuß des Reichstages beschäftigte sich dann in zwei Lesungen eingehend mit dem Entwurf. Am 14. Juni 1922 wurde sodann das Reichsgesetz für Jugendwohlfahrt im Reichstag angenommen und damit der erste Schritt zur Vereinheitlichung der gesamten Jugendwohlfahrtspflege getan.

Reichsgesetz für Jugendwohlfahrt.

Vom 9. Juli 1922 (RGBl. 1922, S. 633ff.).

Der Reichstag hat das folgende Gesetz beschlossen, das mit Zustimmung des Reichsrats hiermit verkündet wird.

Abschnitt I.

Allgemeines.

Der Abschnitt I enthält in § 1 die drei Grundgedanken des RJWG.: Jedem Kinde soll der Weg zum brauchbaren Menschen gesichert sein (Art. 120 RVerf.); die Familie ist die Grundlage unseres Staates und darf nur ausnahmsweise in ihren Rechten geschmälert werden (Art. 119 RVerf.); wenn die Familie versagt, hat der Staat die Pflicht, helfend einzugreifen (Art. 122 RVerf.).

Diese drei Grundgedanken haben das Handeln der JA. zu bestimmen. Dabei ist festzuhalten, daß nur ein Teil der Maßnahmen, die für die Verwirklichung des in § 1 ausgesprochenen Programms notwendig sind, in dem § 3 und dem § 4 ausdrücklich festgelegt ist. Es werden also mancherlei Aufgaben, die bisher der allgemeinen Wohlfahrtspflege zufielen und noch weiter zufallen werden, nunmehr auch unter dem Gesichtspunkt der Förderung der Jugendwohlfahrt zu betrachten sein, wie die Tuberkulosefürsorge, die Bekämpfung der Geschlechtskrankheiten usw. Vor allem aber ist der subsidiäre Charakter der Arbeit der JA.

unter allen Umständen festzuhalten. Nur soweit dem Kinde sein Recht nicht auf dem normalen Wege wird, hat das JA. als Vertreter der Allgemeinheit einzugreifen.

Die Verwirklichung des in § 1 ausgesprochenen Zieles des RJWG. wird besonderen Behörden, den Jugendwohlfahrtsbehörden, übertragen. Damit sind für die gesamte Arbeit im Dienste der Jugend behördliche Zentralstellen geschaffen, soweit nicht für einzelne Aufgaben andere Behörden nach wie vor gesetzlich zuständig sind (Schule, Gericht usw.). Eine restlose Vereinheitlichung ist also noch nicht durchgeführt; ob eine solche überhaupt möglich bzw. zu erstreben ist, muß die Zukunft lehren.

§ 1. Jedes[1] deutsche[2] Kind[3] hat ein Recht[4] auf Erziehung[5] zur leiblichen, seelischen und gesellschaftlichen Tüchtigkeit.

Das Recht und die Pflicht der Eltern zur Erziehung werden durch dieses Gesetz nicht berührt. Gegen den Willen des Erziehungsberechtigten[6] ist ein Eingreifen nur[7] zulässig, wenn ein Gesetz es erlaubt.

Insoweit[8] der Anspruch des Kindes auf Erziehung von der Familie[9] nicht erfüllt wird, tritt, unbeschadet der Mitarbeit freiwilliger[10] Tätigkeit, öffentliche Jugendhilfe[11] ein.

[1] Es heißt ausdrücklich „jedes" deutsche Kind ohne Rücksicht auf Stand oder Vermögensverhältnisse, einzig eingeschränkt durch die Zugehörigkeit zum „deutschen" Volk.

[2] Maßgebend für die Entscheidung, ob ein Kind deutsch ist und damit unter die Bestimmungen des RJWG. fällt, ist das Reichs- und Staatsangehörigkeitsgesetz in der Fassung

vom 22. Juli 1913. Danach ist ein Kind deutsch, wenn es die Staatsangehörigkeit in einem Bundesstaate oder die unmittelbare Reichsangehörigkeit besitzt (StAG. § 1). Durch die Geburt erwirbt das eheliche Kind eines Deutschen (EGBGB. Art. 18) die Staatsangehörigkeit des Vaters, das uneheliche Kind einer Deutschen die Staatsangehörigkeit der Mutter (StAG. § 4). Ein Kind, das in dem Gebiet eines Bundesstaates aufgefunden wird (Findelkind), gilt bis zum Beweise des Gegenteils als Kind eines Angehörigen dieses Bundesstaates (StAG. § 4). Eine nach den deutschen Gesetzen wirksame Legitimation (BGB. §§ 1719 ff., 1723) durch einen Deutschen begründet für das Kind die Staatsangehörigkeit des Vaters (StAG. § 5) Ein Kind kann die deutsche Staatsangehörigkeit auf Antrag seines gesetzlichen Vertreters erwerben (StAG. §§ 8–16) Das eheliche Kind oder das an Kindes Statt angenommene Kind eines ehemaligen Deutschen, der sich nicht im Inlande niedergelassen hat und dem die unmittelbare Reichsangehörigkeit verliehen wird, erwirbt sie gleichfalls (StAG. § 33).

Der Antrag, die Befugnisse des JA. auf alle in Deutschland lebenden Kinder auszudehnen, wurde vom 29. Ausschuß des Reichstags abgelehnt (RAB. S. 4).

[3] „Kind" ist nicht im allgemeinen engeren Sinne zu verstehen, sondern auf alle Jugendlichen anzuwenden, die noch der Erziehung bedürfen.

[4] „Ein Recht des Kindes auf Erziehung" kennt das Privatrecht bereits, vgl. BGB. §§ 1627, 1631, 1634, 1684 ff., 1705, 1707. Entsprechend Artikel 122 RVerf. mußte nunmehr auch ein öffentlich-rechtlicher Anspruch auf Erziehung, d. h. ein Anspruch auf Erziehung durch Organe der öffentlichen Gewalt und erforderlichenfalls mit öffentlichen Mitteln, der bisher nur in Anfängen vorhanden war (Vormundschaftsrecht des BGB., Befugnisse des Vormundschaftsrichters aus § 1666 BGB., Fürsorgeerziehung), gesetzlich anerkannt werden (Begr. S. 25).

[5] Unter „Erziehung" ist alle Hilfe zu verstehen, die der

Jugendliche für seine Entwicklung zur vollen Leistungsfähigkeit braucht: Nahrung, Kleidung, Schule, Lehrverhältnis usw. (vgl. BGB. § 1610 Abs. 2: Der Unterhalt umfaßt den gesamten Lebensbedarf, bei einer der Erziehung bedürftigen Person auch die Kosten der Erziehung und die Vorbildung zu einem Berufe).

[6] Als erziehungsberechtigt ist derjenige anzusehen, dem die Sorge für die Person des Kindes zusteht (BGB. § 1631), ohne Rücksicht darauf, ob ihm die elterliche Gewalt noch zusteht. Erziehungsberechtigt ist demnach: der Vater (BGB. § 1627); die Mutter (BGB. § 1684), wenn der Vater gestorben oder für tot erklärt ist, wenn der Vater die elterliche Gewalt verwirkt hat (BGB. § 1680) und die Ehe aufgelöst ist, oder die eheliche Gemeinschaft aufgehoben ist (BGB. § 1586), wenn der Vater an der Ausübung der elterlichen Gewalt tatsächlich verhindert ist oder seine elterliche Gewalt ruht (BGB. § 1676, 1677, 1685), während der Ehe oder bei getrenntem Leben, jedoch ohne Vertretungsbefugnis, bei Meinungsverschiedenheiten geht die Meinung des Vaters vor (BGB. § 1634); der sorgeberechtigte geschiedene Ehegatte (BGB. § 1635); der Ehegatte, der sich nach der Todeserklärung des anderen Ehegatten wiederverheiratet hat (BGB. § 1637); die uneheliche Mutter (BGB. § 1707); wer ein Kind an Kindes Statt angenommen hat (BGB. § 1757); der Vormund (BGB. § 1635).

[7] Ein Eingreifen in die elterliche Gewalt ist nur dann möglich, wenn ein Gesetz es erlaubt (BGB. § 1666, RJWG. § 27). Es wird dadurch verhindert, daß allzu eifrige JA. ihre Befugnisse überschreiten.

[8] Die Arbeit des JA. hat nur ergänzenden Charakter. Nur soweit, als das Recht des Kindes auf Erziehung nicht voll erfüllt wird, tritt die öffentliche Jugendhilfe ein. Damit ist deutlich gesagt, daß die Aufgabe des JA. in erster Linie ist, die Familie bei der Erziehung zu unterstützen (vgl. auch die Richtlinien für die Erziehung und Ausbildung von Krieger-

waisen und von Kindern Kriegsbeschädigter, RGBl. v. 8. 4. 1921, 3. Jahrg. Bl. 25 Nr. 443 Abs. 1). Es genügt ein Versagen der Familie, gleichgültig ob schuldhaft oder nicht.

Im Gegensatz zu Abs. 2 wird hier von der Familie, nicht bloß von den Eltern gesprochen, um den Rechten und Pflichten der durch Blutsbande verknüpften größeren Gemeinschaft der Familie gerecht zu werden.

10 Durch das Eintreten der öffentlichen Jugendhilfe soll die freiwillige Tätigkeit nicht etwa ausgeschaltet werden, sofern sie bereits arbeitet oder bereit ist zu arbeiten (vgl. § 6 u. § 11). Eine Verpflichtung des Fürsorgeobjektes zur Annahme der freiwilligen Fürsorge besteht jedoch nicht, bei Ablehnung hat das JA. mit seinen beamteten Kräften einzutreten (Becker, ZBl. XIV, S. 120).

11 Der Eintritt der öffentlichen Jugendhilfe verwirklicht den öffentlich-rechtlichen Anspruch des Kindes auf Erziehung. Zum Begriff „öffentliche Jugendhilfe" vgl. § 2 Abs. 2.

§ 2. Organe der öffentlichen Jugendhilfe sind die Jugendwohlfahrtsbehörden[1] (Jugendämter, Landesjugendämter, Reichsjugendamt), soweit nicht gesetzlich die Zuständigkeit anderer öffentlicher Körperschaften oder Einrichtungen, insbesondere der Schule, gegeben ist[2].

Die öffentliche Jugendhilfe[3] umfaßt alle behördlichen Maßnahmen zur Förderung der Jugendwohlfahrt (Jugendpflege[5] und Jugendfürsorge[6, 4]) und regelt sich, unbeschadet der bestehenden Gesetze[7], nach den folgenden Vorschriften.

1 Die Errichtung besonderer Jugendwohlfahrtsbehörden schafft nicht bloß Zentralstellen mit geschultem Personal, sondern vor allem erst die Grundlage für die Durchführung der Beaufsichtigung der Jugendlichen. Artikel 115 RVerf. sagt: „Die Wohnung eines jeden Deutschen ist für ihn eine

Freistätte und unverletzlich. Ausnahmen sind nur auf Grund von Gesetzen zulässig." Die bei der Durchführung der Jugendwohlfahrtspflege notwendigen Hausbesuche haben nunmehr eine gesetzliche Unterlage.

[2] Außer der Schule kommen insbesondere noch in Frage Gerichte, Gewerbeaufsichtsbeamte, Polizei, in Fällen von Krankheit Versicherungsträger, Kirchen.

[3] Hier ist die Definition des Begriffs „öffentliche Jugendhilfe" gegeben, sie umfaßt „alle behördlichen Maßnahmen zur Förderung der Jugendwohlfahrt", d. h. alle Maßnahmen zur Verwirklichung des § 1 Satz 1.

[4] Ausdrücklich werden die beiden Hauptzweige der Jugendwohlfahrtspflege, Jugendpflege und Jugendfürsorge, noch einmal genannt. Die Übertragung allein der Jugendfürsorge an die JA., wie es bisher meist der Fall gewesen ist, würde für die Verwurzelung des JA. im Volksbewußtsein nicht förderlich sein, das JA. bekäme dadurch für viele das Ansehen eines Zuchtmeisters. Das JA. hat aber alle Arbeit an, in und für die Jugend zu leisten.

[5] Jugendpflege wird im allgemeinen die Betreuung der körperlich, geistig und seelisch gesunden Jugend beiderlei Geschlechts nach der Schulentlassung bis zum 18. oder 20. Lebensjahr genannt. Sie hat die Aufgabe, ein körperliches, geistiges oder seelisches Krankwerden zu verhüten. Sie sucht daher die schulentlassene und im Beruf stehende Jugend zu sammeln, in einwandfreier Weise zu beschäftigen und wirtschaftlich zu unterstützen (vgl. § 3 Anm. 7, § 4 Anm. 8).

[6] Jugendfürsorge ist dagegen fürsorgerische Arbeit an der körperlich, geistig oder seelisch nicht mehr einwandfreien Jugend. Diese Jugend kann gesellschaftsfeindlich werden oder ist es bereits. Es ist daher nicht nur das Recht, sondern sogar die Pflicht des Staates, alles zu tun, um diesen Teil seiner Jugend für die Allgemeinheit zu erhalten bzw. sie wieder zu brauchbaren Gliedern der Allgemeinheit zu erziehen. Jugendpflege und Jugendfürsorge greifen vielfach ineinander über, so daß

schon aus diesem Grunde die Übertragung auch der Jugendpflege an die JA. durchaus berech'igt und notwendig ist.

[7] Nur einzelne Teile der öffentlichen Jugendhilfe sind im RJWG. bereits eingehend geregelt, wo das nicht geschehen ist, gelten die bestehenden Gesetze. Entstehen Unstimmigkeiten zwischen RJWG. und bereits bestehenden Gesetzen, so geht ersteres vor.

Abschnitt II.

Jugendwohlfahrtsbehörden.

Die Einheitlichkeit der Jugendwohlfahrtspflege, eines der Hauptziele des RJWG., wird gewährleistet durch die Jugendwohlfahrtsbehörden. Das ganze deutsche Reichsgebiet wird mit einem Netz von örtlichen Jugendämtern überzogen, die sich länderweise, in Preußen provinzweise, in den Landesjugendämtern vereinigen und letztere dann wieder im Reichsjugendamt.

Den örtlichen JA. liegt die Durchführung der praktischen Arbeit im Einzelfall ob. Ihre Aufgaben werden einzeln aufgezählt, und zwar dergestalt, daß die Aufgaben in zwei Kategorien zerfallen. Zur ersten Kategorie gehören solche Aufgaben, die jedes JA. in erster Linie durch eigenes Personal, unter eventueller Heranziehung der freiwilligen Tätigkeit durchzuführen hat, zur zweiten Kategorie solche, die in erster Linie von der privaten Liebestätigket übernommen werden sollen, und nur, soweit das nicht möglich ist, von dem JA.

Die Zusammensetzung der örtlichen JA. ist zwar im allgemeinen den Trägern überlassen, im Grundgedanken aber vorgeschrieben. Die JA. sind kollegiale Behörden. Entsprechend der Bedeutung, die die freiwillige Liebestätigkeit bereits hat und auch in Zukunft haben wird, ist ihre Heranziehung zur Mitarbeit gesetzlich festgelegt. Dadurch wird der Gefahr einer Bürokratisierung der Arbeit weitgehend vorgebeugt.

Die Landesjugendämter, deren Zusammensetzung der der örtlichen JA. im Prinzip entspricht, sind bestimmt, für ein größeres Gebiet die gleichmäßige Durchführung der Jugendwohlfahrt zu sichern. Ihnen wird die bedeutungsvolle Aufgabe zufallen, die wissenschaftliche Bearbeitung der Erfahrungen der örtlichen JA. vorzunehmen und zu deren praktischen Arbeit nutzbar zu machen. Ihre Stellung gegenüber den örtlichen JA. ist der Landesgesetzgebung mit Recht vorbehalten.

Das Reichsjugendamt hat eine ähnliche Stellung für das Reich wie die LJA. für ihren Bezirk. Im Interesse eines organischen Herauswachsens aus den unteren Instanzen ist die Ausgestaltung des RJA. der späteren Regelung durch die Reichsregierung vorbehalten.

1. Jugendamt.

a) Zuständigkeit.

§ 3. Aufgaben des Jugendamts sind[1]:

1. **der Schutz der Pflegekinder gemäß §§ 19 bis 31[2];**
2. **die Mitwirkung im Vormundschaftswesen, insbesondere die Tätigkeit des Gemeindewaisenrats, gemäß §§ 32 bis 48[3];**
3. **die Fürsorge für hilfsbedürftige Minderjährige gemäß §§ 49 bis 55[4];**
4. **die Mitwirkung bei der Schutzaufsicht und der Fürsorgeerziehung gemäß §§ 56 bis 76[5];**
5. **die Jugendgerichtshilfe gemäß reichsgesetzlicher Regelung[6];**

6. **die Mitwirkung bei der Beaufsichtigung der Arbeit von Kindern und jugendlichen Arbeitern nach näherer landesrechtlicher Vorschrift**[7]**;**
7. **die Mitwirkung bei der Fürsorge für Kriegerwaisen und Kinder von Kriegsbeschädigten**[8]**;**
8. **die Mitwirkung in der Jugendhilfe bei den Polizeibehörden, insbesondere bei der Unterbringung zur vorbeugenden Verwahrung, gemäß näherer landesrechtlicher Vorschrift**[9]**.**

[1] Im Gegensatz zu den im § 4 genannten Aufgaben handelt es sich hier um Aufgaben, die von jedem JA. durchgeführt werden müssen, und zwar in erster Linie durch das eigene Personal, die Ermächtigung des § 11 bleibt bestehen. In allen Fällen, wo das JA. hiernach einzugreifen hat, liegt eine Gefahr für den Jugendlichen unmittelbar vor bzw. ist sie bereits Wirklichkeit geworden.

[2] Siehe S. 51–66.

[3] Siehe S. 67–121.

[4] Soll in einem Nachtragsbande folgen.

[5] Siehe S. 137–150.

[6] Vgl. die §§ 10, 22, 27, 29, 31, 42 JGG.

[7] Die Beaufsichtigung der Arbeit von Kindern und jugendlichen Arbeitern erfolgte bisher durch die Gewerbeaufsichtsbeamten auf Grund der Vorschriften der Gewerbeordnung bzw. des Kinderschutzgesetzes vom 30. März 1903. Die Beteiligung des JA. an dieser äußerst verantwortungsvollen Arbeit der Gewerbeaufsichtsbeamten ist auf die Erwägung zurückzuführen, daß in dem Personal des JA. diesen fachlich geschulte Hilfe zur Verfügung stehen würde. In welcher Weise und in welchem Umfange die Mitwirkung des JA. erfolgen soll, muß notwendigerweise der landesgesetzlichen. Regelung vorbehalten bleiben.

[8] Die Fürsorge für Kriegerwaisen und Kinder von Kriegsbeschädigten erfolgte bisher durch die amtlichen Fürsorge-

stellen für Kriegsbeschädigte und Hinterbliebene. Bereits in den Richtlinien für die Verwaltung und Verwendung der Sondermittel zugunsten der Kriegerwaisen und der Kinder Kriegsbeschädigter (RVBl. v. 8. 4. 1921, 3. Jahrg. Bl. 25 Nr. 442) ist im Abschnitt 4 ausdrücklich gesagt: „Die Jugendausschüsse sollen mit den Jugend- und Wohlfahrtsämtern und mit den freiwilligen Organisationen der Jugendwohlfahrt enge Füh ung nehmen und über die gemeinsame Zu ammenarbeit Grundsätze vereinbaren. Zur Durchführung der Aufgaben der Jugendfürsorge sollen sich die Jugendausschüsse bereits bestehender Einrichtungen, soweit irgend möglich, bedienen. Wo ausreichende und zweckentsprechende Einrichtungen vorhanden sind, muß unbedingt von der Schaffung besonderer Einrichtungen Abstand genommen werden."

Es wird sich empfehlen, entweder einen Vertreter der amtlichen Fürsorgestelle oder einen Vertreter der Kriegsbeschädigten bzw. Hinterbliebenen als Mitglied in das JA. zu berufen.

9 In gleicher Weise wie es in Ziffer 6 geschehen ist, sollen auch den Polizeibehörden sachverständige und geschulte Mitarbeiter zur Verfügung gestellt werden (vgl. § 67 Anm. 3).

§ 4. Aufgabe[1] des Jugendamts ist ferner, Einrichtungen und Veranstaltungen anzuregen, zu fördern und gegebenenfalls zu schaffen[2] für:

1. **Beratung in Angelegenheiten der Jugendlichen[3];**
2. **Mutterschutz vor und nach der Geburt[4];**
3. **Wohlfahrt der Säuglinge[5];**
4. **Wohlfahrt der Kleinkinder[6];**
5. **Wohlfahrt der im schulpflichtigen Alter stehenden Jugend außerhalb des Unterrichts[7];**
6. **Wohlfahrt der schulentlassenen Jugend[8].**

Das Nähere kann durch die oberste Landesbehörde bestimmt werden.

[1] In § 4 handelt es sich um Aufgaben breiterer Art als in § 3 vor allem fehlt hierbas Moment der unmittelbar bevorstehenden bzw. bereits ur Wirklichkeit gewordenen Gefahr. In erster Linie ist zur Erfüllung der hier genannten Aufgaben die freiwillige Tätigkeit berufen, der das JA. helfend zur Seite stehen soll. Die Berechtigung zu einer derartigen Teilung des Aufgabenkreises ergibt sich einerseits aus der Tatsache, daß das JA. ohne umfassende Hilfe der bereits vorhandenen und noch entstehenden Vereinigungen der freiwilligen Tätigkeit nicht auskommen kann, anderseits aus der Tatsache, daß gerade auf den hier genannten Gebieten die freiwillige Tätigkeit erfolgreiche Arbeit bereits geleistet hat. Worin die Anregung und Förderung bestehen muß, wird entsprechend den örtlichen Verhältnissen verschieden sein: geldliche Zuwendungen, Gewährung von Rat, Ermöglichung eines Zusammenschlusses gleichgerichteter Bestrebungen, Ausgleich bestehender Differenzen u. ä.

[2] Allerdings hat das JA. zunächst zu versuchen, die hier genannten Aufgaben mit Hilfe der freiwilligen Tätigkeit durchzuführen, „gegebenenfalls" jedoch, d. h. dann, wenn die Bearbeitung eines der hier genannten Gebiete durch die freiwillige Tätigkeit nicht zu erreichen ist, ist es verpflichtet, seinerseits die Durchführung zu übernehmen, wobei ebenfalls die Bestimmungen des § 11 bestehen bleiben. Wann das JA. selbständig von sich aus die Aufgaben zu übernehmen hat, steht in dem pflichtgemäßen Ermessen des JA., soweit die oberste Landesbehörde nicht nähere Bestimmungen trifft.

[3] Das JA. soll die sachkundige Beratungs- und Auskunftsstelle in allen die Jugend betreffenden Fragen sein. Diese Aufgabe kann einerseits erledigt werden in Sprechstunden, wo die Einzelfälle zur Beratung kommen, anderseits durch zusammenfassende Vorträge vor einem breiteren Publikum, durch Benutzung der Presse usw.

Die Beratung in Angelegenheiten der Jugendlichen müßte eigentlich zu den Aufgaben des § 3 gehören.

Als ein Teil dieser Beratungsstelle ist auch das Berufsamt anzusehen (vgl. allerdings § 2 Arbeitsnachweisgesetz v. 22. 6. 1922), bzw. kann dieses bei entsprechender Besetzung diese Aufgabe ganz übernehmen. Eine Trennung des Berufsamtes vom JA. scheint in kleineren Städten und in Landkreisen untunlich, sowohl aus Gründen der Einheitlichkeit und Vereinfachung des Geschäftsganges als auch aus Gründen der Sparsamkeit.

4 Der Mutterschutz vor und nach der Geburt ist sowohl ein sittlicher als auch ein gesundheitlicher, aufgebaut auf wirtschaftlicher Fürsorge. Die werdende Mutter muß durch zweckentsprechende Beratung und durch Beschaffung geeigneter Arbeitsstellen davor bewahrt werden, in der Leibesfrucht eine Last zu sehen und etwa sich zu strafbaren Handlungen verleiten zu lassen. In derselben Richtung muß sich die Fürsorge für die junge Mutter gestalten. Die Mittel und Wege werden verschieden sein und ein Erfolg nur möglich durch geschicktes Zusammenarbeiten aller in Frage kommenden Stellen (JA., Arbeitsnachweis usw).

5 Die Säuglingsfürsorge hat für die hygienisch einwandsfreie Lebenshaltung von Mutter und Kind zu sorgen. Auch hier werden die Wege der Organisation verschieden sein. Während es in der Stadt möglich sein wird, durch Einrichtung von Beratungsstellen eine große Anzahl von Müttern mit ihren Säuglingen zu erfassen, sodaß die Arbeit der Fürsorgerinnen nur eine ergänzende und vertiefende ist, wird sich auf dem Lande eine Säuglingsfürsorge mit Beratungsstellen kaum aufbauen lassen, sondern es wird hier allein mit Besuchen geschulter Fürsorgerinnen und vorgebildeter Hebammen zu arbeiten sein.

6 Bei der Kleinkinderfürsorge tritt zur gesundheitlichen auch noch die erzieherische Fürsorge hinzu. Es wird sich hier vor allem darum handeln, für diejenigen Kleinkinder, die zu Hause infolge auswärtiger Arbeit der Mutter keine genügende Beaufsichtigung genießen können, Kindergärten oder auch

Einzelstellen bereitzustellen, wo sie während der Abwesenheit der Mutur sich aufhalten können.

[7] Die Schulkinderfürsorge erstreckt sich nur auf die Zeit, die die Kinder nicht in der Obhut der Schule zubringen. Kinder, die tagsüber ohne Aufsicht des elterlichen Hauses bleiben müssen, sind unter geschulter Leitung zusammenzufassen, um sie vor der Verwilderuug zu bewahren. Daneben steht eine gesundheitliche Fürsorge durch regelmäßige ärztliche Untersuchungen, deren Ergebnisse durch Beeinflussung der Eltern zum Nutzen der Kinder ausgewertet werden müssen.

[8] Die Wohlfahrt der schulentlassenen Jugend ist gleichbedeutend mit Jugendpflege im allgemeinsten Sinne. Die Zeit nach der Schulentlassung ist nicht nur die folgenschwerste körperliche Entwicklungszeit, sondern vor allem die Zeit, wo der Charakter des jungen Menschen sich bildet und dabei den schwersten Anfechtungen ausgesetzt ist. Es wird sich also darum handeln, eine weitgehende gesundheitliche Beeinflussung (Leibesübungen usw.) nicht weniger zu versuchen als ebenso eine erzieherische durch Bereitstellung von einwandfreien Aufenthaltsräume (Jugendheime, Bildungseinrichtungen u. ä.) und durch eine wirtschaftliche Beratung und Hilfe (Bereitstellung von einwandfreien Lehrstellen, Beaufsichtigung der Wohngelegenheiten der nicht im Elternhause wohnenden Jugendlichen, Vermittlung geeigneter Wohngelegenheiten usw.).

§ 5. Die Behörden des Reichs, der Länder, der Selbstverwaltungskörper und die Jugendämter haben sich gegenseitig und die Jugendämter einander zur Erfüllung der Aufgaben der Jugendwohlfahrt[2] Beistand zu leisten[1].

[1] Die Einrichtung von örtlichen JA. würde zunächst nicht die restlose Durchführung der Absichten des RJWG. gewährleisten, da ja nicht die JA. allein und in allen Fällen für die Jugendlichen zuständig sind. Es mußte daher allen übrigen

Behörden zur Pflicht gemacht werden, den JA. bei der Erfüllung ihrer Aufgaben Hilfe zu leisten.

2 Es handelt sich sowohl um die Aufgaben aus § 3 als auch um die aus § 4.

§ 6. Das Jugendamt hat[1] die freiwillige Tätigkeit[2] zur Förderung der Jugendwohlfahrt unter Wahrung ihrer Selbständigkeit und ihres satzungsmäßigen Charakters[3] zu unterstützen, anzuregen und zur Mitarbeit heranzuziehen[4], um mit ihr zum Zwecke eines planvollen Ineinandergreifens[5] aller Organe und Einrichtungen der öffentlichen und privaten Jugendhilfe[6] und der Jugendbewegung[7] zusammenzuwirken.

Der § 6 regelt das Verhältnis der JA., d. h. der behördlichen Tätigkeit zur freiwilligen Tätigkeit. Seine Vorschriften enthalten die Anerkennung zweier Grundtatsachen: a) Die Durchführung der Gedanken des RJWG. ohne weitgehende Mitwirkung der freien Liebestätigkeit ist finanziell nicht möglich. b) Die von der freien Liebestätigkeit geleistete Arbeit ist so wertvoll, daß ihre Ausschaltung das ganze Werk in Frage stellen könnte.

Die JA. sind daher verpflichtet (zwingende Vorschrift), mit der freien Liebestätigkeit zusammenzuarbeiten, sofern diese bereit ist, unter den vom JA. herausgegebenen Richtlinien, an deren Aufstellung ihre Vertreter ja beteiligt sind (§ 9), mitzuarbeiten.

2 Die freiwillige Tätigkeit findet sich nicht bloß in Vereinen, sondern in ebenso reichem Maße bei Einzelpersonen, besonders auf dem Lande. Auch für diese Einzelpersonen gilt sinngemäß die vorliegende Bestimmung.

3 Wohl kann das JA. die Einordnung der freiwilligen Tätigkeit gemäß den herausgegebenen Richtlinien verlangen, soweit es sich um die eigentliche Arbeit handelt, es kann aber keinen unmittelbaren Einfluß auf die innere Gestaltung der Vereine für sich in Anspruch nehmen.

[4] In welchem Umfange die freiwillige Tätigkeit zur Mitarbeit heranzuziehen ist, liegt in dem pflichtgemäßen Ermessen des JA. und hängt von der Durchbildung der freiwilligen Tätigkeit ebenso ab wie von der Eigenart des Einzelfalles oder des zu bearbeitenden Gesamtgebietes.

[5] Ohne die finanziellen Vorteile, die durch eine weitgehende Mitarbeit der freiwilligen Tätigkeit den Trägern der JA. entstehen, zu gering zu veranschlagen, so kann doch dieser Grund nicht in erster Linie für die Bemühungen, die freiwillige Tätigkeit zur Mitarbeit heranzuziehen, maßgebend sein. Zwingend dafür ist die Einsicht, daß nur durch Zusammenschluß der behördlichen wie der privaten Jugendhilfe zu gemeinsamer planvoller Arbeit eine ökonomische Verwertung der vorhandenen Mittel und Kräfte möglich ist, daß aber auch nur durch solch planvolles Arbeiten die Jugendhilfe das Ansehen im Volke erreichen kann, das zum Erfolg ihrer Arbeit unbedingt notwendig ist. Bei der Beurteilung des Wertes der Arbeit einer freien Vereinigung oder einer Einzelperson wird es also nicht in erster Linie darauf ankommen, inwieweit dadurch dem JA. Kosten erspart werden, als vielmehr darauf, inwieweit die praktische Arbeit gefördert wird.

[6] Vgl. § 2 Abs. 2.

[7] Die Jugendbewegung ist im Gegensatz zur Jugendpflege unmittelbar aus der Jugend selbst hervorgegangen und baut sich auf dem Prinzip der selbstgewählten Führerschaft auf. Sie hat zunächst dasselbe Ziel wie jene, sittlich und körperlich gesunde Menschen zu erziehen, geht aber meist noch darüber hinaus, insofern sie einen neuen Lebensstil sucht. Trotz ihrer oft seltsam anmutenden Erscheinungsformen enthält sie außerordentlich tüchtige und innerlich strebende Menschen, so daß mit Recht ihre Mitarbeit im JA. gesetzlich gesichert ist. Wieweit von ihr praktische Mitarbeit erwartet werden kann, wird bei ihrer stark individualistischen Einstellung, nicht zuletzt von der Persönlichkeit des Leiters des JA. abhängen.

§ 7. Das Jugendamt ist zuständig[1] für alle Minderjährigen[2], die in seinem Bezirk ihren gewöhnlichen Aufenthaltsort[3] haben. Für vorläufige Maßnahmen[4] ist das Jugendamt zuständig, in dessen Bezirk das Bedürfnis[5] der öffentlichen Jugendhilfe hervortritt.

Streitigkeiten über die Zuständigkeit werden durch die oberste Landesbehörde[6] und, wenn die Jugendämter verschiedenen Ländern angehören, durch das Reichsverwaltungsgericht[7] entschieden.

[1] Das JA. ist zuständig für jeden Jugendlichen, der in seinem Bezirk seinen gewöhnlichen Aufenthaltsort hat, ohne Rücksicht auf Familienstand, Vermögen usw., einzig mit der Einschränkung, die sich aus § 1 Abs. 1 ergibt, daß der Jugendliche deutscher Staatsangehörigkeit sein muß (vgl. § 1 Anm. 2), soweit nicht gesetzlich die Zuständigkeit anderer öffentlicher Körperschaften oder Einrichtungen, insbesondere der Schule, gegeben ist (§ 2 Abs. 1).

[2] Minderjährig ist jede Person bis zum vollendeten 21. Lebensjahr, es sei denn, daß ihr die Volljährigkeit bereits mit dem vollendeten 18. Lebensjahre durch Beschluß des Vormundschaftsgerichtes zugesprochen wird (BGB. §§ 2, 3).

[3] Das RJWG. hat sich, im Gegensatz zum BGB. und zum UWG., mit der Annahme des Aufenthaltsprinzips die guten Erfahrungen, die damit in der Kriegswohlfahrtspflege zu verzeichnen waren, zunutze gemacht. Als gewöhnlicher Aufenthaltsort muß der Aufenthaltsort angesehen werden, der als Mittelpunkt des Lebens genommen wird (vgl. Warneyers Jahrbuch der Entscheidung, Bd. IX Nr. 448). Die Entscheidung muß von Fall zu Fall nach den vorliegenden Verhältnissen getroffen werden, eine engherzige Auslegung ist zu vermeiden.

[4] Vorläufige Maßnahmen sind alle dringenden Notmaßnahmen bei solchen Jugendlichen, die ihren gewöhnlichen Aufenthaltsort nicht im Bezirk des JA. haben (bei plötzlicher Erkrankung Aufnahme in ein Krankenhaus, dasselbe in

Schwangerschaftsfällen, vorläufige Unterbringung bei Krankheit oder Unfall in der Familie usw.). Dadurch ist allen Jugendlichen innerhalb des Deutschen Reiches Hilfe in dringenden Fällen gewährleistet.

5 Ob ein Bedürfnis der öffentlichen Jugendhilfe vorliegt, entscheidet das JA. nach den Verhältnissen.

6 Vgl. § 77.

7 Solange ein Reichsverwaltungsgericht noch nicht errichtet ist, tritt an die Stelle dieses Gerichts das Bundesamt für Heimatwesen (EGRJWG. Art. 9).

b) Aufbau und Verfahren.

§ 8. Jugendämter sind als Einrichtungen von Gemeinden oder Gemeindeverbänden[1] für das Gebiet des Deutschen Reichs zu errichten. Die oberste Landesbehörde bestimmt die Abgrenzung der Bezirke[2], für welche die Jugendämter zuständig sind.

1 Die Errichtung von JA. ist Pflicht der Gemeinden oder Gemeindeverbände (zwingende Vorschrift). Die JA. sind also kommunale, nicht staatliche Einrichtungen. Eine Ausnahmebewilligung ist im Gesetz nicht vorgesehen. Vgl. im übrigen § 10.

2 Die Abgrenzung der Bezirke muß nach zwei Gesichtspunkten erfolgen. Der Bezirk muß leistungsfähig sein, eine sehr wichtige Forderung bei den hohen Kosten, die die JA. auch bei sparsamster Leitung verursachen werden. Anderseits muß der räumliche Umfang des Bezirks so bemessen sein, daß eine wirksame Bearbeitung möglich ist. Es wird sich im allgemeinen empfehlen, für den Bezirk einer jeden unteren Verwaltungsbehörde ein JA. zu errichten. Nur in Ausnahmefällen werden mehrere gleichgeordnete JA. für einen solchen Bezirk zweckmäßig sein, etwa für nicht kreisfreie Gemeinden mit über 20000 Einwohnern; es können auch mehrere Gemeinden zu einem Zweckverband zusammengeschlossen werden (Begr. S. 36, Becker, ZBl. XIV, S. 121).

§ 9. Zusammensetzung[1], Verfassung[2] und Verfahren[3] des Jugendamts wird auf Grund landesrechtlicher Vorschriften durch eine Satzung des zuständigen Selbstverwaltungskörpers geregelt[4].

Als stimmberechtigte Mitglieder[5] des Jugendamts sind[6] neben den leitenden Beamten[7] in der Jugendwohlfahrt erfahrene und bewährte[8] Männer und Frauen aller[9] Bevölkerungskreise, insbesondere aus den im Bezirke des Jugendamts wirkenden freien Vereinigungen für Jugendwohlfahrt[10] und Jugendbewegung auf deren Vorschlag[11], zu berufen. Diese Vereinigungen haben Anspruch[12] auf zwei Fünftel der Zahl der nichtbeamteten[13] Mitglieder.

In das Jugendamt sollen hauptamtlich[14] in der Regel nur Personen berufen werden, die eine für die Betätigung in der Jugendwohlfahrt hinreichende Ausbildung[15] besitzen, die insbesondere durch eine mindestens einjährige praktische Arbeit in der Jugendwohlfahrt erworben ist.

Das Vormundschaftsgericht ist zur Teilnahme an den Sitzungen des Jugendamts berechtigt und hat in ihnen beratende Stimme[16].

[1] Die Zusammensetzung des JA., d. h. die Zahl der Mitglieder, welche staatlichen und kommunalen Dienststellen, welche Vereine oder sonstigen Einrichtungen für Jugendwohlfahrt und Jugendbewegung beteiligt werden sollen.

Als stimmberechtigte Mitglieder sind außer den leitenden Beamten und den Vertretern der freien Vereinigungen in das JA. zu berufen: Vertreter der Ärzteschaft, der Lehrerschaft, der hauptsächlichsten Religionsgemeinschaften, der Vormundschaftsrichter (vgl. Anm. 16).

[2] Die Verfassung des JA.: Vorsitz, Rechte und Pflichten der Mitglieder.

[3] Das Verfahren des JA.: Welche Befugnisse dem Leiter übertragen werden, welche Aufgaben von der Gesamtheit des JA. und welche in Sonderausschüssen behandelt werden sollen, wie oft und wann die Sitzungen des JA. stattfinden sollen usw.

[4] Ein durch das Reich gesetzlich geregelter einheitlicher Aufbau der JA. würde unter Umständen den Stammeseigentümlichkeiten und den örtlichen Bedürfnissen Gewalt antun. Es sind deshalb nur grundsätzliche Vorschriften für den Aufbau in Absatz 2 und 3 gegeben worden. Im übrigen ist § 9 eine Rahmenvorschrift, die den Ländern und Selbstverwaltungskörpern weitgehend freie Hand läßt.

[5] Das Gesetz scheint anzunehmen, daß sich die JA. neben den als stimmberechtigte Mitglieder bereits vertretenen sachverständigen Persönlichkeiten noch für besondere Fälle weitere Sachverständige sichern, die zwar an den Verhandlungen des JA. teilnehmen, aber ohne Stimmrecht, ähnlich den Vormundschaftsrichtern (vgl. Anm. 16, § 11).

[6] Der Absatz 2 ist zwingende Vorschrift entsprechend dem in § 6 festgelegten Grundsatz.

[7] Wer als leitender Beamter anzusehen ist, ist von dem zuständigen Selbstverwaltungskörper zu entscheiden. Es wird sich empfehlen, darüber Bestimmungen in die Satzung aufzunehmen.

[8] Das RJWG. erwartet, daß das JA. nur aus sachverständigen, in der praktischen Arbeit bewährten Persönlichkeiten zusammengesetzt wird, daß daher alle Repräsentationsrücksichten usw. außer acht gelassen werden.

Es sind alle Bevölkerungskreise bei der Berufung von Mitgliedern zu berücksichtigen. Politische oder wirtschaftlich eingestellte Vereine haben kein Anrecht auf Aufnahme in das JA. (vgl. aber Anm. 10). Nur dann läßt sich ein fruchtbringendes Arbeiten dieser kollegialen Behörde erwarten, wenn alle außerhalb der Jugendwohlfahrt liegenden Belange ausgeschaltet werden. Als sachverständig können aber nicht bloß solche gelten, die durch ihren Beruf mit der Jugendarbeit vertraut sind, sondern auch solche, die aus Neigung sich dieser Arbeit widmen. Gerade diese werden geeignet sein, die Absichten und Pläne des JA. in den weitesten Kreisen der Bevölkerung heimisch zu machen und umgekehrt, die Arbeit des JA. durch die Mitteilung von Wünschen und Beschwerden aus der Bevölkerung heraus zu befruchten.

[10] Als Vereine für Jugendwohlfahrt können nicht immer nur solche gelten, die sich einzig und allein diesem Zweige der freien Liebestätigkeit widmen, sondern sehr oft auch solche, die neben anderen Zweigen auch diesen Zweig pflegen. Das wird besonders in ländlichen Kreisen der Fall sein. Es würde auch durchaus nicht in der Richtung der modernen Wohlfahrtspflege liegen, wollte man etwa neue Vereine gründen, vielmehr wird es sich empfehlen, schon bestehende Vereine für diese Arbeit zu gewinnen, auch wenn sie sich nicht in erster Linie der Wohlfahrtspflege widmen, so auf dem Lande die mannigfachen Genossenschaften, die Heimatvereine usw. Wo mehrere Vereine, die in Frage kommen, bestehen, empfiehlt es sich, einen Zusammenschluß unter ihnen nach Art einer Arbeitsgemeinschaft herbeizuführen (nicht nur für die Benennung der Vertreter im JA.!).

[11] Die Vertreter der freien Vereinigungen für Jugendwohlfahrt und Jugendbewegung sind auf deren Vorschlag zu berufen. Das Berufungsrecht des zuständigen Selbstverwaltungskörpers ist gewahrt, so daß die Möglichkeit einer Ablehnung eines Vorgeschlagenen vorhanden ist, immerhin wird von diesem Recht nur in ganz besonderen Fällen Gebrauch zu machen sein.

[12] Die freien Vereinigungen haben einen gesetzlichen Anspruch auf zwei Fünftel der nichtbeamteten, also ehrenamtlichen Miglieder des JA. Diese Zahl stellt die Mindestzahl dar, es bleibt dem zuständigen Selbstverwaltungskörper unbenommen, diesen Vereinigungen auch mehr Sitze zuzuteilen.

[13] Als nichtbeamtete Mitglieder sind alle diejenigen anzusehen, die nicht Beamte bzw. Angestellte des Trägers des

JA. sind, wenn sie auch sonst Beamte oder Angestellte des Staates, einer öffentlichten Körperschaft usw. sind. Die beamteten Mitglieder sind im Gegensatz zu den nichtbeamteten die Vertreter der Belange des Trägers des JA.

[14] „Hauptamtlich" = vollbeschäftigt und vollbesoldet.

[15] Der Absatz enthält nur eine grundsätzliche Anweisung. Deshalb ist auch die ungefähre Umschreibung dessen, was als hinreichende Ausbildung angesehen werden kann, außerordentlich weit gefaßt. Bestimmte, zwingende Vorschriften über die Vorbildung der Beamten des JA. zu geben, wäre verfrüht. Letzten Endes wird nicht die Vorbildung maßgebend sein, sondern die persönliche Eignung. Gerade im Umgang mit der Jugend ist die Fähigkeit, sich in die Seele des andern hineinzufühlen, die Kardinalforderung; wer das kann, ist ohne besondere Vorbildung, die er sich leicht aneignen kann eher geeignet, als jemand, der trotz bester Vorbildung in dem vor ihm stehenden Jugendlichen nur den Typus, nicht das Einzelwesen mit seinen Besonderheiten sieht. Im übrigen werden dort, wo es not tut, die nichtbeamteten Mitglieder des JA. einzugreifen haben.

[16] Das Vormundschaftsgericht ist nur zur Teilnahme an den Sitzungen des JA. ohne Stimmrecht berechtigt. Es soll auf diese Weise Einsicht in die Tätigkeit und vor allem die Grundgedanken des JA. gewinnen; ohne dieses wäre ein gedeihliches Zusammenarbeiten kaum möglich. Es ist dem Träger des JA. unbenommen, durch seine Satzung das Vormundschaftsgericht zum stimmberechtigten Mitglied zu machen. Nur in ganz besonderen Fällen sollte von dieser Berechtigung kein Gebrauch gemacht werden (vgl. Begr. S. 39).

§ 10. **Sofern für den Bezirk einer Gemeinde oder eines Gemeindeverbandes ein Wohlfahrtsamt[1] oder eine andere der Wohlfahrtspflege dienende geeignete Einrichtung der staatlichen oder der Selbstverwaltung besteht, können ihr nach näherer Maßgabe der Landes-**

gesetzgebung durch die oberste Landesbehörde oder eine Satzung des zuständigen Selbstverwaltungskörpers die Aufgaben des Jugendamts übertragen werden unter der Voraussetzung, daß die Einrichtung den Vorschriften des § 9[2] entspricht.

Besteht für einen Bezirk ein Gesundheitsamt oder eine entsprechende Behörde, so können[3] dieser die gesundheitlichen Aufgaben übertragen werden. In diesem Falle müssen diese Behörden im Einvernehmen mit dem Jugendamte vorgehen.

[1] Grundsätzlich soll für jeden von der obersten Landesbehörde bestimmten Bezirk ein JA. bestehen. In den meisten größeren Gemeinden sowie Gemeindeverbänden bestehen aber bereits Wohlfahrtsämter oder ähnliche Einrichtungen, die zahlreiche Aufgaben, wie sie das RJWG. den JA. zuweist, schon besorgen. Es würde nun dem Grundsatz aller modernen Wohlfahrtspflege und auch dem des RJWG. widersprechen, wollte man neben diesen Wohlfahrtsämtern noch besondere JA. einrichten. Darum können diesen Einrichtungen, sofern sie solche der staatlichen (trotz § 8 Satz 1) oder Selbstverwaltung sind, entweder generell durch die oberste Landesbehörde oder durch eine Satzung des zuständigen Selbstverwaltungskörpers die Aufgaben des JA. übertragen werden.

[2] Voraussetzung ist, daß für die Aufgaben des JA. ein Kollegium entsprechend den Vorschriften des § 9 gebildet wird. Damit soll der Gefahr begegnet werden, daß das JA. von der Wohlfahrtseinrichtung, der seine Aufgaben übertragen werden, aufgesogen wird und zu einem eigenen Leben nicht gelangt (Begr. S. 39).

Wie groß die Selbständigkeit des JA. ist, ob es etwa nur eine Abteilung des Wohlfahrtsamtes bildet, d. h. daß es mit diesem unter gemeinsamer Leitung steht, liegt in dem Ermessen des zuständigen Selbstverwaltungskörpers und hat in der Satzung zum Ausdruck zu kommen. In kleineren Verhältnissen, besonders auf dem Lande, ist die Zusammenfassung von Wohlfahrtsamt und JA. in einer Hand das Gegebene.

[3] Die Übertragung der gesundheitlichen Aufgaben an ein bereits bestehendes Gesundheitsamt oder an eine entsprechende Behörde ist in das Ermessen des Trägers des JA. gestellt.

Da bei jeder der dem JA. in §§ 3 und 4 zugeteilten Aufgaben das Gutachten des Arztes mehr oder minder von Einfluß ist, scheint eine solche Übertragung, die notwendig eine gewisse Zersplitterung bedeutet (vgl. RAB. S. 16), nur in ganz großen Verhältnissen empfehlenswert zu sein. In kleineren Verhältnissen dürfte die Absicht des RJWG. am besten dadurch erreicht werden, daß eine genügende ärztliche Vertretung im JA. geschaffen wird (vgl. § 9 Anm. 1).

[4] Wird von der Freiheit des Absatz 2 Gebrauch gemacht, so ist das Einvernehmen des Gesundheitsamtes oder der entsprechenden Behörde mit dem JA. Pflicht des ersteren. Es ist nicht angängig, daß das Gesundheitsamt etwa von sich aus in Anordnungen des JA. eingreift oder etwa gar gegen den Willen des JA. arbeitet, das JA. hat die Führung. Zur Vermeidung von Reibungen empfiehlt es sich, genaue Vorschriften über die Zusammenarbeit bei der Verteilung der Zuständigkeit aufzustellen.

§ 11. Das Jugendamt kann[1] die Erledigung einzelner Geschäfte oder Gruppen von Geschäften[2] besonderen Ausschüssen[3], in welche auch andere Personen als seine Mitglieder berufen werden[4], sowie Vereinigungen für Jugendhilfe und für Jugendbewegung oder einzelnen in der Jugendwohlfahrt erfahrenen und bewährten Männern und Frauen widerruflich[5] übertragen. Das Nähere regelt die Reichsregierung entsprechend dem § 15 oder die oberste Landesbehörde. **Die Verpflichtung[6] des Jugendamts, für die sachgemäße**

Erledigung der ihm obliegenden Aufgaben[7] Sorge zu tragen, wird hierdurch nicht berührt.

[1] Die Übertragung von Aufgaben des JA. an besondere Ausschüsse oder Vereinigungen ist in das Ermessen des JA. gestellt und hat sich nach den örtlichen Verhältnissen zu richten.

[2] § 6 bestimmt, daß die freiwillige Jugendwohlfahrtspflege zu unterstützen, anzuregen und zur „Mitarbeit" heranzuziehen ist. Wenn nun § 11 noch besonders von der Möglichkeit einer Übertragung von Geschäften oder Gruppen von Geschäften spricht, so muß dieser Ausdruck „Geschäfte" mehr bedeuten als „Mitarbeit". Es wird sich also bei Geschäften um die selbständige und laufende Erledigung von Teilaufgaben bzw. von ganzen Aufgabenkomplexen des JA. handeln, während es sich bei der „Mitarbeit" nur um gelegentliche und auf Anordnung des JA. erfolgende Hilfe handelt.

[3] Die besonderen Ausschüsse müssen Mitglieder des JA. enthalten. Die Vorbehaltung des Vorsitzes für das JA. ist notwendig.

[4] Vgl. dazu § 9 Anm. 1 und 5.

[5] Die Übertragung kann nur widerruflich erfolgen, um dem JA. die Möglichkeit zu erhalten, im Falle eines Versagens die Übertragung wieder rückgängig zu machen.

[6] Es ist dem JA. zwar gestattet, bei seiner Arbeit sich außer seinen Beamten auch noch ehrenamtlicher Hilfskräfte zu bedienen, damit aber erlischt nicht die Verantwortung für die Durchführung der Arbeit. Diese Verantwortung trägt nach wie vor das JA. Maßgebend sind EGBGB. Art. 77, BGB. § 839 und die landesgesetzlichen Vorschriften.

Es liegt also durchaus im eigenen Interesse des JA., eine zuverlässige, wenn auch taktvolle Überwachung seiner Hilfskräfte durchzuführen, die außerdem schon im Interesse der betreuten Jugendlichen notwendig ist.

[7] Die Verpflichtung des JA. für die sachgemäße Erledigung der ihm obliegenden Aufgaben Sorge zu tragen, erstreckt sich

nicht nur auf die in § 3 genannten, sondern ebenso auf die in § 4 genannten, wie ja deutlich aus der Bestimmung hervorgeht, daß das JA. „gegebenenfalls", die nötigen Einrichtungen und Veranstaltungen zu schaffen hat (vgl. auch § 3 Anm. 1, § 4 Anm. 2).

2. Landesjugendamt.

§ 12. Zur Sicherung einer gleichmäßigen[1] Erfüllung der den Jugendämtern obliegenden Aufgaben und zur Unterstützung ihrer Arbeit[2] sind[3] Landesjugendämter zu errichten.

Größere Länder können mehrere Landesjugendämter errichten[4].

Kleinere Länder können ein gemeinsames Landesjugendamt errichten. Die Jugendämter eines Landes oder eines Landesteils können dem Landesjugendamt eines anderen Landes angeschlossen werden. Auch kann für Jugendämter verschiedener Länder oder Landesteile ein Landesjugendamt errichtet werden[5].

[1] Es ist zwar durchaus berechtigt, daß die örtlichen JA. ihre Aufgaben entsprechend den besonderen örtlichen Verhältnissen durchführen, umgekehrt muß aber doch auch wieder eine weitgehende Gleichmäßigkeit, zum mindesten innerhalb der Länder bzw. in Preußen innerhalb der Provinzen gefordert werden, z. B. etwa bei der Aufstellung der Richtlinien für die Beurteilung von Pflegestellen.

[2] Die Unterstützung der LJA., deren Besetzung mit Fachleuten selbstverständlich sein sollte, wird besonders bei der Errichtung neuer JA. und dem Ausbau bereits bestehender Wohlfahrtsämter usw. für die Übernahme der Aufgaben des JA. (vgl. § 10) wertvoll sein, weiter vor allem aber auch bei der Eingliederung der freien Wohlfahrtspflege in die Arbeit zur Durchführung der Aufgaben des § 4 (vgl. § 13 Z. 7).

[3] Die Errichtung von LJA. ist bindende Vorschrift.

[4] Mit dieser Bestimmung wird den Bedürfnissen der großen Länder Rechnung getragen, für die ein einziges LJA. nicht ausreichend ist, wie das besonders in Preußen der Fall ist.

[5] Die kleineren Länder werden durch die Möglichkeit einer Zusammenlegung ihrer LJA. nicht unwesentliche Ersparnisse machen können, die der Gesamtarbeit zugute kommen (z. B. die beiden Mecklenburg).

§ 13. Dem Landesjugendamte liegen ob:

1. die Aufstellung gemeinsamer Richtlinien und die sonstigen geeigneten Maßnahmen für die zweckentsprechende und einheitliche Tätigkeit der Jugendämter seines Bezirkes[1];
2. die Beratung der Jugendämter und die Vermittlung der Erfahrungen auf dem Gebiete der Jugendwohlfahrt[2];
3. die Schaffung gemeinsamer Veranstaltungen und Einrichtungen[3] für die beteiligten Jugendämter;
4. die Mitwirkung bei der Unterbringung Minderjähriger[4];
5. die Zusammenfassung[5] aller Veranstaltungen und Einrichtungen, die sich auf die Fürsorge für gefährdete und verwahrloste Minderjährige beziehen;
6. die Mitwirkung bei der Fürsorgeerziehung gemäß § 71;
7. die Vermittlung von Anregungen für die freiwillige Tätigkeit sowie die Förderung der freien Vereinigungen auf allen Gebieten der Jugendwohlfahrt und ihres planmäßigen Zusammenarbeitens untereinander und mit den Jugendämtern im Bereiche des Landesjugendamts[6];
8. die Erteilung der Erlaubnis zur Annahme von

Pflegekindern durch Anstalten sowie die Aufsicht über Anstalten gemäß § 29.

Weitere Aufgaben können dem Landesjugendamte durch die oberste Landesbehörde übertragen werden.

[1] Das LJA. soll der Mittelpunkt der Jugendwohlfahrtspflege innerhalb seines Bezirkes sein, nicht in dem Sinne einer vorgesetzten Dienstbehörde, als vielmehr in dem Sinne einer Sammelstelle, die auf Grund ihres reichen Materials in der Lage ist, die in § 12 Abs. 1 geforderte gleichmäßige Erfüllung der den örtlichen JA. obliegenden Aufgaben zu fördern und den örtlichen JA. eine wirkliche Unterstützung zu bieten. Die vielfach geäußerte Befürchtung, daß die LJA. vielleicht durch bürokratisches Einmischen die notwendige Selbständigkeit der örtlichen JA. gefährden könnten, ist durch die Bestimmungen, die das RJWG. über Zusammensetzung der LJA. sowie ihre Stellung gegenüber den anderen JA. gibt, nicht in vollem Umfange gerechtfertigt.

Das LJA. soll nicht bloß die Einheitlichkeit der Arbeit der örtlichen JA. eines Bezirkes fördern, sondern vor allen Dingen diese auch zu einer zweckentsprechenden gestalten. Darunter ist nicht zuletzt eine Tätigkeit zu verstehen, die ökonomisch einwandfrei ist, mit anderen Worten, das LJA. hat auch an seinem Teile dafür zu sorgen, daß die zur Verfügung stehenden Mittel und Kräfte für die Arbeit so nutzbringend wie möglich verwendet werden. Es kann dieses Ziel einerseits durch die Aufstellung gemeinsamer Richtlinien, anderseits aber vor allem durch regelmäßige Zusammenkünfte der JA. seines Bezirkes, durch ständige persönliche Fühlungnahme auf Reisen, durch einen gut geleiteten Auskunftsdienst u. a. m. erreichen.

[2] Die Beratung der JA. und die Vermittlung der Erfahrungen dienen demselben Zweck wie Ziffer 1. Zum Erfolg wird nur großer Takt führen, der der Eigenart der örtlichen JA. in vollem Umfange gerecht wird.

[3] Hierher gehören alle die Einrichtungen, die für die einzelnen

örtlichen JA. zu kostspielig sind und sich nur für eine größere Anzahl von ihnen lohnen, wie Anstalten für Fürsorgeerziehung, für anormale Kinder usw.

[4] Es handelt sich um die Unterbringung von Minderjährigen jeden Alters. Das LJA. müßte versuchen, eine Zentralvermittlungsstelle zu schaffen, die, soweit vorhanden, Pflegestellen aller Art (für Säuglinge, für elternlose Kinder, für erholungsbedürftige Kinder), Lehrstellen, Arbeitsstellen usw. nachweist. Ziffer 4 und Ziffer 3 dieses Paragraphen hängen eng zusammen.

[5] Soweit es sich um Provinzial- bzw. Landesanstalten handelt, waren diese ja bereits in der Provinzial- bzw. Landesverwaltung zusammengefaßt. Daneben bestehen aber noch zahlreiche private Anstalten, die teils von vornherein als Einrichtung für einen größeren Bezirk gedacht waren, teils sich dazu sehr wohl eigneten, aber bisher noch nicht entsprechend bei der Belegung bedacht wurden. Es wird nun Aufgabe des LJA. sein, die Inanspruchnahme der einzelnen zur Verfügung stehenden Anstalten planmäßig zu regeln und damit ihren Betrieb wirtschaftlicher zu gestalten.

[6] Gemäß § 6 sind die örtlichen JA. verpflichtet, die freiwillige Jugendwohlfahrtspflege zur Mitarbeit heranzuziehen. Das wird in der Hauptsache nicht ohne Inanspruchnahme der verschiedenen Spitzenverbände möglich sein; hier hat das LJA. ein reiches Feld der Betätigung.

Die Bestimmungen des § 6 über die Freiheit der freiwilligen Jugendwohlfahrtspflege gelten sinngemäß auch für das LJA.

§ 14. Zusammensetzung, Verfassung und Verfahren des Landesjugendamts sowie seine Stellung zu den Jugendämtern werden landesrechtlich[1] geregelt. Im übrigen gelten § 9 Abs. 1 und 2 und § 10 Abs. 1 entsprechend mit der Maßgabe, daß in das Landesjugendamt insbesondere Vertreter von Jugendämtern und Justizbehörden zu berufen sind.

[1] Entsprechend seiner Eigenschaft als Reichsgesetz kann das RJWG. für den Aufbau der Zentralbehörden der Jugendwohlfahrtspflege in den einzelnen Ländern keine gleichmäßig bindenden Vorschriften erlassen, sondern muß hier den Landesbehörden völlig freie Hand lassen. Allerdings die in § 9 Abs. 2 und § 10 Abs. 1 ausgeführten Grundsätze für den Aufbau der örtlichen JA. müssen auch hier Geltung behalten, um einen organischen Aufbau der Jugendwohlfahrtspflege zu gewährleisten.

3. Reichsjugendamt.

§ 15. Zur Sicherung einer tunlichst gleichmäßigen Erfüllung der Aufgaben der Jugendämter kann die Reichsregierung[2] mit Zustimmung des Reichsrats Ausführungsvorschriften erlassen[1].

[1] Entsprechend dem Grundgedanken des RJWG., allen deutschen Jgdl. eine ausreichende Hilfe jederzeit und überall zu gewähren, mußte dem Reiche die Möglichkeit bleiben, zum Zwecke einer „tunlichst" gleichmäßigen Erfüllung der Aufgaben der JA. Ausführungsvorschriften zu erlassen. Es kann sich dabei nur darum handeln, eine „tunlichst" gleichmäßige Erfüllung zu erreichen, weil hier nicht zuletzt die Stammeseigenheiten zu berücksichtigen sind.

[2] Es ist zu beachten, daß solche Ausführungsvorschriften nur die Reichsregierung, nicht das zu bildende RJA. erlassen kann. Um der Eigenart der Länder gerecht zu werden, ist die Zustimmung des Reichsrates erforderlich.

§ 16. Bei dem Reichsministerium des Innern ist ein Reichsbeirat für Jugendwohlfahrt zu errichten[1]. In Verbindung mit ihm bildet die Reichsregierung das Reichsjugendamt. Ihm gehören Vertreter von Landesjugendämtern an. Die Bestimmungen des § 9 Abs. 2 gelten entsprechend[2].

Dem Reichsjugendamte liegt ob, die Bestrebungen auf dem Gebiete der Jugendhilfe zu unterstützen, die Erfahrungen auf dem Gebiete der Jugendwohlfahrt zu sammeln, sie den Landesjugendämtern zu übermitteln sowie auch sonst für die Verwertung der gesammelten Erfahrungen Sorge zu tragen.

[1] Während die örtlichen JA. und LJA. kollegiale Behörden darstellen, die von dem zuständigen Selbstverwaltungskörper eingerichtet werden, wird das RJA. in Verbindung mit einem Reichsbeirat für Jugendwohlfahrt von der Reichsregierung gebildet. Wie dieser Reichsbeirat zusammengesetzt sein soll, ist im RJWG. nicht gesagt, also der Reichsregierung überlassen.

[2] Im übrigen stellt das RJA. ebenfalls eine kollegiale Behörde dar. Entsprechend den Vorschriften für die örtlichen JA. und LJA. ist auch das RJA. aus beamteten und nichtbeamteten Mitgliedern zusammengesetzt.

§ 17. Die näheren Bestimmungen über den Aufgabenkreis und über Zusammensetzung, Verfassung und Verfahren des Reichsjugendamts werden von der Reichsregierung mit Zustimmung des Reichsrats erlassen.

4. Beschwerde.

§ 18. Das Beschwerderecht gegen Entscheidungen des Jugendamts und des Landesjugendamts regelt sich nach Landesrecht.

Bei Rechtsbeschwerden aus diesem Gesetz entscheidet im letzten Rechtszug das Reichsverwaltungsgericht[1]. Das Nähere regelt die Reichsregierung mit Zustimmung des Reichsrats.

[1] Solange ein Reichsverwaltungsgericht nicht besteht, entscheidet das Reichsgericht (EGRJWG. Art. 8).

Abschnitt III.
Schutz der Pflegekinder.

Die Pflegekinder (Haltekinder, Kostkinder, Ziehkinder) sind insofern besonders gefährdet, als sie in erster Linie nur eine Erwerbsquelle darstellen. Diese Gefährdung besteht natürlich nicht für solche Kinder, die von Behörden oder Vereinen der freiwilligen Liebestätigkeit in Pflege gegeben werden, weil hier ebensowohl eine sachgemäße Auslese der Pflegestellen vorgenommen als eine dauernde Aufsicht ausgeübt wurde. Diese Kinder bilden aber doch nur einen kleinen Teil aller derer, die in Pflege gegeben werden. Erschwerend fällt weiter ins Gewicht, daß die überwiegende Mehrheit der PflK. unehelich geboren ist und für die Mütter eine höchst unerwünschte Last bilden. Von hier aus ist jener verbrecherische Auswuchs dieses Gewerbes zu verstehen, den man gewöhnlich als Engelmacherei bezeichnet, und der bei dem Mangel einer wirklich ausreichenden Aufsicht sicher weit größeren Umfang gewonnen hat als tatsächlich festgestellt werden konnte, zumal der Nachweis des Verbrechens meist sehr schwierig ist.

Gegen diese Zustände im Pfl .wesen trat zunächst die private Wohltätigkeit auf. Als Beispiel soll hier eine Leipziger Stiftung aus dem Jahre 1804 genannt werden, deren Zinsen für die Fürsorge für uneheliche Kinder verwandt werden sollten. Diese Stiftung stellte bereits 1858 eine besoldete Pflegerin an und zog einen beamteten Arzt zur Beaufsichtigung mit heran. Damit war die erste sachgemäße Aufsicht über PflK. in Deutschland durchgeführt. Ähnliche Einrichtungen der freien Liebestätigkeit entstanden in Berlin, Hamburg und anderwärts. Die von der freien Liebestätigkeit ausgehenden Anregungen führten zu vereinzelten Anfängen einer behördlichen PflK.aufsicht, so in Preußen, Schleswig, Hessen. Besondere Förderung erfuhr die PflK.aufsicht dann durch die Novelle zur Gewerbeordnung vom 20. Juli 1879, deren § 6 ausdrücklich die Erziehung von Kindern gegen Entgelt als zu den Gewerben gehörig erklärt, für welche die in § 1 der Gewerbeordnung bestimmte Gewerbefreiheit nicht gilt.

Dieser Novelle folgte noch im selben Jahre in Preußen eine Verfügung des Ministers des Innern, die die Provinzialverwaltungen darauf hinweist, daß das Halten von Ziehkindern als nicht unter die Gewerbefreiheit fallend, von einer besonderen Erlaubnis abhängig zu machen sei. Als Gründe für eine Verweigerung der Erlaubnis werden angeführt: gänzliche Ungeschicklichkeit in Pflege und Wartung, grobe Vernachlässigung der anvertrauten Kinder, gesundheitsgefährdende Wohnungsverhältnisse, unsittlicher Lebenswandel der Pflegeeltern, äußerste Armut, Raumüberfüllung durch eigene Kinder usw.; besondere Beachtung sei solchen Pflegestellen zu schenken, denen Kinder gestorben sind, ohne daß ein Arzt hinzugezogen wurde. Dieser Verfügung folgte ein Runderlaß des Ministers der Medizinalangelegenheiten und des Innern, betreffend das Haltekinderwesen vom 25. August 1880, der die erstgenannte Verfügung noch ergänzte. Auf Grund dieser Erlasse wurden dann eine Reihe von im wesentlichen übereinstimmenden Polizeiverordnungen in Preußen erlassen.

Artikel 41 des Bayr. Polizeistrafgesetzbuchs von 1871 bestimmte, daß die Annahme fremder Kinder unter 8 Jahre in Pflege oder Erziehung gegen Bezahlung nur mit widerruflicher Genehmigung der Behörde stattfinden durfte.

Württemberg hatte bereits 1880 durch einen Ministerialerlaß, an dem besonders die Verpflichtung der Oberamtsärzte, diese Kinder periodisch zu untersuchen und über ihren Gesundheitszustand zu berichten, beachtenswert ist, den Anfang einer behördlichen PflK.aufsicht gemacht. In dem Gesetz, betreffend die Kost- und PflK. vom 16. August 1909 wird dann die Inpflegenahme von Kindern unter 13 Jahren oder von Kindern über 13 Jahren, die noch zum Besuch der Volksschule verpflichtet sind, von der Erlaubnis der Ortspolizeibehörde abhängig gemacht.

Ähnliche Gesetze bzw. Verordnungen finden wir noch in verschiedenen anderen deutschen Staaten, so in Baden, Sachsen, Lübeck, Bremen, Hamburg, auch sind einzelne Städte selbständig vorgegangen.

In neuester Zeit sind dann, beeinflußt von den Verhandlungen des deutschen Jugendfürsorgetages 1918, in Braunschweig das Gesetz über die Regelung des Haltekinderwesens vom 26. Juni 1919 und in Württemberg das Jugendamtsgesetz vom 18. Oktober 1919 erlassen worden.

Diese bisherige Mannigfaltigkeit der behördlichen PflK.-aufsicht wird nunmehr durch die nachfolgenden Bestimmungen des RJWG. in den Mindestforderungen vereinheitlicht, während es den Ländern überlassen bleibt, weitergehende Vorschriften zu erlassen. Durch die Einführung eines Erlaubniszwanges für die Aufnahme eines PflK., der sich auch auf Pflegepersonen erstreckt, die bereits von einem JA. die Erlaubnis erhalten haben und in den Bezirk eines anderen JA. zuziehen, ist die lückenlose Kenntnis aller im Bezirk sich aufhaltenden PflK. unbedingt gewährleistet. Die bloße Kenntnis aber aller im Bezirk vorhandenen PflK. würde noch nicht genügen, um einen wirksamen Pfl.K.schutz durchzuführen, sie sind darum alle, also auch die vom JA. nicht unmittelbar untergebrachten, sowie alle unehelichen Kinder, die sich bei der Mutter befinden, der Aufsicht des JA. unterstellt. Eine Ausnahme machen nur die Kinder, die von anderen reichs- oder landesgesetzlich zuständigen Behörden in Familienpflege untergebracht werden, bei diesen Kindern steht die Erteilung der Erlaubnis und die Aufsicht diesen Behörden zu. Durch die Ausnahmebestimmungen für Kinder, die sich bei nahen Verwandten aufhalten, und durch die Ausnahmemöglichkeit für uneheliche Kinder, die sich bei der Mutter aufhalten, werden unbillige Härten vermieden.

Anstalten, die Kinder in Pflege nehmen, können vom LJA. die generelle Erlaubnis zur Aufnahme von PflK. erhalten, die Aufsicht über die Anstalten führt das LJA. PflK., die unter der Aufsicht einer der Jugendwohlfahrt dienenden, vom LJA. für geeignet erklärten Vereinigung stehen, können vom LJA. von Bestimmungen des Abschnitts III befreit werden.

Von besonderer Bedeutung für die praktische Arbeit ist die Befugnis des JA., bei Gefahr im Verzuge das Kind sofort aus der Pflegestelle entfernen und vorläufig anderweit unterbringen zu können.

Durch besondere Strafbestimmungen ist auch die Möglichkeit eines Zwanges gegeben, der durch die Bestimmung, daß die Bestrafung nur auf Antrag des JA. eintritt, und daß die Zurücknahme des Antrages zulässig ist, ganz individuell gestaltet werden kann.

1. Erlaubnis zur Annahme.

§ 19. Pflegekinder[1] sind Kinder[3] unter vierzehn Jahren[4], die sich dauernd oder nur für einen Teil des Tages, jedoch regelmäßig, in fremder[5] Pflege[2] befinden, es sei denn, daß von vornherein feststeht[6], daß sie unentgeltlich[7] in vorübergehende Bewahrung[2] genommen werden.

[1] § 19 gibt die Kennzeichen eines PflK. an, zu dessen Aufnahme gemäß § 20 Abs. 1 die vorherige Erlaubnis des zuständigen JA. notwendig ist, und zwar:

a) Alter unter 14 Jahren (vgl. jedoch Anm. 4);

b) regelmäßiger Aufenthalt bei fremden Personen (also nicht bei Vater oder Mutter);

c) entgeltliche Aufnahme.

[2] Es ist zu unterscheiden zwischen Pflege und Bewahrung. Unter Pflege ist nicht nur die Gewährung von Obdach und Kost, sondern gleichzeitig die geistig sittliche Erziehung zu verstehen — die Pflege soll also den Aufenthalt im elterlichen Hause voll ersetzen —, während unter Bewahrung ein vorübergehendes, weniger verantwortungsvolles Beaufsichtigen der Kinder gemeint ist, wobei ebenfalls Obdach und Kost gewährt werden kann. Wann eine Unterbringung als Pflege oder als Bewahrung anzusehen ist, entscheidet sich von Fall zu Fall.

[3] Alle deutschen (vgl. § 1 Anm. 2) Kinder, ohne Rücksicht auf Geschlecht, Personenstand, Vermögensverhältnisse usw.

[4] Für die Berechnung ist BGB. § 187 Abs. 2 zugrunde zu legen, also der Tag der Geburt mitzuzählen.

Eine Herabsetzung dieser obersten Altersgrenze ist den Landesregierungen nicht erlaubt, jedoch eine Heraufsetzung (vgl. § 31).

Ob sich eine solche Heraufsetzung empfehlen würde, erscheint fraglich. Die Mehrzahl der PflK. tritt nach dem Verlassen der Schule in das Erwerbsleben ein. Sofern sie dabei im fremden Haushalt leben, stehen sie zu dem Haushaltungsvorstand nicht in dem Verhältnis eines PflK., sondern in dem eines Arbeitnehmers. Es handelt sich also weit mehr um Fragen des Arbeitsrechtes als um Fragen der Erziehung; vgl. im übrigen § 3 Z. 6 und § 4 Z. 6.

[5] In fremder Pflege befinden sich eheliche Kinder, wenn sie nicht bei Vater oder Mutter untergebracht sind, uneheliche Kinder, wenn sie sich nicht bei der Mutter aufhalten.

[6] Der Beweis, daß ein Kind unentgeltlich in vorübergehende Bewahrung genommen wird, obliegt der aufnehmenden Person.

[7] Unentgeltlich ist eine Pflege, für die keinerlei Gegenleistung, weder in Geld noch in Naturalien noch in Leistungen irgendwelcher Art gewährt wird. Bei dem Mangel an Pflegestellen wird es aber darauf ankommen, nicht durch zu enge Auslegung des Begriffes „unentgeltlich" eine gute Unterbringung zu zerstören. Maßgebend wird die Feststellung sein, ob mit der Aufnahme des Kindes andere als rein nachbarliche oder freundschaftliche Absichten verfolgt werden.

§ 20. Wer ein Pflegekind[1] aufnimmt, bedarf[2] dazu der vorherigen Erlaubnis[3] des Jugendamts. In dringenden Fällen[4] ist die nachträgliche Erlaubnis unverzüglich[5] zu bewirken. Wer mit einem solchen Kinde in den Bezirk eines Jugendamts zuzieht, hat die Erlaubnis zur Fortsetzung der Pflege unverzüglich einzuholen[6].

Steht von vornherein fest, daß ein Kind unentgeltlich oder nicht gewerbsmäßig in vorübergehende Bewahrung genommen wird, so genügt die Anmeldung[7] bei dem Jugendamte.

[1] Vgl. § 19 Anm. 1.

[2] Die Aufnahme eines PflK. ist grundsätzlich gebunden an die vorherige Erlaubnis des JA., d. h. ehe noch das PflK. in den Haushalt aufgenommen ist (bindende Vorschrift, vgl. auch die Strafbestimmungen § 30). Die vorherige Erlaubnis

ist als Grundlage eines wirksamen Pflegekinderschutzes unbedingt notwendig.

³ Diese Erlaubnis kann nur von Fall zu Fall erteilt werden, nicht generell. Es ist stets die individuelle Eigenart des aufzunehmenden Kindes zu berücksichtigen. Dieser Grundsatz hindert nicht etwa das JA., sondern veranlaßt es gerade, sich stets eine Anzahl von Pflegestellen bereitzuhalten, die es jederzeit besetzen kann.

Bei Verweigerung der Erlaubnis ist Beschwerde möglich; das Beschwerderecht regelt sich nach Landesrecht (§ 18).

Soweit für einen Bezirk bereits eine Polizeiverordnung über das PflK.wesen besteht, ist diese zwar mit dem Inkrafttreten des RJWG. hinfällig geworden, es wird sich jedoch empfehlen, falls sie nach wohlfahrtspflegerischen Grundsätzen aufgestellt und wirklich durchgeführt ist, sie als etwas der Bevölkerung bereits Bekanntes mit als Richtlinie für die Beurteilung der Pflegestellen zu benutzen.

⁴ Da nur bei unbedingter Durchführung des Grundsatzes der vorherigen Anmeldung eine Aufsicht über die Pflegestellen möglich ist, muß die Erteilung einer nachträglichen Erlaubnis auf vereinzelte, nur ganz dringende Fälle beschränkt bleiben. Wann ein dringender Fall vorliegt, ist Tatfrage; als dringender Fall könnte gelten z. B. plötzlich auftretende ansteckende Krankheit oder Todesfall in der Familie oder bisherigen Pflegestelle, plötzliches Versagen der bisherigen Pflegestelle usw.

⁵ Unverzüglich ist die nachträgliche Erlaubnis eingeholt, wenn es „ohne schuldhaftes Verzögern“ geschehen ist (BGB. § 121 Abs. 1). Wenngleich das JA. bei der Beurteilung, ob im Einzelfall die nachträgliche Erlaubnis unverzüglich eingeholt worden ist, im allgemeinen nicht allzu engherzig sein darf, so ist doch im Interesse der Autorität des JA. und damit im Interesse der PflK. vor einer zu laxen Handhabung dieser Bestimmung zu warnen. Die anzuerkennenden Fristen werden in städtischen und ländlichen Bezirken infolge der Entfernungen und der Verkehrsmöglichkeiten verschieden ein.

[6] Die Erlaubnis gilt nur für den Bezirk des erteilenden JA. und muß daher bei Verzug in den Bezirk eines anderen JA. erneut eingeholt werden, und zwar hat dieses ebenfalls unverzüglich zu erfolgen. Es wird sich empfehlen, daß das JA., das zunächst die Erlaubnis erteilt hat, an das andere JA. eine Mitteilung über den Verzug des PflK. ergehen läßt.

[7] Um alle Kinder, die nicht im elterlichen Hause leben, gegebenenfalls des Schutzes des JA. teilhaftig werden zu lassen, mußte auch ein Anmeldezwang für solche Kinder gegeben sein, die nur in vorübergehende Bewahrung genommen werden. Maßgebend für die Beurteilung, ob eine Anmeldung genügt oder eine Erlaubnis notwendig ist, ist in erster Linie der Nachweis, daß die Aufnahme nicht gewerbsmäßig erfolgt, während die Unentgeltlichkeit der Aufnahme bei den heutigen Verhältnissen nicht unbedingt maßgebend ist. Der Nachweis, daß es sich um eine unentgeltliche oder nicht gewerbsmäßige vorübergehende Bewahrung handelt, obliegt dem Anmeldenden.

§ 21. Die Bestimmungen dieses Abschnitts finden keine Anwendung, wenn eheliche Kinder[1] bei Verwandten oder Verschwägerten bis zum dritten Grade[2, 3] verpflegt werden, es sei denn, daß diese Personen Kinder entgeltlich[4], gewerbsmäßig[5] oder gewohnheitsmäßig[6] in Pflege nehmen.

Die Bestimmungen dieses Abschnitts finden ferner keine Anwendung auf Kinder, die aus Anlaß auswärtigen Schulbesuchs für einen Teil des Tages in Pflege genommen werden, sowie auf solche Kinder, die zum Zwecke des Schulbesuchs in auswärtigen Schulorten in Familien untergebracht sind, wenn diese von der Leitung der Schule für geeignet erklärt und überwacht sind[7].

[1] Die berechtigten Aufsichtsbestimmungen dieses Abschnitts verlieren ihre Berechtigung in solchen Fällen, wo eheliche

Kinder bei Blutsverwandten oder Verschwägerten naher Linie untergebracht sind. Ein zu weit gehendes Einmischen des JA. würde gegen Art. 119 RVerf. und § 1 Abs. 3 verstoßen, vor allem aber auch sozialpädagogisch verwerflich sein, indem es die Selbstverantwortung der Familie im weiteren Sinne nicht stärken, sondern gerade umgekehrt schwächen würde.

Den ehelichen Kindern gleichgestellt sind solche, die durch nachfolgende Ehe legitimiert (BGB. § 1719) oder ehelich erklärt sind (BGB. §§ 1723 ff.) und Adoptivkinder, nicht aber uneheliche Kinder, die gemäß BGB. § 1706 Abs. 2 den Namen des Ehemannes der Mutter führen.

[2] Vgl. BGB. § 1589: „Personen, deren eine von der anderen abstammt, sind in gerader Linie verwandt ... Der Grad der Verwandtschaft bestimmt sich nach der Zahl der sie vermittelnden Geburten", also hier Urgroßeltern, Großeltern, Eltern, voll- und halbbürtige Geschwister, Onkel und Tante. Vgl. für adoptierte Kinder BGB. § 1763 ff. und für ehelich erklärte BGB. § 1737.

[3] Vgl. BGB. § 1590: „Die Verwandten eines Ehegatten sind mit dem anderen Ehegatten verschwägert. Die Linie und der Grad der Schwägerschaft bestimmen sich nach der Linie und dem Grade der sie vermittelnden Verwandtschaft. Die Schwägerschaft dauert fort, auch wenn die Ehe, durch die sie begründet ist, aufgelöst ist."

Unter § 1590 fällt a) die Schwägerschaft, die vermittelt wird durch eine Ehe der zu betrachtenden Person selbst, b) die Schwägerschaft, die vermittelt wird durch eine Ehe eines Verwandten der zu betrachtenden Person. Die unter a) genannte Schwägerschaft kann hier nicht in Frage kommen, da es sich um Kinder bis zu 14 Jahren handelt, als verschwägert bis zum 3. Grade haben also im Sinne des RJWG. zu gelten: Stiefvater bzw. -mutter, zweiter Ehegatte des natürlichen Großvaters bzw. -mutter, zweiter Ehegatte des natürlichen Urgroßvaters bzw. -mutter, Ehegatten der voll- und halbbürtigen Geschwister, Ehegatten von Onkel und Tante.

[4] Vgl. § 19 Anm. 7.

[5] Gewerbsmäßig ist eine Pflege, die einen Vermögensvorteil zum Ziele hat, die also entweder mehr als die tatsächlichen Unkosten sich ersetzen läßt, oder die auf andere Weise einen Vorteil erstrebt.

[6] Gewohnheitsmäßig ist eine Pflege, wenn sie dauernd erneuert wird.

[7] Die Pflegestelle muß nicht bloß von der Schule geprüft sein, sondern gleichzeitig unter dauernder Überwachung stehen. Ist dies nicht der Fall, so gelten die Bestimmungen dieses Abschnitts.

§ 22. Die Voraussetzungen für die Erlaubnis, ihr Erlöschen und ihren Widerruf können nach § 15 oder durch die Landesjugendämter näher bestimmt werden[1].

Die Erlaubnis kann widerrufen werden[2], wenn das körperliche, geistige oder sittliche Wohl[3] des Kindes es erfordert.

[1] Die von den zentralen Stellen aufgestellten Voraussetzungen für die Erlaubnis usw. können nur die allgemeinsten Mindestforderungen darstellen. Es wird sich hier insbesondere um Bestimmungen über die Wohnverhältnisse der Pflegeperson, Wohnungswechsel sowie Bestimmungen im gesundheitlichen und sittlichen Interesse des PflK. handeln (Begr. S. 46). Sie werden daher zunächst bei der allgemeinen Feststellung der Brauchbarkeit der vorhandenen Pflegestellen anzuwenden sein. Die Erteilung bzw. der Widerruf hat jedoch für jeden Fall gesondert nach den besonderen Erfordernissen des Kindes zu erfolgen. Nicht jede Pflegestelle ist für jedes PflK. geeignet. Man kann ein zartes Kind nicht in eine Pflegestelle mit ausgesprochen rauhen Klima bringen, ein schwieriges Kind nicht zu nervösen Leuten, einen Psychopathen nicht in eine Umgebung, die seinen gefährlichen Anlagen noch entgegenkommt usw.

[2] Der Widerruf erfolgt durch das zuständige JA. (vgl. § 23). Beschwerde ist zulässig und regelt sich nach Landesrecht (§ 18).

[3] Maßgebend für den Widerruf darf nur das körperliche, geistige oder sittliche Wohl des Kindes sein, andere Gründe, wie etwa die Kostenfrage, dürfen keine Rolle spielen.

§ 23. Zuständig[1] für die Erteilung und den Widerruf der Erlaubnis ist das Jugendamt, in dessen Bezirk die Pflegeperson ihren gewöhnlichen Aufenthalt[2] hat.

[1] Ohne Rücksicht darauf, ob allgemeine Richtlinien von der Reichsregierung bzw. dem LJA. herausgegeben sind, erteilt oder widerruft die Erlaubnis das zuständige JA. Über die Ausnahmen vgl. § 29 Abs. 1 und 2.

[2] Vgl. § 7 Anm. 3.

2. Aufsicht.

§ 24. Pflegekinder[1] unterstehen der Aufsicht des Jugendamts. Das gleiche gilt für uneheliche[2] Kinder, die sich bei der Mutter befinden[3].

Die Aufsichtsbefugnisse, insbesondere soweit sie für das gesundheitliche und sittliche Gedeihen des Kindes erforderlich sind, werden nach § 15 oder durch die Landesjugendämter geregelt[4].

[1] Der Aufsicht des JA. unterstehen alle PflK. im Sinne des § 19, also sowohl solche, zu deren Aufnahme gemäß § 20 Abs. 1 die vorherige Erlaubnis des JA. notwendig ist, als auch solche, zu deren Aufnahme gemäß § 20 Abs. 2 eine Anmeldung genügt. Befreit von dieser Aufsicht sind gemäß § 21 Abs. 1 die ehelichen Kinder, die bei Verwandten oder Verschwägerten bis zum 3. Grade untergebracht sind. Nehmen diese Verwandten oder Verschwägerten aber Kinder entgeltlich, gewerbsmäßig oder gewohnheitsmäßig in Pflege, so gelten die Befreiungsvorschriften des § 21 Abs. 1 nicht und die bei ihnen

untergebrachten ehelichen Kinder unterstehen ebenfalls der Aufsicht des JA. Das gleiche gilt von Kindern, die aus Anlaß auswärtigen Schulbesuchs in Familien untergebracht sind, sofern ihre Unterbringung nicht von der Schule überwacht wird (§ 21 Abs. 2).

[2] Gemäß BGB. §§ 1591 ff. und 1699 hat ein Kind als unehelich zu gelten.

a) das von einer ledigen Frauensperson geboren ist;

b) das von einer Ehefrau vor Eingehung der Ehe und mehr als 302 Tage nach Beendigung der Ehe geboren ist, wobei der 302. Tag eingeschlossen ist, es sei denn, daß feststeht, daß das Kind innerhalb eines Zeitraumes empfangen worden ist, der weiter als 302 Tage vor dem Tage der Geburt zurückliegt;

c) das zwar während der Ehe oder innerhalb 302 Tagen nach Beendigung der Ehe geboren ist, bei dem es aber den Umständen nach offenbar unmöglich ist, daß die Frau das Kind von dem Ehemanne empfangen hat;

d) das aus einer Ehe stammt, deren Nichtigkeit auf einem Formmangel beruht und die nicht in das Heiratsregister eingetragen worden ist;

e) das aus einer nichtigen Ehe stammt, wenn beide Ehegatten die Nichtigkeit der Ehe bei der Eheschließung gekannt haben.

[3] Die unehelichen Kinder, die sich bei der Mutter befinden, sind an sich nicht PflK., unterstehen aber grundsätzlich ebenfalls der Aufsicht des JA., über Ausnahmen vgl. § 27.

Diese Vorschrift erscheint zunächst als eine Härte, hat sich jedoch aus den Tatsachen heraus als notwendig erwiesen. Das uneheliche Kind lebt trotz aller Heranziehung des Erzeugers in ungünstigeren Verhältnissen als das eheliche Kind, da ja die Mutter im Regelfall gezwungen ist, für den eigenen Unterhalt zu arbeiten und die Aufsicht und Betreuung des Kindes daher recht oft zu wünschen übrig lassen muß. Würden die bei der Mutter verpflegten unehelichen Kinder nicht der Aufsicht des JA. unterstellt werden, so würde eine erhebliche Anzahl der unehelichen Kinder nicht den Schutz genießen, auf den sie im Interesse ihrer körperlichen, geistigen und sittlichen Entwicklung unbedingt Anspruch haben (Begr. S. 47).

[4] Wieweit die Aufsichtsbefugnisse des JA. gehen, wird entweder durch die Reichsregierung mit Zustimmung des Reichsrates (§ 15) oder durch die LJA. geregelt. Widersätzlichkeit gegen die auf Grund der Aufsichtsbefugnisse vom JA. gegebenen Anordnungen kann den Widerruf der Erlaubnis zur Aufnahme eines PflK. nach sich ziehen.

§ 25. Auf Grund von Vorschriften nach § 15 oder von Richtlinien der Landesjugendämter können Pflegekinder durch Anordnung der Jugendämter von der Beaufsichtigung widerruflich befreit werden[1].

Uneheliche[2] Kinder sollen[3], solange sie sich bei der Mutter befinden, von der Beaufsichtigung widerruflich befreit werden, wenn das Wohl des Kindes gesichert ist.

Uneheliche Kinder, die gemäß § 1706 Abs. 2 des Bürgerlichen Gesetzbuchs den Namen des Ehemanns der Mutter führen, können[4], solange sie sich bei der Mutter und deren Ehemann in Pflege befinden, widerruflich von der Beaufsichtigung befreit werden. Das gleiche gilt von Kindern, die bei ihren Großeltern oder ihrem Vormund verpflegt werden.

[1] Grundsätzlich unterstehen alle PflK. der Aufsicht des zuständigen JA. nach § 24. Der § 25 gibt jedoch die Möglichkeit, Ausnahmen dort eintreten zu lassen, wo die unbedingte Durchführung der Bestimmungen des § 24 Belästigungen oder Härten und damit Verstimmung hervorrufen würde.

Jede derartige Befreiung von der Aufsicht des JA. darf nur widerruflich erfolgen, damit das JA. gegebenenfalls jederzeit wieder eingreifen kann.

Die Befreiung erfolgt durch das zuständige JA., d. h.

durch das JA., in dessen Bezirk die Pflegeperson ihren gewöhnlichen Aufenthalt hat (§ 23). Es wird sich empfehlen, der Pflegestelle die Befreiung schriftlich mitzuteilen, mit besonderem Hinweis darauf, daß die Befreiung nur widerruflich erfolgt ist.

Da die Befreiung nur widerruflich erfolgen darf, muß eine gewisse Aufsicht doch weiter bestehen bleiben, damit gegebenenfalls das JA. zur rechten Zeit die Befreiung widerrufen kann.

[2] Vgl. § 24 Anm. 2.

[3] Für uneheliche Kinder soll mit Recht die Befreiung von der Aufsicht eintreten, wenn das Wohl des Kindes gesichert ist. Es gibt eine ganze Anzahl von unehelichen Müttern, deren Persönlichkeit die Gewähr für eine geeignete Pflege bietet. Für solche unehelichen Mütter würde es eine Härte bedeuten, wollte man sie wie jede fremde Pflegestelle behandeln. Dazu kommt auch noch die Erwägung, daß durch eine zu weit gehende Beaufsichtigung solcher unehelichen Mütter das Verantwortungsgefühl beeinträchtigt werden würde. Es wird Aufabe der JA. sein, hier nicht engherzig vorzugehen.

[4] Das gleiche gilt in vielen Fällen dort, wo der Ehemann gemäß BGB. § 1706 Abs. 2 dem nicht von ihm erzeugten Kinde seinen Namen gibt. Eine generelle Ausnahme für diese Fälle ist unmöglich. Wenngleich vielfach Zuneigung zu dem Kinde den Stiefvater zur Namenserteilung zu bewegen pflegt, so pflegt doch ebenso häufig auch der Wunsch, das Vorhandensein eines unehelichen Kindes zu verbergen, der Anlaß zur Namenserteilung zu sein; außerdem schwindet die Zuneigung des Stiefvaters oft, sobald eigene eheliche Kinder vorhanden sind. Zahlreiche Strafprozesse haben das Elend solcher Kinder erwiesen und müssen vor einer Überschätzung des Schutzes der Kinder in der Stiefvaterfamilie warnen (Begr. S. 47).

§ 26. Wer ein gemäß §§ 24 Abs. 1 der Aufsicht unterstehendes Kind in Pflege hat, ist verpflichtet[1], dessen Aufnahme, Abgabe, Wohnungswechsel und Tod dem

Jugendamt unverzüglich[2] anzuzeigen. Die näheren Bestimmungen werden nach § 15 oder durch die Landesjugendämter getroffen.

[1] Durch die Verpflichtung, Aufnahme, Abgabe, Wohnungswechsel und Tod dem JA. unverzüglich anzuzeigen, wird das JA. von den wichtigsten Vorgängen im Leben des Kindes unterrichtet, zugleich aber auch in die Lage versetzt, namentlich bei der Abgabe und beim Tode des Kindes einem Verdachte gegen ungünstige Pflegestellen unverzüglich nachzugehen und erforderlichenfalls diese Pflegestellen als ungeeignet für künftige Fälle auszuschalten. Gleichzeitig wird aber auch erzieherisch durch diese Bestimmung auf die Pflegeeltern eingewirkt, insofern ihnen durch die Verpflichtung, die sie mit der Aufnahme eines PflK. auf sich nehmen, die Bedeutung und der Ernst ihrer Aufgabe eindringlicher vor Augen geführt wird, als es bisher der Fall gewesen ist.

[2] Vgl. § 20 Anm. 5.

3. Vorläufige Unterbringung.

§ 27. Bei Gefahr im Verzuge[1] kann das Jugendamt das Pflegekind sofort aus der Pflegestelle entfernen und vorläufig[2] anderweit unterbringen[3]. Das Jugendamt ist verpflichtet[4], das zuständige[5] Vormundschaftsgericht von der erfolgten Wegnahme unverzüglich[6] zu benachrichtigen.

[1] Wann Gefahr im Verzuge vorliegt, ist von Fall zu Fall zu entscheiden (Tatfrage). Es müssen Veränderungen in der Eignung der Pflegestelle — denn diese muß ja vorher genehmigt sein — vorliegen, die so schwerwiegend sind, daß Leib und Seele des PflK. gefährdet sind. Das würde etwa vorliegen, wenn Mißhandlungen, ansteckende Krankheiten, Verleitung zu Gesetzesübertretungen (zum Betteln, zum Stehlen), verbrecherische Handlungen an dem Kinde und ähnliches festzustellen sind.

[2] In solchen Fällen kann das JA. selbständig, also ohne vorherige Befragung des Erziehungsberechtigten (vgl. § 1 Anm. 6), das PflK. aus der Pflegestelle entfernen und anderweit unterbringen. Diese Unterbringung kann aber nur eine vorläufige sein, da zwar bei Gefahr im Verzuge das JA. ohne Zustimmung des Erziehungsberechtigten die anderweite Unterbringung vornehmen kann, für die dauernde Unterbringung aber der Zustimmung des Erziehungsberechtigten bedarf. Es muß also in solchen Fällen unverzüglich mit dem Erziehungsberechtigten in Verbindung getreten werden und eventuell seine Zustimmung für das dauernde Verbleiben des Kindes in der neuen Pflegestelle, falls das vom JA. beabsichtigt ist, eingeholt werden.

[3] Die Wegnahme und vorläufige anderweitige Unterbringung eines PflK. ist gleichbedeutend mit einem Widerruf der Erlaubnis zur Aufnahme eines PflK. gemäß § 20 und unterliegt daher dem Beschwerderecht gemäß § 18.

[4] Die Verpflichtung zur Benachrichtigung des zuständigen VG. bezweckt ein Handinhandarbeiten von JA. und VG.

[5] Vgl. § 57.

[6] Vgl. § 20 Anm. 5.

4. Behördlich angeordnete Familienpflege. Anstalts- und Vereinspflege.

§ 28. Bei Kindern, die von anderen[1] reichs- oder landesgesetzlich zuständigen Behörden in Familienpflege[2] untergebracht werden, steht die Erteilung der Erlaubnis und die Aufsicht diesen Behörden zu[3]. Doch kann die Übertragung[4] dieser Befugnisse von diesen Behörden auf das örtlich zuständige[5] Jugendamt durch die zuständige Reichs- oder Landesbehörde angeordnet werden.

[1] Zu diesen Behörden gehören vor allem Armenbehörden, Fürsorgeerziehungsbehörden, Jugendämter.

[2] Die Erteilung der Erlaubnis und die Aufsicht stehen

diesen Behörden nur bei der Unterbringung in Familienpflege zu. Die Beurteilung von Anstalten unterliegt regelmäßig dem zuständigen LJA.

[3] Die Übertragung der Befugnis der Erlaubniserteilung sowie der Aufsicht an andere Behörden als an das für die Pflegestelle zuständige JA. kann in der Praxis durch starke Abweichungen in den Anschauungen leicht zu Reibungen führen. Es wird sich daher empfehlen, durch Anordnung der zuständigen Reichs- oder Landesbehörde zum mindesten die Erteilung der Erlaubnis dem örtlich zuständigen JA. zu übertragen.

[4] Die Übertragung der Erlaubniserteilung sowie der Aufsichtsbefugnis kann auf zweierlei Weise geschehen, entweder durch generelle Anordnung der zuständigen Reichs- oder Landesbehörde oder selbständig von der anderen unterbringenden Behörde aus.

Im ersteren Falle treten die untergebrachten Kinder unter die Zuständigkeit des örtlichen JA., das die gesamte Verantwortung übernimmt.

Im zweiten Falle erscheint das örtlich zuständige JA. als Hilfskraft gleich allen sonstigen freiwilligen Hilfskräften, so daß die Verpflichtung der übertragenden Behörde, für die sachgemäße Erledigung der ihr obliegenden Aufgaben zu sorgen (vgl. § 11 letzter Satz), unberührt bleibt.

[5] Vgl. § 23.

§ 29. Die Landesjugendämter[1] können[2] Anstalten[3], die Kinder in Pflege nehmen, von der Anwendung der Bestimmungen der §§ 20–23 widerruflich[4] befreien. Die Befreiung kann nur versagt werden[5], wenn das Landesjugendamt Tatsachen feststellt, die die Eignung einer Anstalt zur Aufnahme von Pflegekindern ausschließen.

Die Bestimmungen der §§ 24–26 finden mit der Maßgabe Anwendung, daß an die Stelle der Jugend-

ämter die Landesjugendämter[6] treten und die Regelung der Aufsichtsbefugnisse der Landesgesetzgebung vorbehalten bleibt.

Das Landesjugendamt kann bestimmen, inwieweit die Vorschriften dieses Abschnitts auf Pflegekinder, die unter der Aufsicht einer der Jugendwohlfahrt dienenden, von ihm für geeignet erklärten Vereinigung stehen, Anwendung finden[7].

Landesrechtlich kann an Stelle der Landesjugendämter die oberste Landesbehörde für zuständig erklärt werden.

[1] Die generelle Befreiung von Anstalten, die nicht von einem örtlichen JA. unterhalten werden, von der Verpflichtung, die Erlaubnis zur Aufnahme jedes Zöglings vorher einzuholen, steht allein dem LJA. zu.

[2] Es handelt sich nicht um eine Kannvorschrift im eigentlichen Sinne, sondern in dem „können" ist nur die Befugnis ausgedrückt, wie Satz 2 deutlich zeigt.

[3] Als Anstalten im Sinne des Gesetzes können nur solche Einrichtungen angesehen werden, die eine größere Zahl von Kindern dauernd aufnehmen, und die unter sachgemäßer Leitung stehen. Der letzte Punkt ist besonders zu beachten, da unter Pflege nicht nur die leibliche Betreuung, sondern auch die Erziehung im allgemeinen zu verstehen ist (§ 19 Anm. 2).

Ohne Bedeutung ist die Feststellung, ob die Kinder den ganzen Tag oder nur einen Teil des Tages Aufnahme finden. Es fallen unter diese Bestimmung nicht bloß die Anstalten der geschlossenen, sondern auch die der halbgeschlossenen Fürsorge.

Anstalten, wie Krankenhäuser, Heilanstalten, Erholungsheime, die nicht nur Kinder aufnehmen, fallen nicht unter diese Vorschrift.

[4] Für den Widerruf der Befreiung von der Verpflichtung zur Erlaubniseinholung ist entsprechend § 22 das körperliche, geistige oder sittliche Wohl der Kinder maßgebend.

[5] Die Befreiung ist nicht in das Belieben des LJA. gestellt,

sondern es bedarf zur Verweigerung festgestellter Tatsachen, die die Eignung einer Anstalt ausschließen (ungenügende hygienische Verhältnisse, mangelhafte Erziehung usw.). Politische oder religiöse Gründe dürfen nicht maßgebend sein.

6 Die Beaufsichtigung von Anstalten, die nicht von einem JA. unterhalten werden, die also Pfleglinge aus den Bezirken verschiedener JA. aufnehmen, muß zweckentsprechend dem LJA. übertragen werden, das ja auch die Erlaubnis zu erteilen hat bzw. die Befreiung von der Verpflichtung diese einzuholen ausspricht.

7 Den Anstalten, die Kinder in Pflege nehmen, werden gleichgestellt Pflegestellen, die unter der Aufsicht einer der Jugendwohlfahrt dienenden und vom LJA. für geeignet erklärten Vereinigung stehen. Entsprechend Abs. 1 dieses Paragraphen kann eine solche Vereinigung nur dann für nicht geeignet erklärt werden, wenn das LJA. Tatsachen feststellt, die ihre Eignung ausschließen. Der Kreis dieser Vereinigungen darf nicht zu eng gezogen werden (vgl. § 9 Anm. 10).

5. Strafbestimmungen.

§ 30. Wer ein Pflegekind ohne die vorgeschriebene Erlaubnis oder Anmeldung in Pflege nimmt oder nach Erlöschen oder Widerruf der Erlaubnis in Pflege behält oder wer den gemäß § 22 Abs. 1 erlassenen Vorschriften entgegenhandelt, wird mit Geldstrafe bis zu einhunderttausend Mark oder mit Haft oder mit Gefängnis bis zu drei Monaten bestraft.

Die gleiche Strafe trifft denjenigen, der in den nach § 26 vorgeschriebenen Anzeigen wissentlich unrichtige Angaben macht oder die Leiche eines Pflegekindes oder unehelichen Kindes ohne die vorgeschriebene Anzeige beerdigt.

Wer der in § 26 vorgeschriebenen Anzeigepflicht nicht nachkommt, wird mit Geldstrafe bis zu eintausendfünfhundert Mark oder mit Haft bestraft.

Die Bestrafung tritt nur auf Antrag[1] des Jugendamts ein. Die Zurücknahme des Antrags ist zulässig[2].

[1] Die Einleitung des Verfahrens erfolgt ausschließlich auf Antrag. Dadurch ist dem JA. die Möglichkeit gegeben, zwischen absichtlichen Verfehlungen oder solchen aus Unkenntnis der gesetzlichen Verfehlungen oder auch aus einer gewissen Gleichgültigkeit heraus zu unterscheiden. Gerade im Anfang der Gültigkeit des Gesetzes würde eine zu rigorose Handhabung dieser Berechtigung den JA. manche sonst recht brauchbare Pflegestelle entziehen, besonders in ländlichen Kreisen, wo man gesetzlichen Bestimmungen an und für sich wenig Verständnis entgegenbringt.

[2] Antragsberechtigt für Einzelpflegestellen ist ausschließlich das örtlich zuständige JA., für Anstalten das LJA. Durch die Übertragung der Antragsberechtigung allein auf behördliche Stellen wird überflüssigen Anträgen von seiten übelwollender Unbeteiligter vorgebeugt.

[3] Um in Fällen, wo sich nachträglich die Beurteilung der Übertretung zugunsten der Pflegestelle ändert, eine Bestrafung trotz gestellten Antrages zu verhindern, ist die Zurücknahme des Antrages jederzeit zugelassen.

6. Ermächtigung für die Landesgesetzgebung.

§ 31. Die Befugnis der Landesgesetzgebung, weitere Vorschriften zum Schutze der Kinder zu erlassen sowie Ausnahmen von den Vorschriften der §§ 20 und 24 für die Unterbringung von Kindern in ländlichen Bezirken[1] zuzulassen[2], bleibt unberührt.

[1] Eine Begriffsbestimmung, was unter ländlichen Bezirken zu verstehen sein soll, ist nicht gegeben; nach dem allgemein üblichen Sprachgebrauch sind das solche Bezirke, in dem das landwirtschaftliche Element überwiegt.

[2] Die Zulassung von Ausnahmen von den Vorschriften der §§ 20 und 24 in ländlichen Bezirken ist unbedingt zu vermeiden.

Abschnitt IV.

Stellung des Jugendamts im Vormundschaftswesen; Anstalts- und Vereinsvormundschaft.

Dieser Abschnitt bringt die Entwicklung im Vmschwesen zu einem gewissen Abschluß.

Das BGB. hatte die Vmsch. als ehrenamtliche Evmsch. gestaltet. Es ging dabei von dem Gedanken aus, daß denjenigen Mdj., die des Schutzes und der Fürsorge der Eltern ermangeln, jemand zur Seite gestellt werden muß, der diese elterlichen Pflichten ausübt. Abweichend von dem bis dahin geltenden Recht, nach dem der Staat die Obervmsch. ausübte, die Vm. also nach seinen Weisungen ihr Amt verwalteten, läßt das BGB. diesen in ihrer Amtsführung größere Freiheiten, indem der Vm. nur mehr für eine Reihe von Handlungen der Genehmigung des VG. bedarf. Da der Vm. dem Kinde die Eltern ersetzen soll, hat er nicht nur eine ehrenamtliche Vertrauensstellung sondern tritt in engste Fühlung mit der Familie des Mdl.

Dieser Erwägung Rechnung tragend bestimmt BGB. § 1776, daß als Vm. in nachstehender Reihenfolge zu berufen sind:

1. wer von dem Vater des Mdl. als Vm. benannt ist,
2. wer von der ehelichen Mutter des Mdl. als Vm. benannt ist,
3. der Großvater des Mdl. von väterlicher Seite,
4. der Großvater des Mdl. von mütterlicher Seite.

Diese Personen haben ein Vorrecht auf Bestellung und dürfen nur mit ihrer Zustimmung übergangen werden; erst wenn sie ausscheiden, hat der Waisenrat des Wohnortes des Mdl. andere geeignete Personen vorzuschlagen, unter welchen das VG. die geeignetste auswählt, wobei naturgemäß wieder das verwandtschaftliche Verhältnis zu berücksichtigen ist. Im übrigen ist zu entscheiden, ob die gewählte Person nach ihren persönlichen Verhältnissen, ihrer Vermögenslage, ihrem religiösen Bekenntnisse oder nach sonstigen Umständen geeignet ist, die Eltern zu ersetzen. Der Ausgewählte ist verpflichtet, das Amt anzunehmen, wenn ihm nicht ein gesetzlich vorgesehener Ablehnungsgrund zusteht (BGB. § 1786).

Da nicht mehr wie früher jedes eheliche Kind, das den Vater verloren hat, einen Vm. zu erhalten braucht, sondern nach BGB. § 1684 an die Stelle der elterlichen Gewalt des Vaters die der Mutter tritt, so lange sie sich nicht wieder verheiratet, ist die Zahl der Vmsch. wesentlich geringer geworden.

Trotz dieser erheblichen Einschränkung der Zahl der Vmsch. hat sich ergeben, daß die Bestellung des Vm. erhebliche Schwierigkeiten machte. Das starke Hin- und Herfluten der Bevölkerung, das sich im Gefolge der Industrialisierung zeigte, beeinträchtigte den verwandtschaftlichen Zusammenhang nicht bloß, sondern zerriß ihn vielfach gänzlich, so daß die sonst erstrebenswerte Bestellung von Verwandten zu Vm. nur in seltenen Fällen noch möglich war. Der Kreis sonstiger, an sich geeigneter Vm. wurde dadurch noch bedeutend verkleinert, daß alle Frauen einerseits die Vmsch. ablehnen, alle Beamten und Lehrer andererseits nur mit Genehmigung ihrer vorgesetzten Dienstbehörde das Amt annehmen durften, die ihnen auf ihren Wunsch gern versagt wurde. Da ferner, wie erwähnt, der Vm. in der Führung des Amtes möglichst selbständig gedacht, im allgemeinen eine ausreichende behördliche Beratung wegen der Überlastung der VG.

nicht erfolgen konnte, der Gemeindewaisenrat hierzu weder befugt noch befähigt war, so mußte die Vmsch. versagen, wenn ungeschulte oder gar unter dem Zwang der Annahmepflicht gewählte Personen bestellt wurden.

Diese Mängel der Evmsch. machten sich besonders bei den unehelichen Kindern bemerkbar. Sie führten dazu, daß sich vor allem in den Großstädten, neben der Evmsch. Sammelvmsch. oder sogenannte Berufsvmsch. entwickelt haben. Zu erwähnen sind zur Zeit des Inkrafttretens des BGB. drei Arten. In den linksrheinischen Gebieten, in denen französisches Recht galt, gab es eine Anstaltsvmsch. der Armenbehörden für jedes öffentlich unterstützte Kind. Sie wurde in der Preußischen Vormundschaftsordnung vom 5. Juli 1875 aufgenommen und hielt sich bis 1900. Daneben bildeten sich in den Hansestädten Lübeck und Hamburg selbständige Berufsvmsch. In Lübeck gingen seit 1859 auf die Abteilung der Armenbehörde, die die Pflegekinderanstalt vertrat, alle vormundschaftlichen Rechte für die von ihr versorgten Kinder über mit Vorrecht vor der elterlichen Gewalt des Vaters. Ähnliche Einrichtungen wurden in Hamburg getroffen. Endlich entwickelte sich in Leipzig und in anderen Teilen des früheren Königreichs Sachsen ohne gesetzliche Grundlage, durch Vereinbarung zwischen den Behörden eine amtliche Sammelvmsch. über uneheliche Ziehkinder. Sie verband sich bei dem Vorstand der Armenbehörde mit der tatsächlichen Fürsorge durch Ärzte und vorgebildete Pflegerinnen. Das BGB. hat diese Berufsvmsch. nicht übernommen, aber durch Artikel 136 EGBGB. ihrer landesgesetzlichen Weiterentwicklung freien Lauf gelassen.

Neben diesen amtlichen Vmsch. haben sich sodann

Sammelvmsch. von Organen der freien Jugendfürsorge gebildet, die auf einem Übereinkommen zwischen diesen und dem VG. beruhten. Ein Evm. oder ein Verein vereinigt freiwillig eine größere Zahl von Vmsch. auf sich. Die Führung der Vmsch. erfolgt mit Hilfe einer geschulten Geschäftsstelle, teils durch ehrenamtliche, teils durch besoldete Kräfte.

Beide Arten der Sammelvmsch. genügten aber nicht dem Bedürfnis. Die von Amts wegen eintretende Vmsch. beschränkte sich auf die armenrechtlich betreuten Kinder. Das Bedürfnis nach einem geschulten Vm. besteht aber häufig auch bei anderen Mdl., insbesondere bedürfen uneheliche Kinder schon von der Geburt ab eines seinem Amte gewachsenen Vm. Bis zum Eintritt der armenrechtlichen Versorgung vergeht meist eine für die Interessen des Mündels wertvolle Zeit, namentlich für die Verfolgung der Unterhaltsansprüche; die Bekämpfung der Säuglingssterblichkeit läßt sich in Verbindung mit der Pflegekinderaufsicht wirksam nur dann durchführen, wenn sofort mit der Geburt die Fürsorge durch einen geschulten Vm. einsetzt.

Die Kommunen gingen deshalb dazu über, Berufsvmsch. einzuführen. Wenn sie gesetzlich auch keine anderen Mittel hatten, als die Evm., so bieten sich ihnen doch gewisse Vorteile, weil bei der Anhäufung von Vmsch. sich die Erfahrung bildet und weil ihnen der Schutz der Behörde, die sie eingerichtet hat, zugute kommt. Die Entwicklung ist in der Praxis nunmehr soweit vorgeschritten, daß das RJWG. die allgemeine reichsgesetzliche Einführung der Avmsch. über alle unehelichen Kinder für angebracht hält, indem es sich für die Durchführung der durch das Gesetz geschaffenen JA. bedient.

Indem das RJWG. die JA. gesetzlich in das Vmsch.wesen einschaltet, hat es eine verbindende Regelung zwischen den beiden Richtungen getroffen, von denen die eine das Vmsch.wesen überhaupt den JA. anvertrauen wollte, die andere davor warnte, das VG. auszuschalten, da vielfach eine entscheidende und daher von einer unabhängigen Stelle vorzunehmende Beeinflussung ausgeübt werden müsse. Unter Berücksichtigung, daß die JA. mehr Fühlung mit der Bevölkerung, insbesondere der freien Liebestätigkeit haben, hat man ihnen besonders die öffentlich rechtliche Jugendhilfe gemäß § 2 des RJWG. übertragen, während die Regelung der familienrechtlichen, auf dem Bürgerlichen Recht beruhenden Verhältnisse dem VG. verblieben ist. So haben die VG. die Entscheidung nach BGB. § 1666, die Anordnung der SchA. und der Fe. behalten. Die Aufsichtsbefugnisse gegenüber dem JA. als Vm. sind entsprechend dessen Stellung als öffentliche Behörde viel geringer als dem Evm. gegenüber. Das ergibt sich schon daraus, daß die JA. neben der Führung der Vmsch. auch die Rechte und Pflichten des Mündels gegenüber der Gesamtheit zu vertreten haben. Diesem Grundsatz entspricht es auch, daß das JA. bei den meisten Entscheidungen des VG. zu hören ist. Anderseits ist auch die Stellung des VG. in der Jugendfürsorge dadurch gesichert, daß man ihm schon im Reichsgesetz eine Mitwirkung in dem LJA. gibt (§ 9 Abs. 4, § 14), während die näheren Bestimmungen der landesgesetzlichen Regelung überlassen werden. Weitergehenden Forderungen auf Freierstellung der Avmsch. hat das Gesetz mit Recht nicht entsprochen (Tonnemann, Zbl. XII, S. 215).

Der IV. Abschnitt des RJWG. beschäftigt sich im wesentlichen mit den unehelichen Kindern, da deren Bevormundung besonders einer anderweitigen Regelung bedurfte. Am bedeutsamsten ist § 35 Abs. 1, wonach mit der Geburt eines unehelichen Kindes das JA. des Geburtsortes die Vmsch. ohne weiteres erlangt, also ohne Rücksicht auf BGB. § 1776. Diese Bestimmung stellt einen bedeutenden Fortschritt dar: sie führt in vielen Fällen zur Aufgabe des im § 36 FGG. angewendeten Grundsatzes, wonach bisher die Vmschft. über uneheliche Kinder am Wohnsitze der Mutter geführt wird, der nicht immer mit dem Geburtsort des Kindes übereinzustimmen braucht. Die von Gesetzeswegen eintretende Vmsch. des JA. des Geburtsortes stellt in dem Zeitpunkt, in dem das Kind rechtlich und tatsächlich am meisten hilfsbedürftig ist, Schutz und Fürsorge einer unbedingt zum Eingreifen bereiten Stelle sicher. Allerdings wird die Vmsch. des JA. des Geburtsortes häufig nur kurze Zeit dauern und dann auf andere Stellen übergehen (§ 39). Häufig wird die Mutter mit dem Kinde oder das Kind allein den Geburtsort dauernd verlassen oder ein anderes JA. wird die Vmsch. über Geschwister führen, oder es liegen andere wichtige Gründe für die Abgabe der Vmsch. vor. In allen diesen Fällen soll nach § 39 Abs. 1 die Vmsch. von dem in Frage kommenden JA. abgegeben werden, wenn und sobald das Wohl des Mdl. es erfordert (Velder, Zbl. XII, S. 220); dieser Grundsatz entspricht auch dem § 45. Nach § 48 FGG. ist das Standesamt des Geburtsortes verpflichtet, die Geburt eines unehelichen Kindes dem VG. mitzuteilen. Da die Prüfung der Zuständigkeit des VG. dem Standesbeamten nicht immer möglich ist, sendet er in der Regel die Anzeige dem Gericht des Aufenthaltsortes zu. Dieses ist aber zur Einleitung der Vmsch. nach FGG. § 36 nur zuständig, wenn es das Gericht des Wohnsitzes der Mutter oder bei Mangel eines solchen im Inlande ihres Aufenthaltes ist. In den anderen Fällen schickt das Gericht die Geburtsurkunde dem zuständigen Gericht zur weiteren Veranlassung zu. Durch die Verzögerung können unter Umständen den Mdj. erhebliche Nachteile entstehen. Deshalb hat nunmehr der Standesbeamte die Anzeige der Geburt nicht mehr dem Gericht, sondern dem JA. des Geburtsortes mitzuteilen (§ 36 Satz 1), das JA. hat unverzüglich dem zuständigen VG. den Eintritt der Vmsch. mitzuteilen, während dieses nach § 37 den Eintritt der Vmsch. zu bescheinigen hat. Diese Bescheinigung ersetzt die bisherige Bestallung. Dieses Verfahren war nach Art. 78 des Preuß. Ausführungsgesetzes zum BGB. bei den dort bestehenden Generalvmsch. bereits zulässig. Die Vmsch. trat hier mit der Mitteilung der Aufnahme eines Mdj. oder Übernahme der Vmsch. durch den Generalvm. an das VG. in Kraft. Bei den jetzt bestehenden Berufsvmsch. mußte dagegen der Berufsvm. in jedem einzelnen Falle verpflichtet werden, wenn dieses auch vereinbarungsgemäß summarisch erfolgte und der Berufsvm. schon vorher die Rechte und Pflichten des Vm. ausübte.

Auf Veranlassung der Sachverständigenkommission hat der RA. noch einen Zusatz hinsichtlich der im Ausland geborenen Kinder gemacht, wenn diese mit der Mutter in die Heimat zurückkehren. Es gehen bekanntlich zahlreiche Mütter vor der Entbindung ins Ausland, um dadurch die Geburt des Kindes zu verheimlichen. Kommen solche im Ausland geborenen Kinder wieder in das deutsche Gebiet zurück, so fehlt für sie das nach § 35 Abs. 1 zuständige JA.; Abs. 3 will nun die Vorzüge der Avmsch. auch diesen Kindern zuteil werden lassen, indem an die Stelle des JA. des Geburtsortes dasjenige gesetzt wird, in dessen

Bezirk das Mdl. seinen gewöhnlichen Aufenthalt nimmt (§ 7).

Eine viel bekämpfte Bestimmung hat der RA. noch in dem § 36 aufgenommen, indem das Standesamt verpflichtet wird, bei der Geburtsanzeige an das JA. das Religionsbekenntnis des unehelichen Kindes mitzuteilen. Da nach § 33 Abs. 3 der Avm. auf das religiöse Bekenntnis oder die Weltanschauung des Mdl. oder seiner Familie Rücksicht zu nehmen hat, ist diese Mitteilung für die Auswahl einer geeigneten Pflegestelle aber notwendig.

BGB. § 1912 gewährt der Leibesfrucht zur Wahrung künftiger Rechte, soweit diese einer Fürsorge bedürfen, einen Pfleger, aber nur zur Wahrung solcher Rechte, die das Gesetz ausdrücklich anerkennt, z. B. gehört nicht zu diesen Rechten der erst mit der Geburt des Kindes eintretende Anspruch auf Unterhalt gegen den Erzeuger. § 38 bestimmt aber nunmehr, daß sowohl die Mutter, als auch das JA. die Bestellung eines Pflegers beantragen kann, um die Ansprüche des Kindes auf Unterhalt schon vor der Geburt gegen den Erzeuger geltend zu machen. Nach der Regierungsvorlage sollte dieser Pfleger mit der Geburt des Kindes Vm. werden, der RA. hat jedoch hierbei dem JA. ein Mitbestimmungsrecht eingeräumt. Dieses kann daher der Bestellung des Pflegers zum Vm. widersprechen und selbst die Vmsch. übernehmen.

Während das JA. bei unehelichen Kindern die Vmsch. von Amts wegen erhält, kann es nach § 41 zum Vm. bestellt werden. Voraussetzung für den Eintritt dieser Vmsch. ist ein nach BGB. § 1773 zu bevormundendes Kind, also ein solches, das nicht unter elterlicher Gewalt steht, oder dessen Eltern zur Vertretung weder in persönlichen noch vermögensrechtlichen Angelegenheiten berechtigt sind.

Das VG. kann das JA. vor den in BGB. § 1776 bezeichneten Personen als Vm. bestellen, wenn kein geeigneter Evm. vorhanden und das JA. einverstanden ist. Wenn es sich auch in der Regel wohl um unterstützte Mdl. handeln wird, so sind Fälle doch durchaus denkbar, in denen das VG. auf den ihm als tüchtig und zuverlässig bekannten Avm. zurückgreift, besonders wird das der Fall sein, wenn es sich um rechtlich und tatsächlich schwierige Maßnahmen handelt, für deren Durchführung ein geeigneter Evm. nicht vorhanden ist. Ebenso wie zum Vm. kann das JA. auch zum Mitvm., Gegenvm., Pfleger und Beistand bestellt werden. Angesichts der vielfach vorhandenen Schwierigkeiten werden diese Fälle nicht selten sein, namentlich die Pflegschaft und Beistandschaft werden praktisch von großer Bedeutung sein. „Die Pflegschaft nach BGB. § 1909 kommt in den zahlreichen Fällen in Betracht, in denen ungünstige häusliche Verhältnisse das Eingreifen des VG. nach § 1666 veranlassen und mit der Entziehung des Sorgerechts der Eltern oder eines Elternteils ein Pfleger die Sorge für die Person oder das Vermögen des Mdl. oder beides übernehmen muß. Hier handelt es sich, soweit nicht Fe. Platz greifen muß, in der Regel um eine SchA. oder um eine anderweitige Unterbringung für das Kind, die das JA. als Pfleger am besten durchzuführen vermag. Auch für die Geltendmachung der Unterhaltsansprüche eines ehelichen Kindes bei getrennt lebenden oder geschiedenen Eltern wird häufig die Amtspflegschaft zu bestellen sein, wenn der Vater sich der Unterhaltspflicht entzieht und die öffentliche Unterstützung eintreten muß. Als Beistand kann das JA. zur Unterstützung und Überwachung der Mutter bei der Ausübung der elterlichen Gewalt in vielen Fällen segensreich wirken, in denen den allein stehenden Müttern, namentlich den Kriegerwitwen, in der Sorge für ihr Kind, insbesondere bei der Erziehung, Schwierigkeiten erwachsen" (Begr. S. 65).

Diese Bestimmungen haben sich aus der Praxis entwickelt; denn schon jetzt wird in den obengenannten Fällen bei den städtischen JA. der Generalvm. ein für allemal als geeigneter Vm. vorgeschlagen. Die bisher notwendige Bestallung ist nach § 41 Abs. 2 in allen diesen Fällen für entbehrlich erachtet, die Bestallung erfolgt durch schriftliche Verfügung des VG.

Die Dauer dieser Vmsch. usw. richtet sich nach den allgemeinen Vorschriften des BGB. und nach § 40. Letzterer regelt das Verhältnis der Avmsch. zur Evmsch. allgemein. So erfreulich die Fortschritte der Avmsch. sind, so besteht doch allgemein die Ansicht, daß sie nur immer Ersatz für die Evmsch. sein kann. Die Vmsch. muß also vom JA. überall, wo ein geeigneter Evm. vorhanden ist, abgegeben werden. Vor allem kommt hier die organisierte Evmsch. in Frage, deren Merkmale in der freiwilligen Vmschführung, in dem Rückhalt in der Organisation und in der Schulung durch diese bestehen. Sie ist erst in wenigen großen Städten vorhanden. Es wird das Bestreben der JA. sein müssen, sie überall aufzubauen, damit sie dem JA. und VG. geeignete Kräfte stellt. Das ist schon deshalb notwendig, damit bei großen JA. nicht eine übermäßige Häufung der Vmsch. eintritt, der das Amt mit dem verfügbaren Personal nicht gewachsen wäre, und deren Kosten es nicht tragen könnte. § 40 regelt diese Frage im Interesse des JA., § 44 im Interesse des Kindes.

Der Kreis der Einzelvm. wird nunmehr dadurch erweitert, daß das Ablehnungsrecht der Frauen (BGB.

§ 1786 Z. 2) durch § 48 Abs. 2 insofern aufgehoben ist, als nur Frauen mit zwei oder mehr schulpflichtigen Kindern ablehnen dürfen, wenn sie glaubhaft machen, daß die Führung der Vmsch. durch die ihnen obliegenden Pflichten erschwert wird. Ferner bedarf die Frau, die mit einem anderen, als dem Vater des Kindes verheiratet ist, nicht mehr der Einwilligung des Mannes (BGB. § 1783, § 48 Abs. 1). Auch BGB. § 1787, der das VG. ermächtigt, eine Frau bei ihrer Verheiratung aus dem Amte des Vm. zu entlassen und dazu verpflichtet, wenn der Mann die Zustimmung versagt, ist aufgehoben, ebenso auch die Bestimmung des Art 136 EGBGB., die im Widerspruch zu § 47 steht.

Schließlich sind auch die Vorrechte der Beamten, die Übernahme der Vmsch. abzulehnen durch § 48, der als Satz 2 dem § 1784 BGB. hinzugefügt wird, erheblich beschränkt, indem die Erlaubnis zur Übernahme und versagt werden darf, wenn ein wichtiger dienstlicher Grund vorliegt.

Da jetzt das JA. mit seinen Einrichtungen und Erfahrungen dem Evm. zur Verfügung steht, wird seine Tätigkeit wesentlich gefördert werden. Er wird nunmehr viel wirksamer als bisher für sein Mdl. sorgen können.

Daß das JA. die Vmsch. in geeigneten Fällen auch wirklich abgibt, wird durch § 47 Abs. 1 sichergestellt, der es hierzu verpflichtet. Es hat, soweit ein geeigneter Evm. zur Verfügung steht, selbst den Antrag zu stellen, es kann ebenso die Bestellung eines Mitvm. beantragen, und zwar für einen bestimmten Wirkungskreis. Gedacht ist hierbei in erster Linie an die religiöse Erziehung des Mündels, da es zweckmäßig ist, ihn einer seinem Bekenntnis oder seiner Weltanschauung angehörenden Person anzuvertrauen. Der Mitvm. kann auch für die Verwaltung eines erheblichen Vermögens bestellt werden, wenn hierfür ein Evm. geeignet erscheint. Das VG. kann auch von Amts wegen in den bezeichneten Fällen neben dem JA. einen Mitvm. bestellen. Man ging sogar noch weiter und gewährte das Antragsrecht jedem, der ein berechtigtes Interesse des Mündels geltend macht. Damit können auch die uneheliche Mutter, die Verwandten und die Organe der freien Liebestätigkeit einen geeigneten Evm. vorschlagen. Selbst dem über 14 Jahre alten Mdl. hat man dieses Recht gewährt. Man wollte dadurch dem vielfach gegen die Avmsch. bestehenden Bedenken, daß diese zu schablonenmäßig gehandhabt wird, entgegentreten. Daß das VG., bevor es eine solche Anordnung trifft, das JA. und auch die Mutter hört, versteht sich eigentlich von selbst. Es erschien aber doch von Bedeutung, dieses noch besonders vorzuschreiben, damit für die Zweckmäßigkeit des Wechsels der Vmsch. und über die richtige Wahl die etwaigen Einwendungen dieser beteiligten Personen berücksichtigt werden können (Begr. S. 64). Das VG. ist bei der Bestellung eines anderen Vm. nicht an die Vorschläge der Antragsberechtigten gebunden, sondern kann eine ihm als geeignet erscheinende Person auswählen und bestellen Das VG. hat aber auch darüber zu wachen, daß das JA. nicht eine ihm unbequeme Vmsch. abstößt und einen ungeeigneten Vm. vorschlägt (Begr. S. 64). Lehnt das VG. die Bestellung eines von den Antragsberechtigten vorgeschlagenen Vm. ab oder wird ein anderer als der Vorgeschlagene zum Vm. bestellt oder wird dem JA. die Vmsch. gegen seinen Willen abgenommen, so steht den Beteiligten nach FGG. § 16 die Beschwerde zu.

Neben den Aufgaben des JA. als Avm. und bestellter Vm. sind ihm in §§ 42, 45, 46 noch besondere Aufgaben innerhalb des Vmschwesens zugewiesen.

Zunächst übt es die Tätigkeit des Gemeindewaisenrats aus. In dieser Eigenschaft hat es die nach BGB. § 1850 dem Waisenrat obliegenden Aufgaben wahrzunehmen. Es hat darüber zu wachen, daß die Vm. für ihre Mdl., insbesondere für deren Erziehung und körperliche Pflege ausreichend sorgen usw. § 46 ergänzt diese Bestimmung, indem er dem JA. die Pflicht auferlegt, die Vm. Beistände und Pfleger planmäßig zu beraten und bei Ausübung ihres Amtes zu unterstützen. Insbesondere hat das JA. sich der nach dem Inkrafttreten des RJWG. in ihrem Amt verbleibenden Vm., auch soweit sie keiner Organisation der freiwilligen Jugendwohlfahrtspflege angehören, fördernd anzunehmen, indem es ihnen z. B. bei der Abfassung von Schriftstücken im Unterhaltsprozeß, bei Erziehungsschwierigkeiten usw. behilflich ist. Alsdann aber wird planmäßig die organisierte Evmsch. anzuregen und mit Rat und Tat zu unterstützen sein, indem das JA. erforderlichenfalls bei dem Ausbau der Organisation und bei der Führung der Vmsch. jede Hilfe angedeihen läßt, wenn diese neben der Unterstützung durch die eigene Organisation bei der Amtsführung erforderlich erscheint. Auf diesem Wege wird es sich erreichen lassen, daß durch die Evmsch. das JA. bei der Vmschführung soweit wie möglich entlastet wird, dem Evm. aber wird in rechtlicher wie tatsächlicher Hinsicht wertvolle Hilfe zuteil werden, die dem Wohl des Mündels zugute kommt (Begr. S. 65). Über die Art, wie dies gehandhabt werden soll, soll das LJA. nach § 13 und das RJA. Richtlinien aufstellen.

Neben der Tätigkeit als Waisenrat gibt es noch zahlreiche Fälle, in denen die Mithilfe des JA. sehr erwünscht sein kann. Besonders wertvoll ist sie bei den Anordnungen aus BGB. § 1666. Hier findet in der Praxis bereits ein eifriges Zusammenarbeiten der bestehenden JA. mit den VG. statt. Gerade hier wird dem JA. in Verbindung mit den Vereinen der freien Liebestätigkeit ein reiches Tätigkeitsfeld geboten. Erwähnt wird weiter die Ehelichkeitserklärung eines unehelichen Kindes, wenn die Mutter die Einwilligung verweigert (BGB. § 1722), die Ergänzung der Einwilligung eines in der Geschäftsfähigkeit beschränkten Kindes zu seiner Ehelichkeitserklärung, die Genehmigung der von dem gesetzlichen Vertreter eines noch nicht 14 Jahre alten Kindes abgegebenen Erklärung zur Annahme an Kindesstatt. Bei der Regelung des persönlichen Verkehrs von geschiedenen Ehegatten mit dem Kinde und Maßregeln bei Verhinderung des Inhabers der elterlichen Gewalt ist die Mitwirkung des JA. nicht minder erwünscht.

Die Pflicht des VG., in allen diesen Fällen das JA. vorher zu hören, erschien schon der Sachverständigenkommission bedenklich, da durch die Verzögerung leicht Schaden eintreten könnte. Sie hat daher vorgeschlagen, die Mußvorschrift in eine Sollvorschrift abzuändern, die Frage wurde auch im RA. erörtert. Dieser ließ zwar die Mußvorschrift bestehen, ermächtigte aber durch einen Zusatz das VG., auch vor Anhörung des JA. Anordnungen zu treffen. Zu erwähnen ist ferner, daß das LJA. auf Antrag eines JA. Mitglieder oder Beamte ermächtigen kann, Beurkundungen gemäß BGB. § 1718 und § 1720 vorzunehmen, sowie die in BGB. § 1706 Abs. 2 bezeichneten Erklärungen entgegenzunehmen und zu beglaubigen.

Schließlich stellt § 47 in Abänderung des Art. 136 EGBGB. die von dem LJA. als geeignet erklärten privaten Anstalten, die sich mit der Unterbringung von Kindern in Pflege und Erziehung befassen, den staatlichen und kommunalen Anstalten hinsichtlich der Führung der Vmsch. gleich.

Der Entwurf hatte das RJA. und LJA. ermächtigt, die Voraussetzungen für die Bestellung der Anstalts- und Vereinsvmsch. festzusetzen und sie in gewissen Fällen vorzuschreiben. Der RA. hat diese Bestimmung fallen gelassen, dagegen dem EG. den Art. 6 hinzugefügt, nachdem die Anstalt solange als geeignet gilt, als das LJA. auf Grund vorliegender Tatsachen nicht anders entscheidet. Die Bestellung dieser Anstalten oder Vereine als Vm. gilt als Regel, sofern sie beantragt wird. Jedoch hat das VG. in jedem Fall zu prüfen, ob die Bestellung im Interesse des Mdl. liegt; ist das nicht der Fall, so kann es ablehnen. Es liegt in der Natur der Sache, daß dem JA., das bis zu dem Antrage der Anstalt bzw. des Vereins Vm. war oder den Mdj. versorgt hat, Gelegenheit zur Äußerung gegeben werden muß. Es muß daher bei allen in seinem Bezirk geborenen unehelichen Kindern, sowie bei allen ehelichen, denen vom JA. Unterstützung gewährt wird, gehört werden. Gegenüber der Avmsch. genießt die Anstalts- und Vereinsvmsch. die Befreiung von den Bestimmungen der §§ 33, 40, 41 und 44, aber nicht in gleichem Umfange wie das JA., weil bei ihnen nicht allgemein die Gewähr für die unparteiische Wahrnehmung der Interessen des Mdl. gegeben ist, wie bei den Organen der öffentlichen Jugendhilfe. Daher ist die Bestellung eines Gvm. zugelassen und das Gesetz empfiehlt, erforderlichenfalls als solchen das JA. zu bestellen. Die Bestimmungen über den Vm. gelten in gleicher Weise für die Bestellung als Pfleger und Beistand.

Durch die vorstehend aufgeführten Bestimmungen ist für die auf Grund des Art. 136 EGBGB. bestehenden landesgesetzlichen Sammelvmsch. kein Raum mehr, der Art. 136 ist daher ebenso wie die betreffenden Landesgesetze aufgehoben. Durch § 41 ist die bisherige Berufsvmsch., durch § 47 die bisherige Anstaltsvmsch. geregelt. Die Vorstände der Anstalten können nach wie vor Vm. werden, aber das RJWG. läßt die Anstaltsvmsch. nur mehr kraft Bestellung nicht von Amts wegen zu. Während früher nur die Anzeige des Eintritts der Anstaltsvmsch. an das VG. genügte, ist nunmehr ein Akt des VG. erforderlich, d. h. die Bestellung erfolgt in der Weise, daß das VG. den Vorstand durch schriftliche Mitteilung bestellt (§ 41 Abs. 2 Satz 2). Da das RJWG. die Bevormundung durch einen Beamten oder einen Angestellten einer Anstalt nicht mehr kennt, so muß durch landesgesetzliche Bestimmung für die Überführung dieser Vmsch. in die nunmehr gesetzliche Form gesorgt werden. Am einfachsten wird das geschehen, wenn das VG. sich angemessene Zeit vor dem Inkrafttreten des RJWG. von dem Generalvm. eine Liste der von ihm bevormundeten Mdl. geben läßt, diese Liste den Gemeindewaisenräten gibt und sie von ihnen prüfen läßt, ob geeignete Evm. vorgeschlagen werden können. Ist das der Fall, so wird das VG. zweckmäßig diese noch unter Geltung der bisherigen Vorschriften bestellen, da ihm ja nach Art. 136 EGBGB. das Recht zusteht, einen anderen Vm. an Stelle des Avm. zu bestellen. Ist kein geeigneter Evm. vorhanden, so wird das VG. eine Verfügung vorbereiten müssen, durch die an Stelle des bisherigen Avm. das JA. gemäß § 41 zum Vm. bestellt wird. Mit der Zustellung dieser Verfügung an das JA., die zweckmäßig beim Inkrafttreten des RJWG. erfolgt, wird dieses dann mit der Vmsch. betraut. Bei den kommunalen Avmsch. wird dann wahrscheinlich derselbe Beamte die Vmschgeschäfte führen wie bisher.

Die bisherigen Berufsvmsch. der Kommunen über uneheliche Kinder bleiben an sich bestehen, es tritt nicht etwa gesetzliche Vmsch. ein, da § 35 nur bei neugeborenen Kindern Anwendung findet. Es wird aber zweckmäßig sein, diese Berufsvmsch. in bestellte Avmsch. umzuwandeln. Letzteren stehen weitergehende Befugnisse zu als den bisherigen Berufsvmsch., die immerhin doch nur als Evmsch. gelten. Auch ist es zweckmäßig, wenn die rechtliche Grundlage der vom JA. geführten Vmsch. eine einheitliche ist Schwierigkeiten entstehen aber insofern, als das JA. nur bestellt werden kann, wenn kein geeigneter Vm. vorhanden ist, da die Berufsvmsch. als Evmsch. gilt, ist er vorhanden. Die Möglichkeit, ihn auszuschalten, gibt aber BGB. § 1888, indem die Erlaubnis zur Übernahme der Vmsch. von der vorgesetzten Dienstbehörde zurückgenommen wird.

Die Bestellung von Vereinen zum Vm. ergibt sich aus der historischen Entwicklung, nachdem besonders konfessionelle Vereine schon seit längerer Zeit auf diesem Gebiete sich betätigt haben. Voraussetzung für die vormundschaftliche Betätigung ist jedoch, daß die Vereine vom LJA. für geeignet erklärt werden. Für die Vereinsvmsch. gilt im wesentlichen dasselbe wie für die Anstaltsvmsch. Zu erwähnen ist noch, daß der Vorstand des Vereins (BGB. § 16) zum Vm. bestellt wird, nicht also die einzelnen

Mitglieder des Vereins mit den Rechten und Pflichten des Vm. betraut werden. Haftpflichtig bleibt der Verein (BGB. § 31), dessen Regreßansprüche gegen den Vertreter unberührt bleiben. Der Verein als solcher hat keinen Anspruch auf Bestellung und keine Verpflichtung zur Übernahme.

1. Amtsvormundschaft.

a) Allgemeine Bestimmungen.

§ 32[1]. Das Jugendamt wird Vormund in den durch die folgenden Bestimmungen vorgesehenen Fällen (Amtsvormundschaft)[2]. Es kann die Ausübung der vormundschaftlichen Obliegenheiten einzelnen seiner Mitglieder oder Beamten übertragen[3, 4, 5]. Im Umfang der Übertragung[6, 7] sind die Mitglieder und Beamten zur gesetzlichen Vertretung der Mündel befugt[8].

[1] Ist die Vmsch. eine bürgerlich rechtliche Einrichtung, so ist die Avmsch. eine öffentlich-rechtliche und damit wesensverwandt der vormundschaftsgerichtlichen Fürsorge. Die Avmsch. ist berufen, die Obliegenheiten der Gemeinschaft gegenüber den nicht voll unter elterlicher Gewalt stehenden Kindern auszuüben, soweit nicht die rein familienrechtliche Fürsorge unter der Oberaufsicht des VG. genügt. Die Tätigkeit des JA. nach Abschn. IV ist ebenso öffentlich-rechtliche Fürsorge wie die nach Abschn. III und VI (Storck, Zbl. XIV, S. 184).

[2] Die Avmsch. gliedert sich in die kraft Gesetzes eintretende, §§ 35 ff. und die bestellte § 37 und § 41 (vgl. Begr. S. 57).

[3] Wie die Übertragung der Ausübung der vormundschaftlichen Obliegenheiten bei den einzelnen JA. erfolgt, insbesondere ob als Geschäftsführer des JA. ein ehrenamtliches Mitglied oder ein Beamter oder mehrere Beamte betraut werden, hängt von den Verhältnissen ab und ist durch die Satzung zu regeln.

[4] Nach dem BGB. kann nur eine einzelne Person zum Vm. bestellt werden, ausgenommen die Fälle des Art. 136 EGBGB. (vgl. § 47), nach dem RJWG. wird das JA., also eine Behörde, Vm. Diese Avmsch. wird sich praktisch ähnlich wie die bisherige Bvmsch. gestalten. Der Unterschied besteht im wesentlichen darin, daß die bisherige Bvmsch. rechtlich Evmsch. und tatsächlich Avmsch. war, während die Vmsch. des JA. rechtlich und tatsächlich Avmsch. ist (Becker, Zbl. XIV, S. 125; Storck, ebenda, S. 185).

[5] Bei der Avmsch. des JA. wird bei einem Wechsel, der die Vmsch. tatsächlich ausübenden Persönlichkeit eine Neubestellung vermieden.

[6] Im RA. wurde zu § 32 folgender Antrag gestellt:

a) Das JA. wird Vm. in den in den folgenden Bestimmungen vorgesehenen Fällen (Avmsch.). Sofern die Ausübung der vormundschaftlichen Obliegenheiten durch den Vorstand erfolgt, ist sie einzelnen seiner Beamten oder Mitglieder zu übertragen. Diese haben alle Rechte und Pflichten eines Vm. für die ihrer Vmsch. unterstellten Mdl., soweit nicht dieses eine Ausnahme bestellt.

b) Die Haftung für Schäden gegenüber dem Mdl. trägt das JA. selbst, soweit sie sich nicht nach dem allgemeinen Beamtenrecht regelt.

Gegen diesen Antrag wandte sich sowohl ein Vertreter der Reichsregierung wie des Reichsrats. Sie baten, die Übertragung der Befugnisse des JA. dessen Ermessen zu überlassen, da es nicht nur Vm. sei, sondern vielfach den armen Mdl. gegenüber auch die Pflichten des Armenverbandes ausübe; das JA. müsse berechtigt sein, einzelne Personen mit der Führung der Vmsch. zu betrauen, die Oberaufsicht aber zu behalten (RAB. S. 8). Die Denkschrift der Sachverständigenkommission wollte dem JA. sogar zur Pflicht machen, die Ausübung der vormundschaftlichen Obliegenheiten einzelnen seiner Mitglieder oder Beamten zu übertragen (aaO. S. 26). Alle diese Abänderungsanträge wurden abgelehnt. Die Fassung des Entwurfs ist Gesetz geworden, was auch zweckmäßig erscheint.

[7] Der Antrag, dem JA. die Stellung des VG. zu übertragen, wurde abgelehnt; dieser Antrag würde den Mdl. die durch die Unabhängigkeit der Richter gewährleistete unparteiische Beaufsichtigung genommen haben; denn die Gefahr, daß die JA. in politisches Fahrwasser kommen, ist trotz der Kautelen über die Zusammensetzung nicht ausgeschlossen.

[8] Es wird lediglich die tatsächliche Ausübung der Vmsch. übertragen. Vm. bleibt das JA., es behält Oberaufsicht und Verantwortung.

§ 33. Auf die Amtsvormundschaft finden die Bestimmungen des Bürgerlichen Gesetzbuchs [1] mit folgender Maßgabe Anwendung [2, 3]. Ein Gegenvormund wird nicht bestellt [4]; dem Amtsvormund stehen die nach §§ 1852 bis 1854 des Bürgerlichen Gesetzbuchs zulässigen Befreiungen zu [4]. Von der Anwendung ausgeschlossen sind die §§ 1788 [5], 1801, 1835 [6], 1836 Abs. 1 Satz 2—4 [8] und Abs. 2, 1837 Abs. 2, 1838 [9], 1844 und 1886 [10—12]

§ 1805 [13] des Bürgerlichen Gesetzbuchs findet mit der Maßgabe Anwendung, daß die Anlegung von Mündelgeld gemäß § 1807 des Bürgerlichen Gesetzbuchs auch bei der das Jugendamt errichtenden Körperschaft zulässig ist. Hat das Jugendamt Aufwendungen zum Zwecke der Führung der Vormundschaft gemacht, so sind ihm diese aus dem Vermögen des Mündels zu ersetzen. Allgemeine Verwaltungskosten werden nicht ersetzt [7].

Der Amtsvormund hat auf das religiöse Bekenntnis [14] oder die Weltanschauung des Mündels oder seiner Familie bei der Unterbringung Rücksicht zu nehmen [15, 16].

[1] Grundsätzlich finden die Bestimmungen des BGB. Anwendung, insbesondere über die Voraussetzungen der Vmsch.,

über die Aufsicht und Fürsorge und über die Beendigung. Eine Anzahl Vorschriften paßt jedoch nicht auf das JA., da sie inhaltlich nur für Evm. geeignet sind (z. B. BGB. §§ 1845, 1885—1898, 1894), oder weil die Stellung des gesetzlichen bzw. bestellten Avm., die freier sein muß, mit ihnen nicht vereinbar ist. Diese Befreiungen genießt auch bereits die nach Art. 136 EGBGB. zugelassene Gesamtvmsch., bei der ein Gegenvm. nicht zu bestellen ist, und der die in BGB. § 1852 Z. 2 angegebenen Befreiungen zustehen. RJWG. hält diese Bestimmungen aufrecht, erweitert sie erheblich und gibt sogar den Landesgesetzen die Befugnis, noch weitere Befreiungen eintreten zu lassen (§ 34).

² Das Verhältnis der Avmsch. zum VG. ist im § 33 festgelegt. Storck (Zbl. XIV, S. 185) folgert, daß das JA. dem VG. nicht unterstellt ist. Die Entscheidung dieser Frage kann dahingestellt bleiben. Jedenfalls gibt das Gesetz dem VG. bestimmte Aufsichtsbefugnisse, die auch durch Landesgesetze nicht eingeschränkt werden dürfen (Prüfung der Abschlußrechnung und Vermittlung ihrer Abnahme § 34).

³ Für die Organisation der Avmsch. macht Storck folgende Vorschläge (Zbl. XIV, S. 186): Die Avmsch. muß aus Leitung, Fürsorgerinnen und Büro bestehen. Die gesamte Mdlfürsorge ist einer Abteilung zu überweisen, die die Berufsvmsch., Gemeindewaisenrat (§ 42), die vormundschaftlichen Obliegenheiten aus § 43 und das PflKwesen (§§ 19ff.) bearbeitet. Für jedes Mdl. darf es im Büro nur eine Akte und im Außendienst nur eine Fürsorgerin geben. Diese Abteilung ist einem Ausschuß für Vmschwesen (§ 11) zu unterstellen, in dem beamtete und ehrenamtliche Mitglieder — auch solche, die nicht Mitglieder des JA. sind — Sitz und Stimme haben. Dem Ausschuß sollen insbesondere Vertreter der ehrenamtlichen Bezirksorganisationen von Vereinen oder der organisierten Evmsch. angehören. Die Abt. muß an die Gesamtkartei des JA. angeschlossen sein. Empfehlenswert wäre eine vom „Archiv"

auszuarbeitende Statistik, der sämtliche Avmsch. zugrunde liegen.

Die Avmsch. ist dem Leiter des JA. aus folgenden Gründen zu unterstellen: die schwerste unter dem dem JA. auferlegten Aufgaben ist die Unehelichenfürsorge, bei der es mehr auf die besten Erziehungsergebnisse als auf die Höhe der eingeschriebenen Alimente ankommt. Der leitende Beamte hat sich in dieser schwersten Aufgabe leitend und anregend zu betätigen. Ferner hat die Avsch. eine stärkere Stellung gegenüber dem VG., wenn sie unter der unmittelbaren Leitung und dem Einfluß des Geschäftsführers des JA. steht. Endlich ist es für den leitenden Beamten, der die Verantwortung für die gesamte Jugendwohlfahrtspflege trägt, von Bedeutung und für seine Arbeit nützlich, wenn ihn innerhalb der Avmsch. eine Stelle zugewiesen wird, die ihn in ständiger Verbindung hält mit der Fürsorge, wo sich die größte Not offenbart.

Die Vmsch. werden zur Bearbeitung in Gruppen zusammengefaßt und Beamten mit besonderen Fachkenntnissen verantwortlich übertragen. Die Gruppen werden entweder nach örtlichen Bezirken oder nach Buchstaben oder nach der zeitlichen Reihenfolge der Übernahme durch das JA. zusammengestellt. Der Umfang einer Gruppe bestimmt sich danach, ob noch eine persönliche Fühlung mit dem Mdl. möglich ist. Die Mutter muß wissen, daß es einen Beamten im JA. gibt, an den sie sich in ihren persönlichen Angelegenheiten wenden kann, weil er für sie und das Kind nicht nur aus amtlicher Verpflichtung Interesse hat.

Einer Sonderabtl. ist die Durchführung des Unterhaltsstreites und die Beschaffung der Alimente zu übertragen, da nur besonders vorgebildete und praktisch erfahrene Beamte dieser Tätigkeit gewachsen sind. Den Bearbeiter der Personenfürsorge würde es zu sehr von seiner eigentlichen Arbeit ablenken, bei ihm liegt die Entscheidung in allen Mdlangelegenheiten, soweit die Personensorge in Frage kommt.

Die vorstehenden Vorschläge sind durchaus annehmbar, werden aber in ländlichen Kreisen bei nicht großer Zahl von Vmsch. schwer durchführbar sein. Dieselbe Ansicht wurde auch in der Diskussion der Thaler Sachverständigenkonferenz vertreten (Zbl. XIV, S. 185ff.). Wenn auch in der Theorie die erziehliche Tätigkeit am besten in einer Abteilung bearbeitet wird, so wird zugegeben, daß sich das praktisch nicht durchführen läßt. Als wesentliche Aufgabe wird die Erziehungsleitung angegeben; da diese sich auch auf die Pflegeeltern zu erstrecken hat, wird von diesem Gesichtspunkt aus die Gliederung und Organisation der Arbeit vorgenommen werden müssen.

⁴ In der Regel besitzen Mdl. kein oder nur geringes Vermögen. Die Bestimmungen des BGB. über die Bestellung eines Gegenvm. und über das Erfordernis seiner Genehmigung zu rechtlichen geschäftlichen Vmschhandlungen (BGB. §§ 1799, 1809, 1810, 1812, 1813, 1832, 1842, 1891, 1895 u. a.) würden deshalb nur selten zur Anwendung kommen. RJWG. hat das JA. aus gleichen Gründen von diesen Bestimmungen befreit; es geht aber noch weiter, indem es das JA. auch von den Bestimmungen des § 1853 BGB. entbindet. Ferner sind selbstverständlich nicht anwendbar die nach ihrem Inhalt einen Gvm. voraussetzenden §§ 1802 Abs. 1 Satz 2, 1825, 1826, 1854 Abs. 3 BGB. Von der nach BGB. §§ 1819 und 1820 notwendigen Genehmigung des VG. ist der Avm. befreit, weil er in der Verwaltung seines Amtes freier gestellt sein muß (Begr. S. 58). Er ist ferner befreit davon, Inhaber- und Orderpapiere zu hinterlegen (BGB. §§ 1814, 1815, 1817) und diese in dem nach BGB. § 1816 bezeichneten Vermerk in das Reichs- und Landesschuldbuch einzutragen. Das JA. ist ferner von der Verpflichtung entbunden, dem VG. Rechnung zu legen (BGB. § 1854), es hat nur nach Ablauf von zwei Jahren eine Übersicht über den Stand des Vermögens dem VG. einzureichen (BGB. § 1854 Abs. 2), das VG. kann sogar anordnen, daß die Übersicht in längeren, jedoch höchstens fünfjährigen Zeiträumen eingereicht wird.

[5] Aus der Stellung des JA. als öffentliche Behörde ergibt sich auch, daß die Vorschriften, die das VG. zur Anordnung von Ordnungsstrafen gegen den Vm. ermächtigen, in Wegfall kommen (BGB. §§ 1788, 1837 Abs. 2). Würde sich ein JA. weigern, die ihm gesetzlich obliegenden Pflichten zu erfüllen, so wäre die Aufsichtsbeschwerde gegeben; wann dies möglich ist, entscheidet sich nach Landesrecht.

[6] BGB. § 1835 Abs. 1 und 2 ist aufgehoben, der Abs. 2 aber seinem Inhalte nach in Abs. 2 des § 33 RJWG. wieder aufgenommen, um zu erreichen, daß das JA. gegen den Mdl. keinen Zivilprozeß auf Ersatz der zum Zwecke der Führung der Vmsch. gemachten Aufwendungen anzustrengen braucht, sofern es seine Ansprüche auf öffentlich-rechtlichem Wege verfolgen kann (Begr. S. 58). Ausdrücklich wird bestimmt, daß das JA. seine allgemeinen Verwaltungskosten nicht ersetzt verlangen kann.

[7] Über die Frage, was das JA. aus dem Vermögen des Mdl. als Aufwendung erstattet verlangen kann, herrscht Streit. Fraglich ist dies z. B. bezüglich der zurzeit sehr erheblichen Portokosten; zu den allgemeinen Verwaltungskosten dürften sie nicht gehören, anderseits erscheint es aber auch unbillig, sie aus den Unterhaltsbeiträgen zu bestreiten. Als Vermögen sind die Unterhaltsbeiträge nicht zu betrachten, selbst wenn sie zu einem großen Teil nicht verbraucht werden, als solches ist vielmehr nur ein erhebliches Abfindungskapital anzusehen. Da die Mehrzahl der Vmsch. Armenvmsch. sind, wird der größte Teil der Führung der Vmsch. ja doch vom JA. zu tragen sein. Der Vorteil, den die diese Kosten tragende Kommune hat, liegt in der Verminderung der Armenlasten durch die bessere Heranziehung der Unterhaltspflichtigen.

[8] BGB. § 1836 Abs. 1 Satz 2–4 und Abs. 2 ist aufgehoben, weil die Vmsch. des JA. grundsätzlich unentgeltlich geführt werden soll.

[9] Nach BGB. § 1838 war das VG. auch gegen den Willen des Vm. befugt anzuordnen, daß der Mdl. zum Zwecke der

Erziehung in einer Erziehungs- oder Besserungsanstalt untergebracht wurde, und zwar, wenn Vater oder Mutter die Personensorge zustand, nur unter der Voraussetzung des § 1666. Da das JA. in der Führung der Vmsch. freier gestellt ist, sind ihm diese Befugnisse überlassen. Zu beachten aber ist § 63 RJWG. Daß solche Fälle, wie die Begründung schreibt, selten vorkommen, ist nicht zutreffend. Abgesehen von dem Beschluß auf Überweisung zur Fe. ordnete bisher das VG. die Unterbringung von Mdl. in Erziehungs- oder Besserungsanstalten an, wenn entweder die Mittel des Mdl. es gestatteten oder die Kosten von öffentlichen Stellen oder Organisationen der freien Liebestätigkeit getragen wurden. Diese Unterbringung ordnet nunmehr bei den vom JA. geführten Vmsch. nicht mehr das VG., sondern das JA. selbständig an.

[10] Nicht vereinbar mit der Führung der Vmsch. durch das JA. sind die Bestimmungen des § 1886 BGB. über die Entlassung des Vm. bei Pflichtwidrigkeiten, oder wenn die Voraussetzungen des § 1781 vorliegen.

[11] Neben der Avmsch. kann gemäß BGB. § 1797 Abs. 2 ein Mitvm. oder nach § 1909 ein Pfleger bestellt werden, dem die Sorge für das religiöse Bekenntnis übertragen werden kann (Begr. S. 59).

[12] Auch für die vermögensrechtlichen Angelegenheiten, besonders bei großen Vermögen, besteht die Möglichkeit der Bestellung eines Mitvm. Dagegen passen die Bestimmungen über die Pflegschaft (BGB. §§ 1910, 1920), über die Pflegschaft über Volljährige (BGB. §§ 1911, 1921), über Abwesende (BGB. § 1913) und für Sammelvermögen (BGB. § 1914) für das JA. nicht. Aus der Fassung des § 33 RJWG. ergibt sich endlich, daß auch BGB. § 1304 Abs. 2 (Ersetzung der Heiratsbewilligung durch das VG.), § 1714 (Genehmigung des Abfindungsvertrages), §§ 1729, 1751 (Genehmigung der Legitimation eines unehelichen Kindes und dessen Annahme an Kindesstatt durch das VG.) und § 1631 Abs. 2 Satz 1 (An-

wendung angemessener Zuchtmittel) auf das JA. Anwendung finden (Begr. S. 59, letzter Abschn.).

[13] Nach BGB. § 1805 darf der Vm. das Mdlvermögen nicht für sich verwenden. Das trifft an sich auch beim JA. zu. Damit es aber berechtigt ist, gem. BGB. § 1807 Mdlgelder bei der Körperschaft, die Rechtsträger des JA. ist, anzulegen, ist die Bestimmung des Abs. 2 notwendig gewesen. Die Rechtsträger werden die Stadt- oder Landkreise sein, die in den meisten Fällen öffentliche Sparkassen haben, bei denen nach BGB. § 1807 Z. 5 Mdlgelder angelegt werden dürfen. In der Praxis geschieht es meistens schon.

[14] Die Frage, in welchem Bekenntnis der Mdl. erzogen werden soll, regelt das Gesetz über die religiöse Kindererziehung vom 15. Juli 1922 (RGBl. 1922 S. 939 ff.).

[15] Der Regierungsentwurf enthielt die Fassung:

Der Avm. hat auf das Bekenntnis oder die Weltanschauung des Mündels tunlichst Rücksicht zu nehmen.

Dadurch sollte die Vorschrift des § 1801 BGB., nach der dem Vm. die Sorge für die religiöse Erziehung vom VGt. entzogen werden kann, wenn er nicht demselben Bekenntnis angehört, ersetzt werden. Die Begründung führte dazu noch folgendes aus (S. 56): Das Mitglied oder auch der Beamte des JA., welcher die vormundschaftlichen Obliegenheiten tatsächlich auszuüben hat, hat die Pflicht, das Amt des Vm. grundsätzlich vom Standpunkt des Bekenntnisses neutral zu führen. Die Berücksichtigung des Bekenntnisses oder der Weltanschauung kann in ein anderes Stadium der Vmsch. gelegt werden, insofern sie nicht schon bei dem Eintritt des Amtes, sondern erst bei der vom Vm. vorzunehmenden oder zu genehmigenden Unterbringung des Mdl. geschehen soll (§ 33 Abs. 3). Hier bei der Auswahl der Erziehungsstellen ist die Berücksichtigung des Bekenntnisses praktisch von Bedeutung und daher vom Gesetz vorgeschrieben.

Die Sachverständigenkommission billigte die Fassung des Regierungsentwurfs, indem sie den Ausdruck „Rücksicht nehmen" so auffaßte, daß die Auswahl der Familie oder Anstalt bei der Unterbringung des Mdl. entsprechend dem Bekenntnis oder der Weltanschauung erfolgen müsse. Ihr schien bei dieser Auslegung wegen entstehender tatsächlicher Schwierigkeiten eine Einschränkung durch das Wort „tunlichst" unvermeidbar. Bei der Beratung des Gesetzes im RA. wurde indessen das Wort „tunlichst" gestrichen, so daß nunmehr das JA. unbedingt in jedem Falle bei der Unterbringung auf das religiöse Bekenntnis Rücksicht nehmen muß. Das JA. hat unter Umständen, z. B. bei Vollwaisen, selbst das Recht der Auswahl des Bekenntnisses. In der Regel allerdings wird darüber durch die Erziehungsberechtigten entschieden. Die Worte „des Mdl. oder seiner Familie" sollen in erster Linie offenbar bedeuten, daß, wenn das Bekenntnis des Mdl. nicht feststeht, wie bei den Kindern von Dissidenten, das Bekenntnis oder die Weltanschauung der Familie gelten soll. Im übrigen wird für die Auslegung des § 33 Abs. 3 die bisherige Judikatur zu BGB. § 1779 verwertet werden können, insbesondere die Entscheidung des KG. vom 27. Dezember 1910 (Zbl. IV, S. 274). Handelt es sich nicht um Unterbringung in einer Familie, sondern um Unterbringung in einer Anstalt, so wird die Berücksichtigung als erfolgt gelten müssen, wenn die Unterbringung in einer interkonfessionellen Anstalt oder in einer konfessionellen gleichen Bekenntnisses erfolgt. Dagegen wird eine Unterbringung in einer anders konfessionellen Anstalt nur in besonderem Ausnahmefall zulässig sein. Die Berücksichtigung der Weltanschauung kommt hauptsächlich bei Bekenntnislosen in Frage. Hier wird die Unterbringung nach Analogie des § 69 Abs. 2 in einer Familie oder einer Anstalt eines bestimmten Bekenntnisses tunlichst nur mit Einwilligung der Erziehungsberechtigten zu erfolgen haben (Friedeberg, Zbl. XIV, S. 188).

§ 34. Die Landesgesetzgebung kann bestimmen[1], daß weitere Vorschriften des ersten Titels des dritten Abschnitts im vierten Buche des Bürgerlichen Gesetzbuchs,

welche die Aufsicht des Vormundschaftsgerichts in vermögensrechtlicher Hinsicht[2] betreffen, gegenüber dem Amtsvormund außer Anwendung bleiben[3, 4]. Die Prüfung der Schlußrechnung und die Vermittlung ihrer Abnahme durch das Vormundschaftsgericht bleiben hiervon unberührt[5].

[1] „In dem Maße, wie sich die JA. einleben und nach dem Grad ihrer Leistungsfähigkeit werden weitere Befreiungen von den nach dem BGB. vorgesehenen Aufsichtsbefugnissen des VG. entweder allgemein oder für bestimmte JA. Platz greifen können. Angesichts der Verschiedenartigkeit der Verhältnisse im deutschen Reiche wird diese Regelung nicht gleichartig sein können. Sie ist daher der Landesgesetzgebung überlassen worden, jedoch mit der Maßgabe, daß die Befreiung nur von der im dritten Abschnitt des vierten Buches der BGB. vorgesehenen Aufsicht in vermögensrechtlicher Hinsicht zulässig ist, weil es sich zurzeit noch nicht empfiehlt, eine völlige Unabhängigkeit der JA. von dem VG. auch hinsichtlich der Sorge für die Person des Mdl. zu ermöglichen." Begr. S. 59.

[2] Befreit kann nur werden von Aufsichtsrechten die vermögensrechtlicher Natur sind (BGB. §§ 1821—1824), ferner von solchen die in Titel I Abschnitt 3 enthalten sind (BGB. §§ 1773 u. 1893). Um jedoch in jedem Falle dem Mdl. auch hinsichtlich der Verwaltung seines ererbten und selbsterworbenen Vermögens Sicherheit zu gewährleisten, daß eine Nachprüfung der Verwaltung, durch eine unbeteiligte, außenstehende Stelle stattfindet, ist die Vornahme der Schlußrechnung gem. BGB. §§ 1890, 1892 Abs. 2 durch das Gericht vorgesehen. (Begr. zu § 34.)

[3] Nicht in Frage kommt eine Befreiung von der Genehmigung des VG. zum Abschluß von Abfindungsverträgen, Zustimmung zu Ehelichkeitserklärungen oder Adoption, auch nicht zum Abschluß von Lehr- und Arbeitsverträgen (BGB. § 1822 Z. 6 u. 7).

[4] Dagegen kommt in Frage BGB. § 1811: „Dem JA. kann die Entscheidung darüber gestattet werden, ob es aus besonderen Gründen von der mündelsicheren Anlegung abweichen will, ebenso kann ihm die Befreiung von der Genehmigung zu Grundstücksverträgen (§ 1821) sowie zu den Geschäften aus § 1822 Z. 5, 8 und 13 sowie § 1823 zugestanden werden."

[5] Die Schlußrechnung ist stets zu legen und zwar bei früherer Abgabe der Vormundschaft aus § 44 dem Evm., sonst dem volljährigen Mdl. durch das VG.

b) Gesetzliche Amtsvormundschaft.

§ 35. Mit der Geburt eines unehelichen[1, 2] Kindes erlangt das Jugendamt des Geburtsorts die Vormundschaft[3, 4].

Bis zum Eingreifen des zuständigen Vormundschaftsgerichts hat das Amtsgericht des Geburtsorts die erforderlichen vormundschaftsgerichtlichen Maßnahmen zu treffen[5, 6, 7].

Auf uneheliche deutsche Kinder, die im Ausland geboren sind und im Deutschen Reiche ihren Aufenthalt nehmen, finden, falls eine deutsche Vormundschaft noch nicht eingeleitet ist, die Bestimmungen von Abs. 1 mit der Maßgabe Anwendung, daß das nach § 7 dieses Gesetzes zuständige Jugendamt die Vormundschaft erlangt[8].

[1] Vgl. § 24 Anm. 2.

[2] Wird ein Kind nachträglich für unehelich erklärt, so würde die Avmsch. rückwirkend von der Geburt eintreten.

[3] Durch den Eintritt der Vmsch. kraft Gesetzes im Augenblick der Geburt eines unehelichen Kindes wird erreicht, daß ohne jegliche zeitliche Lücke diejenige behördliche Stelle zuständig

wird, der subsidiär die Fürsorge für den Mdl. ohnehin obliegt (Begr. S. 56).

[4] Zur Frage, welches Kind deutsch ist, vgl. § 1 Anm. 2.

[5] An sich gehen die Bestimmungen der §§ 35—40 von dem geltenden Rechte aus, da die zeitgemäßen Abänderungen der Rechtstellung des unehelichen Kindes im RJWG. nicht getroffen sind. Gleichwohl führt § 37 in zahlreichen Fällen zur Aufgabe des Grundsatzes des § 36 FGG. Dieser bestimmt: Für die Vmsch. ist das Gericht zuständig, in dessen Bezirk der Mdl. zu der Zeit, zu der die Anordnung der Vmsch. erforderlich ist, seinen Wohnsitz oder in Ermangelung eines inländischen seinen Aufenthalt hat. Da das Kind den Wohnsitz der Mutter teilt, war bisher in der Regel das Gericht des Wohnsitzes der Mutter zuständig. Indem nun das JA. des Geburtsorts die Vmsch. erlangt, wird § 36 FGG. abgeändert, denn der Wohnort der Mutter braucht nicht der des Mdl. zu sein, ist es sogar in vielen Fällen nicht. Da das Kind zur Zeit der Geburt am meisten hilfsbedürftig ist, stellt das Gesetz durch die von Amts wegen eintretende Vmsch. des JA. eine unbedingt zum unmittelbaren Eingreifen verpflichtete und bereite Stelle sicher. Es werden dadurch die vielen Kompetenzschwierigkeiten, durch die die unehelichen Kinder oft geschädigt wurden, beseitigt, zumal nach § 35 Abs. 2 auch in Fällen seiner Unzuständigkeit bis zum Eingreifen des zuständigen VG. das Gericht des Geburtsorts des Mdl. die erforderlichen Maßnahmen zu treffen hat.

[6] § 35 steht in gewissem Widerspruch zu § 7. Dieser Widerspruch ist bei der Ausschußberatung dahingehend aufgeklärt: Grundsätzlich ist das JA. des § 7 zuständig, in § 35 soll jedoch die Möglichkeit zu sofortiger Hilfe gegeben werden.

[7] Findelkinder (vgl. § 1 Anm. 2) fallen nicht unter die Avmsch., da ihr Personenstand nicht zu ermitteln ist (Friedeberg, Zbl. XIV, S. 189).

[8] **Für ein deutsches im Ausland geborenes Kind tritt Avmsch. erst ein, wenn es im Inland Aufenthalt — nicht**

Wohnsitz — nimmt, unter der Voraussetzung, daß Evmsch. im Ausland nicht bestellt ist. Ist Evmsch. im Ausland eingeleitet, wird gesetzliche Avmsch. nicht eintreten können (Friedeberg, Zbl. XIV, S. 189).

Auf im Inland geborene Auslandskinder findet § 35 keine Anwendung. Nach EGBGB. Art. 23 ist die Einleitung der Vmsch. dann nötig, wenn die Voraussetzungen dazu vorliegen, d. h. wenn der Staat, dem das ausländische Kind angehört, die Fürsorge nicht übernimmt und das ausländische Kind nach den Gesetzen dieses Staates der Fürsorge bedarf.

§ 36. Der Standesbeamte hat die nach § 48 des Reichsgesetzes über die Angelegenheiten der freiwilligen Gerichtsbarkeit vom 17./20. Mai 1898 (RGBl. S. 189/771) dem Vormundschaftsgericht zu erstattende Anzeige über die Geburt eines unehelichen Kindes dem Jugendamt zu übersenden[1]. Dieser Anzeige ist eine Mitteilung über das religiöse Bekenntnis anzufügen[2]. Das Jugendamt hat unter Weiterreichung der Geburtsanzeige den Eintritt der Vormundschaft (§ 35)[3] dem Vormundschaftsgericht unverzüglich[4] anzuzeigen[5].

[1] Die Anzeige des Standesamts wird schon jetzt an die JA. auf Grund von Vereinbarungen oder Anordnungen von vorgesetzten Verwaltungsbehörden gemacht. Durch § 36 wird die Bestimmung des § 48 FGG. ersetzt; das VG. erhält von seiten des Standesamts keine Mitteilung über die Geburt eines unehelichen Kindes mehr.

[2] Die Mitteilung des religiösen Bekenntnisses folgt aus § 33 Abs. 3, damit das JA. eine geeignete Pflegestelle auswählen kann. Die Bestimmung ist durch den RA. eingeführt (RAB. S. 33 u. 102).

[3] Vgl. § 35 Abs. 2. [4] Vgl. § 20 Anm. 6.

[5] Durch die Mitteilung an das VG. wird einerseits die diesem bisher zustehende Nachricht durch das Standesamt er-

setzt (§ 48 FGG.), anderseits die Möglichkeit gegeben nach § 37 zu handeln.

§ 37. Das Vormundschaftsgericht hat dem Jugendamt unverzüglich eine Bescheinigung über den Eintritt der Vormundschaft zu erteilen[1, 2], die bei der Beendigung der Vormundschaft zurückzugeben ist[3].

[1] An Stelle der bisherigen persönlichen Bestellung des Berufsvm. hat das VG. nunmehr dem JA. nur noch eine Bescheinigung über den Eintritt der Vmsch. zu erteilen. Das Gericht hat diese Bescheinigung nach Prüfung der Voraussetzungen für den Eintritt der Vmsch. unverzüglich auszustellen. Falls diese Voraussetzungen fehlen, würde das Gericht klarzustellen haben, daß die Vmsch. zu Unrecht übernommen worden ist.

[2] Die Bescheinigung dient dem JA. als Ausweis, namentlich bei der Anstrengung von Prozessen usw. und ersetzt die bisherige Bestallung.

[3] Sobald die Avmsch. beendet ist, ist die Urkunde zurückzugeben.

§ 38. Auf Antrag des Jugendamts oder einer unverehelichten Mutter kann für eine Leibesfrucht ein Pfleger bestellt werden[1], auch wenn die Voraussetzung des § 1912 Satz 1 des Bürgerlichen Gesetzbuchs nicht gegeben ist. Der Pfleger wird mit der Geburt des Kindes im Einverständnis mit dem Jugendamt Vormund[2, 3]. In diesem Falle findet § 35 keine Anwendung. Die Vormundschaft wird bei dem Vormundschaftsgerichte geführt, bei dem die Pflegschaft anhängig war[4–14].

[1] Sowohl das JA. als auch die uneheliche Mutter können die Bestellung eines Pflegers zur Wahrnehmung der Rechte für die Leibesfrucht beantragen. Die Bestellung eines solchen

ließ schon BGB. § 1912 zu, jedoch nicht für die Geltendmachung von Unterhaltsansprüchen, welche erst mit der Geburt des Kindes entstehen (vgl. Vorbemerkungen).

[2] § 38 Satz 2 enthält eine Durchbrechung des Prinzips des § 35. In der Praxis werden die JA. im Interesse der Geltendmachung der Unterhaltsansprüche die Pflegschaft vielfach selbst übernehmen, da selten ein geeigneter Pfleger zu finden sein wird. Die Ansicht wurde auch bei der Beratung im Plenum des Reichstags vertreten. Greift das JA. ein, so findet § 35 Anwendung.

[3] Das Einverständnis des JA. ist deshalb vorgesehen, damit ein ungeeigneter Einzelpfleger nicht weiter im Amt bleibt, sondern durch einen andern oder das JA. ersetzt wird. Letzteres wird besonders dann die Vmsch. übernehmen, wenn es den Mdl. versorgt.

[4] Der Pfleger kann unter Glaubhaftmachung der Schwangerschaft die Ansprüche des Kindes gegen den Erzeuger im Wege des Arrestes sicherstellen lassen.

[5] Im Gegensatz zum früheren Recht, nach dem die uneheliche Mutter nur Ansprüche aus der Schwangerschaft geltend machen konnte (BGB. § 1715), kann sie in dem Prozeß des Pflegers als Zeugin vernommen werden.

[6] Nach dem Regierungsentwurf sollte dieser Pfleger nach der Geburt des Kindes ohne weiteres zum Vm. bestellt werden. Diese Bestimmung ist vom RA. durch den Zusatz ergänzt worden, daß das JA. sein Einverständnis hierzu zu erklären hat, es kann daher der Bestellung des Pflegers zum Vm., wiedersprechen und selbst Vm. werden (RAB. S. 10).

[7] Die Pflegschaft für die Leibesfrucht kann Einzelpflegschaft oder Sammelpflegschaft sein. Der Einzelpfleger erlangt mit der Geburt des Kindes die Evmsch., er wird gesetzlicher Vm., aber nicht Avm., der Abschnitt IV findet deshalb keine Anwendung.

Durchbricht die Bestellung eines Evm. das Prinzip des § 35 zugunsten der Evmsch., so durchbricht die Bestellung eines JA.

zum Pfleger die Zuständigkeitsnorm des § 35; denn nicht das JA. des Geburtsortes wird gesetzlicher Vm., sondern das JA., das Pfleger war (Rothschild, Zbl. XIV, S. 188).

[8] Die Bestellung tritt nur auf Antrag ein, damit die Behörden, falls sie nicht erforderlich erscheint, nicht unnötig belastet werden.

[9] Wird das JA. als Pfleger bestellt, so erfolgt die Bestellung nach § 37 (vgl. § 46).

[10] Daß der Pfleger nach der Geburt auch Vm. wird, hat den Vorzug, daß die mit den Verhältnissen bekannte Stelle die Angelegenheit weiter betreibt, und daß dadurch eine Unterbrechung der Fürsorge vermieden wird.

[11] Die Zuständigkeit des Gerichtes, das die Pflegschaft einzuleiten hat, bestimmt FGG. § 40.

[12] Die Bestimmung entspricht FGG. § 43 Abs. 2; das einmal mit der Sache befaßte Gericht soll die Sache weiter behandeln, da es die Verhältnisse kennt.

[13] Von besonderer Bedeutung ist die Bestimmung für Orte, in denen Entbindungsanstalten sind. Wird für eine schwangere Mutter auf Anzeige der Entbindungsanstalt oder auf Grund der vom JA. zu betreibenden Schwangerenfürsorge dem JA. des Wohnorts der Schwangeren von der erwarteten Niederkunft Anzeige erstattet, und bei dem VG. des Geburtsorts eine Pflegschaft nach § 38 eingeleitet, so übernimmt das JA. des Wohnortes der Schwangeren die Vmsch. nach der Niederkunft. Das nach § 35 zuständige JA. des Geburtsorts wird dadurch von der Übernahme von Vmsch. entlastet, die es doch nur vorübergehend führen würde.

[14] Becker (Zbl. XIV, S. 126) meint, daß in Fällen, in denen der Pfleger nicht geeignet zum Vm. erscheint, § 35 Anwendung findet. Das dürfte dann nicht zutreffen, wenn die Pflegschaft bei einem anderen Gericht als bei dem des Geburtsorts anhängig ist, es würde dann das dortige JA. Vm. werden und insofern § 35 Anwendung finden.

§ 39. **Sobald es das Wohl des Mündels erfordert, soll das die Vormundschaft führende Jugendamt bei dem Jugendamt eines anderen Bezirkes die Weiterführung der Vormundschaft beantragen[1, 2]. Der Antrag kann auch von dem Jugendamt eines anderen Bezirkes sowie von der Mutter und von einem jeden, der ein berechtigtes Interesse[3] des Mündels geltend macht[4], gestellt werden[5]. Das die Vormundschaft abgebende Jugendamt hat den Übergang dem Vormundschaftsgericht unverzüglich anzuzeigen[6, 7].**

Gegen die Ablehnung des Antrags kann das Vormundschaftsgericht angerufen werden[8].

[1] Das Gesetz betont durchweg, das die Vmsch. dort geführt werden soll, wo es für den Mdl. am zweckmäßigsten ist, deshalb muß das JA. gegebenenfalls die Fortführung der Vmsch. bei einem anderen JA. beantragen können. Das wird meist dann notwendig sein, wenn der Mdl. mit der Mutter dauernd den Geburtsort verläßt, oder wenn die Vmsch. über die Geschwister des Mdl. bereits bei einem anderen JA. geführt wird. Umgekehrt kann auch am Sitze eines anderen JA. als dem des Geburtsortes der Wunsch nach Übernahme der Vmsch. bestehen, z. B. die uneheliche Mutter, Verwandte des Kindes oder Organe der freien Liebestätigkeit, die für das Kind die Fürsorge ausüben, regen die Übernahme an. Der Grundsatz entspricht dem § 44.

[2] Das JA. ist zur Stellung des Antrags verpflichtet, wenn das Wohl des Mdl. es erfordert, nicht wenn es im Interesse des JA. liegt.

[3] Berechtigtes Interesse des Mdl. liegt vor, wenn nach Ansicht des JA. und der zum Antrag berechtigten Person die Fürsorge durch eine andere Stelle sachgemäßer ausgeübt werden kann. Bei Meinungsverschiedenheiten hat das VG. zu entscheiden.

Die Stellen, die ein berechtigtes Interesse haben können, sind neben dem JA. Verwandte, Pflegeeltern, Organisationen der freien Liebestätigkeit.

[5] Um die Durchführung des Abs. 1 Satz 1 zu regeln, ist das Antragsrecht nicht nur dem abgebenden und dem zur Übernahme bereiten JA., sondern jedem, der ein berechtigtes Interesse des Mdl. geltend macht, gegeben.

[6] Die Bestimmung bezweckt eine möglichst formlose Überleitung der Vmsch. auf ein anderes JA., in dessen Bezirk der Mdl. nach der Geburt verzieht und ist hauptsächlich für JA. an Orten mit großen Entbindungsanstalten (Hebammenlehranstalten) getroffen (Becker, Zbl. XIV, S. 126).

[7] Anzeige ist notwendig, damit das VG. mit dem Vm. in enger Verbindung bleibt.

[8] Wenn sich die verschiedenen JA. nicht über die Führung der Vmsch. einigen, hat das VG. zu entscheiden, gegen dessen Entscheidung die Beschwerde an die diesem übergeordnete Gerichtsbehörde zulässig ist (§§ 19 ff. FGG., in Preußen FGG. Art. 7).

§ 40. Das Vormundschaftsgericht hat das Jugendamt auf seinen Antrag[1] als Amtsvormund zu entlassen und einen Einzelvormund zu bestellen, soweit dies dem Wohle des Mündels nicht entgegensteht[2–5].

[1] Diese Vorschrift fällt ganz aus dem Rahmen der übrigen Bestimmungen des Abschn. IV heraus. Während bei Umwandlung der Avmsch. in eine Evmsch. lediglich das Wohl des Mdl. entscheidend ist, kann hier unabhängig von dem Wohl des Mdl. das JA. vom VG. verlangen, daß ihm die Vmsch. genommen und dem Mdl. ein Evm. bestellt wird. Diese Bestimmung soll das JA. in die Lage versetzen, die von ihm zu führenden Vmsch. auf eine mit seiner Finanzlage in Einklang stehende Anzahl zu beschränken. Das Wohl des Mdl. spielt aber auch insofern eine Rolle, als ein JA., das mit Vmsch.

überlastet ist, eine gewissenhafte Betreuung seiner Mdl. nicht gewährleisten kann. Die dem JA. vorgesetzten Aufsichtsbehörden werden darüber zu wachen haben, daß nicht durch Übereilung und unsachgemäße Entlassung das Wohl des Mdl. gefährdet wird (Becker, Zbl. XIV, S. 4).

2 Gesetzliche Avmsch. endet bei Bestellung eines Evm. Diese Bestellung muß nach § 40 im Interesse des JA. auf dessen Antrag erfolgen, wenn sie dem Wohle des Mdl. nicht entgegensteht, und soll nach § 44 erfolgen, wenn sie positiv im Interesse des Mdl. liegt. Ist die gesetzliche Avmsch. einmal beendet, kann sie als solche nicht wieder in Kraft treten, wohl aber nach § 41 als bestellte Avmsch. (Rothschild, Zbl. XIV, S. 193).

3 Das VG. darf nur dann ablehnen, wenn die Entlassung dem Wohle des Mdl. entgegensteht.

4 § 40 war ursprünglich nicht im Regierungsentwurf enthalten und wurde zur Entlastung der Gemeinden auf Antrag der süddeutschen Staaten eingefügt. Im RA. wurde Streichung beantragt; es wurde ausgeführt, daß das Mdl. an der Vmsch. eines nicht leistungsfähigen JA. kein Interesse habe, und die Überführung in Evmsch. dann vorteilhafter sei (RAB. S. 11). In der zweiten Lesung wurde der Paragraph mit dem Zusatz „soweit es dem Interesse des Mdl. nicht entgegensteht" angenommen (RAB. S. 32).

5 Auch in § 40, der im Gegensatz zu § 44 das Interesse des JA. wahrnimmt, werden die Belange des Mdl. durchaus berücksichtigt.

c) Bestellte Amtsvormundschaft.

§ 41[1]. **Das Jugendamt kann unter den Voraussetzungen**[2] **des § 1773 des Bürgerlichen Gesetzbuchs mit seinem Einverständnis vor den im § 1776 des Bürgerlichen Gesetzbuchs als Vormünder berufenen Personen**[3] **zum Vormund für einen Minderjährigen bestellt werden**[4],

soweit nicht ein geeigneter anderer Vormund vorhanden ist[5, 6].

Auf die bestellte Amtsvormundschaft[7] finden die §§ 1789 und 1791 des Bürgerlichen Gesetzbuchs keine Anwendung[8–11]. Die Bestellung erfolgt durch schriftliche Verfügung des Vormundschaftsgerichts.

[1] Zu vgl. Vorbemerkungen und Becker, Zbl. XIV, S. 4ff.

[2] Es wird sich vor allem um Fälle handeln, in denen ein bisher unter elterlicher Gewalt oder unter einer anderen Vmsch. (Evmsch. Sammelvmsch. oder anderes JA.) stehender Mdj. in die aus öffentlichen Mitteln erfolgende, tatsächliche Versorgung durch das den Antrag stellende JA. übergeht, z. B. wenn der Mdj. in einer Anstalt oder Familie auf Kosten des JA. untergebracht wird, mag er auch vorher von einem Verwandten oder Evm. untergebracht gewesen sein (Begr. S. 61).

[3] Das JA. geht in diesem Falle den in BGB. § 1776 genannten Personen vor.

[4] Im Gegensatz zu § 35, nach dem das JA. von Amts wegen Vm. wird, kann es auch in anderen Fällen zum Vm. bestellt werden. Voraussetzung ist:

A. Daß die Bestellung eines Vm. notwendig ist (BGB. § 1773).
   a) Die Eltern sind zur Vertretung weder in persönlicher noch in vermögensrechtlicher Hinsicht befugt (Entziehung des Personensorgerechts gem. BGB. § 1666).
   b) Die elterliche Gewalt ist nicht vorhanden (Vollwaise).
   c) Die elterliche Gewalt ist verwirkt (BGB. § 1680).
   d) Die Eltern sind für tot erklärt (BGB. § 1679).
   e) Die Mutter schreitet nach dem Tode des Vaters zu einer zweiten Ehe (BGB. § 1697).
   f) Mdj. aus nichtigen Ehen (BGB. §§ 1699 Abs. 2, 1702, 1771).
   g) Uneheliche Kinder.

B. Einwilligung des JA.

C. Ein geeigneter Evm. ist nicht vorhanden.

[5] Wenn in erster Linie bei dieser Vmsch. auch an die Mdl. gedacht ist, die durch Unterstützung des JA. unterhalten und untergebracht werden, so ist ausdrücklich bei der Beratung die Auffassung abgelehnt worden, daß es sich lediglich um solche handelt. Das VG. kann auch in anderen rechtlich und tatsächlich schwierigen Fällen das JA. in Ermangelung eines geeigneten Evm. mit seiner Einwilligung zum Vm. bestellen.

[6] Fehlt es nach Meinung des JA. an einem geeigneten Evm., so ist das VG. nicht verpflichtet, das JA. zu bestellen, auch wenn dieses es beantragt. Die Entscheidung, ob der im Amt befindliche Vm. geeignet ist oder nicht, steht dem VG. zu. Die Frage, ob bei nicht Vorhandensein eines Vm. das VG. das JA. bestellen kann ohne zu prüfen, ob nicht eine als Vm. geeignete Persönlichkeit zu finden ist, wird von Paetow bejaht (Zbl. XIV, S. 193).

[7] Für den bestellten Avm. gelten die allgemeinen Bestimmungen der §§ 32 bis 34.

[8] Nach EGRJWG. Art. 4 gelten die auf Grund der Art. 135, 136 EGBGB. zugelassenen Sammelvmsch. als aufgehoben, so daß besonders die vielfach bestehenden Generalvmsch. über Armen- und Anstaltskinder nicht mehr gelten. Es muß daher dafür gesorgt werden, daß kein Vakuum eintritt. Nach EGRJWG. Art. 7 haben die Landesregierungen die Übergangsvorschriften zu erlassen, soweit sie nicht von der Reichsregierung unter Zustimmung des Reichsrats erlassen werden. Die VG. werden angewiesen werden müssen, für die Bevormundung solcher Kinder rechtzeitig zu sorgen. Es wird daher hinsichtlich aller dieser Mdl. eine Anfrage an die Gemeindewaisenräte ergehen müssen, ob ein geeigneter Evm. vorgeschlagen werden kann. Soweit das geschieht, ist dieser zu bestellen, im anderen Falle wird zweckmäßig das JA. nach § 41 als Avm. zu bestellen sein.

[9] Bei Inkrafttreten des RJWG. bleiben die Evmsch. und Sammelvmsch. über unmündige Kinder an sich bestehen. Zweckmäßig werden sie aber an das JA. abgegeben. Das

VG. kann sie aber nur dann in eine bestellte Avmsch. überleiten, wenn kein geeigneter Evm. vorhanden ist. Da der Sammelvm. nicht als ungeeignet angesehen werden kann, empfiehlt es sich, daß die vorgesetzte Dienstbehörde des als Sammelvm. fungierenden Beamten die gemäß BGB. § 1888 zu erteilende Einwilligung zurücknimmt; dann ist eine Evmsch. nicht mehr vorhanden, und das JA. kann bestellt werden.

[10] Die bestellte Avmsch. ist der Sammelvmsch. vorzuziehen, da sie weitergehende Rechte hat, außerdem wird eine größere Gleichmäßigkeit der rechtlichen Grundlage der Vmsch. erreicht (Paetow, Zbl. XIV, S. 194).

[11] Die Vmsch. nach § 41 ist subsidiär in den Fällen, in denen ein geeigneter Evm. vorhanden ist; ist das JA. bestellt, so hat dieses Abgabe der Vmsch. an den Evm. zu beantragen.

[12] Außer zum Vm. kann das JA. zum Gegenvm., Mitvm., Beistand und Pfleger bestellt werden (§ 46).

[13] Die Dauer der Vmsch. aus § 41 richtet sich nach den Bestimmungen des BGB. über die Beendigung der Vmsch., sowie nach den allgemeinen Bestimmungen des § 44.

[14] Bei den bestehenden Vmsch., soweit sie nicht unter §§ 35, 39 und 41 fallen, hat das VG. zu prüfen, ob das Wohl des Mdl. besser durch die bereits bestehende Vmsch. oder durch eine Vmsch. des JA.. gewahrt wird (zu beachten § 44).

2. Stellung des Jugendamts zum Vormundschaftsgericht und zur Einzelvormundschaft.

§ 42. Das Jugendamt ist Gemeindewaisenrat. § 11 gilt entsprechend[1].

Die Landesgesetzgebung kann örtliche Einrichtungen zur Unterstützung des Jugendamts in den Geschäften des Gemeindewaisenrats treffen[2—7].

[1] Die Erfahrungen, die man mit der bisherigen Organisation des Gemeindewaisenrats gemacht hat, sind nicht günstig gewesen. In verschiedenen Großstädten ist der Geschäftsverkehr des VG. mit den einzelnen Waisenräten bereits im

Verwaltungswege derart geregelt, daß er durch eine städtische Zentralstelle geht. Wenn auch die Erledigung durch eine solche Zentralstelle an sich langsamer ist, so ist der Gesamtverkehr ein geregelterer, weil die Gemeindebehörden als Aufsichtsbehörden von den einzelnen Waisenräten eine bessere Erledigung der Ersuchen des VG. erzielen können als letzteres, dem nur bei Säumigen die Beschwerde zusteht. Durch die Übernahme der Geschäfte des Gemeindewaisenrats durch das JA. soll eine ordnungsmäßige und sachdienliche Erledigung gewährleistet werden; ehrenamtliche Kräfte, die sich bewährt haben, werden im JA. auch weiterhin ihre Erfahrungen der Allgemeinheit zugute kommen lassen können (Begr. S. 29).

² Die Auswahl geeigneter Vm., ihre Überwachung und Unterstützung wird nach wie vor nötig sein, da ja neben der Avmsch. die Evmsch. als gleichberechtigt bestehen bleibt (§ 46).

³ Zur Beseitigung der Schwierigkeiten, die sich in ländlichen Bezirken durch die räumlichen Entfernungen ergeben, werden besondere Abteilungen des JA. oder einzelne Personen für einzelne größere Orte oder für Teile des Bezirkes als Waisenräte zu bestellen sein (Begr. S. 62).

⁴ Zu JA. als Urkundsperson vgl. Boschan, Zbl. XIV, S. 129.

⁵ Die Tätigkeit des JA. nach BGB. § 1849 wird künftig erleichtert werden, wenn die Organisationen der freien Jugendwohlfahrtspflege diejenigen Mitglieder selbst benennen, die für die Vmsch. geeignet und dazu bereit sind.

⁶ Von besonderer Wichtigkeit für die rechtzeitige Erfassung gefährdeter und schutzbedürftiger Kinder und Fürsorge für diese, mag es sich um Mdl. oder um unter elterlicher Gewalt stehende Kinder handeln, ist es, daß das JA. diese bisher sehr unzulänglich erfüllte Aufgabe des Gemeindewaisenrats mit Hilfe seiner eigenen Kräfte und der in ihrem Wirken zusammengefaßten freiwilligen Tätigkeit übernimmt. Das JA. wird künftig, bevor es dem VG. von Mängeln, Pflichtwidrigkeiten oder von Vermögensgefährdung Anzeige erstattet, selbst in

der Lage sein, zu versuchen, wie es Abhilfe schaffen kann, und wird dadurch das Gericht nicht selten entlasten können.

[7] Über die Art der Tätigkeit des JA. als Waisenrat sollen landesgesetzliche Bestimmungen erlassen werden.

§ 43. Das Jugendamt hat das Vormundschaftsgericht bei allen Maßnahmen zu unterstützen[1, 2], welche die Sorge für die Person Minderjähriger betreffen, insbesondere durch Begutachtung bei der Festsetzung von Geldrenten für den Unterhalt Minderjähriger[3]. Vor Entscheidungen[4] in den Fällen des § 1635 Abs. 1 Satz 2, des § 1666, des § 1727, des § 1728 Abs. 2, des § 1729 Abs. 2 des § 1750 Abs. 1 und des § 1751 Abs. 2 des Bürgerlichen Gesetzbuchs muß das Vormundschaftsgericht das zuständige Jugendamt hören. Bei Gefahr im Verzuge[5] kann das Vormundschaftsgericht einstweilige Anordnungen auch schon vor Anhörung[6] des Jugendamts treffen[7]. Es kann das Jugendamt mit der Ausführung der Anordnungen aus § 1631 Abs. 2, § 1636 Satz 2 des Bürgerlichen Gesetzbuchs und sonstiger Anordnung mit dessen Einverständnis betrauen[8].

Das Landesjugendamt kann auf Antrag des Jugendamts Mitglieder oder Beamte des Jugendamts ermächtigen, Beurkundungen gemäß §§ 1718 und 1720 Abs. 2 des Bürgerlichen Gesetzbuchs vorzunehmen, sowie die im § 1706 Abs. 2 des Bürgerlichen Gesetzbuchs bezeichneten Erklärungen entgegenzunehmen und zu beglaubigen[9].

[1] Die Bestimmungen des Abs. 1 sichern dem JA. entsprechend seiner grundsätzlichen Zuständigkeit für alle Angelegenheiten der öffentlichen Jugendhilfe (§ 2 Abs. 1) in weitem Umfang eine Mitwirkung bei den Maßnahmen des

VG. Das JA. muß in bestimmten Fällen gehört werden, es hat das VG. zu unterstützen und es kann mit gewissen Obliegenheiten des VG. betraut werden (Becker, Zbl. XIV, S. 126).

² Wie das JA. als Pfleger und Beistand gemäß § 46 dem VG. und der Familie hilft, so ist darüber hinaus die allgemeine Unterstützung des VG. bei einzelnen Maßnahmen der persönlichen Fürsorge für einen Mdj. durch das JA. in Aussicht genommen.

³ Bei der Festsetzung der Geldrenten wird bei dem voraussichtlich noch recht lange schwankenden Geldwerte das JA. vermöge seiner besseren Kenntnis der praktischen Lebensverhältnisse das VG. beraten können und müssen.

Das VG. ist verpflichtet, bei einer Reihe von Anordnungen das JA. vorher zu hören, nämlich:

a) Der Vater kann nach BGB. § 1631 bei Erziehung des Kindes angemessene Zuchtmittel anwenden, bei denen ihn das VG. unterstützen soll. Das VG. kann nun das JA. mit der Ausführung dieser Anordnungen betrauen, wenn dieses einverstanden ist (Bestimmung der Unterrichtsanstalt, bei Krankheiten der Pflegeanstalt; Unterbringung in Besserungsanstalten usw.).

b) Nach BGB. § 1636 hat der geschiedene Ehegatte, dem die Sorge für die Person des Kindes nicht zusteht, die Befugnis, mit dem Kinde persönlich zu verkehren. Die Regelung trifft das VG., ebenso wenn die Personensorge abweichend von dem § 1635 BGB. geregelt werden soll.

c) Bei Maßregeln aus BGB. § 1666.

d) Zur Ehelichkeitserklärung eines Kindes hat die Mutter ihre Einwilligung zu geben; weigert sie sich, so hat das VG. die Einwilligung zu ersetzen, wenn das Unterbleiben der Ehelichkeitserklärung dem Kinde zu unverhältnismäßigem Nachteile gereichen würde.

e) Die Einwilligungserklärung des gesetzlichen Vertreters eines noch nicht 14 Jahre alten Mdl. hat das VG. zu genehmigen (BGB. § 1728 Abs. 2), ebenso bedarf die Einwilligung des über 14 Jahre alten Mdl. zur Ehelichkeitserklärung der Genehmigung des VG. (§ 1729 Abs. 2).

Die Anhörung des JA. vor der Beschlußfassung ist deshalb vorgeschrieben, weil es vermöge seiner Sachkunde am besten in der Lage ist, sachgemäße Entscheide vorzuschlagen.

[4] Die Anhörung betr. der Geldrente sowie in Fällen des § 1729 Abs. 2 und § 1750 BGB. ist vom RA. eingefügt, sie gründet sich auf die Tätigkeit der Jugendwohlfahrtsbehörden (§ 3 und § 4). Das Gericht ist an das Gutachten des JA. nicht gebunden.

[5] Wann Gefahr im Verzuge vorliegt, ist Tatfrage. Sie liegt dann vor, wenn ohne schnelles Eingreifen nicht wieder gutzumachender körperlicher, geistiger oder sittlicher Schaden zu befürchten ist (z. B. Mißhandlungen, ansteckende Krankheiten, Anleitung zum Verbrechen usw.). Das VG. entscheidet nach seinem Ermessen.

[6] Anhören heißt nicht nur Gelegenheit zur Äußerung geben, sondern die Äußerung auch würdigen. Das VG. darf sich also über die Einwände des JA. nicht ohne besondere Gründe hinwegsetzen.

[7] Da unter Umständen die Entscheidung des VG. durch vorherige Anhörung des JA. zum Nachteil des Mdj. verzögert werden kann, hat der RA. im Abs. 1 Satz 3 hinzugefügt, wonach das VG. auch schon vor der Anhörung des JA. einstweilige Anordnungen treffen kann.

[8] Die Beurkundungsbefugnisse des JA. liegen im Interesse einer schnellen und praktischen Abwicklung des Verkehrs im Vmschwesen.

[9] Dem JA. kann vom LJA. das Recht erteilt werden, die Anerkennung der Vaterschaft des vor der Ehe erzeugten Kindes sowie die Erteilung des Namens durch den Ehemann der

Mutter, der nicht Vater des Kindes ist, zu beurkunden. Dies erschien zweckmäßig, da für die Aufnahme der ersten Urkunde bereits nach EGBGB. Art. 46 und für die der letzteren Urkunde nach Art. 68 des AGBGB. in Preußen die Standesämter zuständig sind, wenn die Erklärung bei der Anzeige der Geburt abgegeben wird.

§ 44[1]. **Das Jugendamt soll die Bestellung einer Einzelperson[2, 3] als Vormund beantragen, wenn dies dem Interesse des Mündels förderlich erscheint[4]. Es kann auch die Bestellung eines Mitvormundes[5] für einen bestimmten Wirkungskreis beantragen[6].**

Die Bestellung[7] kann von einem jeden, der ein berechtigtes Interesse des Mündels geltend macht[8], und von diesem selbst[9], wenn er das 14. Lebensjahr vollendet hat, beantragt werden. Sie kann auch von Amts wegen erfolgen[10]. Vor der Entscheidung soll das Vormundschaftsgericht das Jugendamt und tunlichst die Mutter des Mündels hören[11–14].

[1] Der § 44 bildet den Mittelpunkt der Bestimmungen über die Avmsch. Er stellt den Grundsatz auf, daß die Evmsch., wenn sie von einer geeigneten Persönlichkeit mit genügender Vorbildung und Erfahrung geführt wird, gegenüber der Avmsch. die ideale Art der Bevormundung von Kindern bildet. Ebenso wie das JA. zum Vm. nur bestellt werden darf, wenn ein geeigneter anderer Vm. nicht vorhanden ist (§ 41), so soll das JA. die Überführung der Avmsch. in die Evmsch. veranlassen, sobald dies dem Interesse des Mdl. förderlich erscheint, d. h. nach der Begründung, wenn eine geeignete Persönlichkeit vorhanden ist.

[2] Bei der Evmsch. ist besonders an die organisierte Evmsch. gedacht. Diese unterscheidet sich von der Zwangsvmsch. des BGB. durch freiwillige organisierte Tätigkeit geschulter Kräfte

auf konfessioneller Grundlage unter starker Betonung des Wertes dauernder enger Fühlung zwischen Vm. und Mdl.

[3] Zur Zusammenarbeit von JA. und organisierter Evmsch. wird folgende Form empfohlen:

a) Der Avm. übernimmt die Sicherstellung der Alimentation und überläßt dem Evm. die Betreuung des Mdl. und seiner Mutter.

b) Der Avm. übernimmt den ganzen Pflichtenkreis und gibt nach Vollendung des zweiten Lebensjahres des Mdl. die Vmsch. an den Evm. ab (Zbl. XIV, S. 195).

[4] Das JA. wird besonders in ländlichen Verhältnissen die Vmsch. an einen Evm. erst dann abgeben, wenn alles getan ist, was im Interesse des Mdl. veranlaßt werden mußte. Es darf nicht, um sich zu entlasten, die Vmsch. zu früh abgeben, sondern hat reiflich zu überlegen in welcher Zeit die Abgabe am geeignetsten erscheint.

[5] Über die Aufgaben der Mitvmsch. vgl. § 46.

[6] Der vom RA. eingefügte Satz 2 in Abs. 1 gestattet dem JA. die Vmsch. zu behalten, aber die Bestellung eines Mitvm. zu beantragen, dem dann vor allem die persönliche Fürsorge für den Mdl. zu übertragen sein wird.

Das JA. hätte die Befugnis, einen Mitvm. für einen bestimmten Wirkungskreis zu verlangen auch ohne diese Bestimmung gehabt; immerhin erschien es zweckmäßig, mit Rücksicht auf die religiöse Erziehung des Kindes ausdrücklich anzuerkennen, daß ein Vm., der in diesem Falle dem Bekenntnis oder der Weltanschauung des Mdl. angehören muß, für einen bestimmten Aufgabenkreis neben dem JA. bestellt werden kann.

[7] Die Anregung zur Übernahme der Vmsch. kann ausgehen:

a) vom JA. selbst,

b) von jedem, der ein berechtigtes Interesse des Mdl. geltend macht,

c) vom Mdl. selbst nach Vollendung des 14. Lebensjahres,

d) vom VG.,

doch ist das JA. in den Fällen zu b bis d vor der Abgabe der Vmsch. zu hören.

[8] Vgl. § 39 Anm. 6.

[9] Daß der 14 Jahre alte Mdl. selbst die Bestellung eines Gvm. beantragen kann, erscheint sehr bedenklich; das VG. wird einem solchen Antrage wohl in den seltensten Fällen entsprechen.

[10] Von der Aufnahme einer Bestimmung, daß durch die Bestellung eines anderen Vm. die Vmsch. des JA. von selbst erlischt, ist Abstand genommen; es ist in jedem Falle eine vormundschaftsgerichtliche Entlassung erforderlich.

[11] Durch die Bestimmungen dieses Paragraphen ist für das JA. als Vm. der aufgehobene § 1886 BGB., der die Entlassung des Vm. bei Gefährdung des Interesses des Mdl. insbesondere wegen pflichtwidrigen Verhaltens des Vm. zuläßt, inhaltlich ersetzt. Für die Ersetzung des JA. durch einen anderen Gvm. ist Pflichtwidrigkeit der die Vmsch. ausübenden Person, eines Mitgliedes oder Beamten des JA., ein möglicher Anwendungsfall (Begr. S. 64).

[12] Die Anhörung verpflichtet das VG. nicht gemäß den Äußerungen der Angehörten zu entscheiden, die Entscheidung steht vielmehr unter Befolgung der Grundsätze des Abs. 1 und der allgemeinen Vorschriften in dem freien Ermessen des VG.; zu berücksichtigen sind zunächst die durch Gesetz (BGB. § 1776) und letztwillige Verfügung (BGB. § 1777 Abs. 2) berufenen Personen.

[13] Gegen die Entscheidung des VG. ist die Beschwerde nach FGG. gegeben; auch dem JA. steht die Beschwerde zu, wenn ihm wider seinen Willen die Vmsch. abgenommen wird.

[14] Vgl. Neuhaus, Zbl. XIV, S. 195; Becker, ebenda XIII, S. 5.

§ 45[1]. Das Jugendamt hat die Vormünder, Beistände und Pfleger seines Bezirkes plangemäß zu beraten und bei der Ausübung ihres Amtes zu unterstützen[2, 3].

Die näheren Bestimmungen hierüber werden nach § 13 Abs. 1 Nr. 1 und § 15 getroffen[4]. § 11 gilt entsprechend[5].

[1] Vgl. Begr. S. 64ff.; Becker, Zbl. XIII, S. 5.

[2] Die Mängel der Evmsch. sind nicht zum wenigsten darauf zurückzuführen, daß die Vm. einer planmäßigen Beratung und Unterstützung entbehren mußten. Zwar hatte sich an kleinen Gerichten mancher Vmschrichter darum bemüht, obgleich eine gesetzliche Verpflichtung dazu nicht bestand; es hing also immer von der Persönlichkeit des Richters ab, ob er dieser Seite seiner Tätigkeit besonderes Interesse entgegenbrachte. Bei dem Geschäftsumfang der größeren Gerichte verbot sich eine planmäßige Beratung durch den Vmschrichter von selbst. Die Waisenräte hatten zwar nach BGB. § 1850 darüber zu wachen, daß die Vm. für die Person des Mdl., besonders für die körperliche und geistige Erziehung sorgten. Sie wären daher zur Beratung der Vm. nicht nur befugt, sondern sogar verpflichtet gewesen, es fehlte ihnen aber in der Mehrzahl der Fälle an der nötigen Gesetzeskenntnis. Um ihre Tätigkeit zu beleben, hatte die preußische Regierung bald nach dem Inkrafttreten des BGB. angeordnet, daß die Waisenräte von dem VG. zu periodischen Sitzungen einzuladen und in diesen über ihre Aufgaben zu belehren seien. An manchen Orten ist tatsächlich dadurch eine Belebung der Fürsorge für die Mdl. erreicht worden, ein durchgehender Erfolg ist aber nicht erzielt worden. Die bisher fehlende planmäßige Beratung und Unterstützung bei der Ausübung der Vmsch. soll nunmehr das JA. gewähren. Zunächst wird das JA. nach Inkrafttreten des RJWG. sich der in ihrem Amte verbleibenden Vm., auch soweit sie keiner Organisation der freien Jugendwohlfahrtspflege angehören, anzunehmen haben, indem es ihnen etwa bei der Abfassung von Schriftsätzen, bei Erziehungsschwierigkeiten usw. behilflich ist. Alsdann aber wird es planmäßig die organisierte Evmsch. anregen und unterstützen müssen. Auf

diese Weise wird einerseits die Evmsch. das JA. weitgehend entlasten, anderseits wird der Evmsch. durch das JA. eine wertvolle Hilfe zuteil, die dem Wohle des Mdl. dient (Begr. S. 85).

³ Die Ausbildung der Vm. kann durch Vorträge, Kurse, Einzelberatungen usw. erfolgen.

⁴ Die allgemeinen Anordnungen und Ausführungsvorschriften hat entweder die Reichsregierung mit Zustimmung des Reichsrats (§ 15) oder das LJA. zu erlassen (§ 13 Z. 1). Es wird dabei auf die örtlichen Besonderheiten größtmögliche Rücksicht zu nehmen sein.

⁵ Da § 11 Anwendung findet, kann das JA. die planmäßige Beratung und Unterstützung der Vm. usw. besonderen Ausschüssen oder Vereinigungen für Jugendfürsorge und Jugendbewegung, auch einzelnen in der Jugendwohlfahrt erfahrenen Männern und Frauen nach näherer Anordnung der Ausführungsbestimmungen übertragen.

3. Mitvormundschaft, Gegenvormundschaft, Pflegschaft und Beistandschaft des Jugendamts.

§ 46[1]. **Die vorstehenden Bestimmungen gelten entsprechend für die Bestellung des Jugendamts zum Mitvormund**[2]**, Gegenvormund**[3]**, Pfleger**[4] **oder Beistand**[5, 6] **und für die Übertragung einzelner Rechte und Pflichten eines Vormundes auf das Jugendamt**[7, 8].

¹ Die Bestimmung enthält eine Ergänzung der §§ 41 ff. Bei der Schwierigkeit geeignete Gvm. zu bekommen, wird das VG. gern von der Befugnis Gebrauch machen, das JA. bestellen zu können.

² Mitvm. werden in der Praxis selten bestellt (BGB. § 1775). Neben den nach BGB. § 1776 berufenen Personen darf ein Mitvm. nur mit deren Zustimmung ernannt werden, selbst wenn das VG. die Bestellung für notwendig hält.

8*

BGB. § 1797 trifft nähere Bestimmungen über die Regelung der Verwaltung zwischen Vm. und Mitvm. (vgl. § 44 wonach das JA. selbst die Bestellung eines Mitvm. beantragen kann).

[3] Ein Gegenvm. kann nach BGB. § 1792 bestellt werden, wenn eine Vermögensverwaltung vorhanden ist.

[4] Die Pflegschaft nach BGB. § 1909 kommt in zahlreichen Fällen in Betracht, in denen ungünstige häusliche Verhältnisse das Eingreifen des VG. nach BGB. § 1666 veranlassen und mit der Entziehung des Sorgerechtes der Eltern die Bestellung eines Vertreters des Mdl. hinsichtlich der einzelnen Rechte notwendig machen. In der Regel handelt es sich um eine SchA. oder eine andere Unterbringung für das Kind. Auch für die Geltendmachung der Unterhaltsansprüche eines ehelichen Kindes bei getrennt lebenden Eltern oder geschiedenen Eltern wird häufig Amtspflegschaft eintreten, wenn der Vater sich der Unterhaltspflicht entzieht und öffentliche Unterstützung eintreten muß.

[5] Vgl. die Ausführungen in den Vorbemerkungen.

[6] Als Beistand kann das JA. zur Unterstützung und Überwachung bei der Ausübung der elterlichen Gewalt eintreten, namentlich wenn alleinstehenden Müttern (Kriegerwitwen) in der Sorge um ihr Kind und bei der Erziehung Schwierigkeiten erwachsen (Begr. S. 66).

[7] Es gelten die Bestimmungen der §§ 32 bis 45 mit der Einschränkung, daß die von der gesetzlichen Avmsch. handelnden Bestimmungen des § 35 insofern anwendbar sind, als die hier genannten Ämter nicht kraft Gesetzes, sondern nur durch Bestellung erlangt werden, besonders gelten §§ 32, 33 Abs. 3, 39, 40, 44 (Begr. S. 66).

[8] Die einzelnen Rechte und Pflichten eines Vm. regeln BGB. §§ 1793 ff. Für die Übertragung einzelner Rechte und Pflichten auf das JA. kommt vor allem in Betracht die Übertragung der Vertretung bei schwieriger Prozeßführung, bei umfangreicher Vermögensverwaltung usw.

4. Anstalts- und Vereinsvormundschaft.

§ 47[1, 2]. Vorstände von Anstalten, die unter der Verwaltung des Staates oder einer öffentlichen Körperschaft stehen, sowie Vorstände solcher privaten Anstalten[4] oder Vereine[5], die vom Landesjugendamte für geeignet erklärt sind[6], können auf ihren Antrag[7] zu Vormündern bestellt werden (Anstalts- oder Vereinsvormundschaft). Auch können sie zu Pflegern oder Beiständen bestellt werden[8]. Ebenso können ihnen einzelne Rechte und Pflichten des Vormundes übertragen werden[9]. Das Jugendamt muß in den Fällen, in denen der Minderjährige von ihm bevormundet oder versorgt ist, vorher gehört werden[10].

Auf die Anstalts- und Vereinsvormundschaft finden die Bestimmungen der §§ 33[11, 12, 13], 40, 41 und 44 mit der Maßgabe Anwendung[14], daß ein Gegenvormund bestellt werden kann. Insbesondere ist die Bestellung eines Jugendamts zum Gegenvormunde zulässig[15–20].

[1] Vgl. Vorbemerkungen.

[2] Bedenken gegen diese Vmsch. s. Blaum, Zbl. XIII, S. 32 und 179.

[3] Da nur der Vorstand zum Vm. bestellt werden kann, fällt die vereinsmäßig organisierte Evmsch. nicht unter die Bestimmungen des § 47, sondern unter die des § 44.

[4] Die in dem aufgehobenen Art. 136 EGBGB. zugelassenen Vmsch. von Anstaltsvorständen werden erweitert, indem auch Privatanstalten als Vm. bestellt werden können. Voraussetzung ist, daß das LJA. die Anstalten für geeignet erklärt.

[5] Der Vorstand des Vereins hat gemäß BGB. § 26 die Stellung eines gesetzlichen Vertreters. Er ist wie der Verein wohl immer eine Personenmehrheit, also ein Kollegium und hat nur abgeleitete Rechte in seiner Stellung als gesetzlicher Vertreter.

[6] Die Genehmigung des LJA. ist vorgesehen, weil der Wirkungskreis der Anstalten meist über den Bezirk mehrerer JA. sich erstreckt, und dadurch sich auch einheitliche Grundsätze für die Zulassung von Anstalten und Vereinen bilden. Das VG. hat in jedem einzelnen Falle, in dem Vorstände von Anstalten oder Vereinen ihre Bestellung beantragen, zu prüfen, ob ihre Bestellung dem Wohle des Mdl. dient, und danach dem Antrag zu entsprechen oder ihn abzulehnen (Begr. S. 166).

[7] Der Verein hat kein Recht auf Bestellung, aber auch keine Verpflichtung zur Übernahme, sondern wird nur auf seinen Antrag bestellt.

[8] Vgl. § 46 Anm. 4.

[9] Wegen Übertragung einzelner Rechte vgl. § 46 Anm. 8.

[10] Die Anhörung des JA., das bisher Vm. war oder den Mdj. versorgte, erscheint selbstverständlich. Wenn das JA. widerspricht, ist das VG. zwar nicht durch diesen Widerspruch gebunden, das JA. hat aber das Beschwerderecht gemäß FGG. § 18.

[11] Auf die Vmsch. findet BGB. § 1801 keine Anwendung (§ 47 Abs. 2, § 33 Abs. 1), doch hat der Verein für die religiöse Erziehung zu sorgen, insbesondere die Unterbringung gemäß § 33 Abs. 3 zu veranlassen.

[12] Wenn auch nur der Vorstand als Vm. bestellt werden kann, so hat der Verein nach BGB. § 30 die Möglichkeit durch die Satzung zu bestimmen, daß neben dem Vorstand für gewisse Geschäfte besondere Vertreter bestellt werden, deren Vertretungsmacht sich im Zweifel auf alle Rechtsgeschäfte bezieht, die der ihnen zugewiesene Geschäftskreis gewöhnlich mit sich bringt.

Haftpflichtig ist aus BGB. § 1833 der Verein für Vorsatz und Fahrlässigkeit. Über die Frage der Haftung der einzelnen Vorstandsmitglieder entscheidet die Vereinssatzung. Beim Fehlen von Bestimmungen in der Satzung tritt Gesamtschuldverhältnis nach BGB. § 1833 Abs. 2 ein.

[13] Die Verantwortlichkeit des Vm. beginnt mit der Kenntnis von der erfolgten Bestellung. Dem Mdl. haften Vereinsvm. und etwa bestellter Gegenvm. als Gesamtschuldner (BGB. § 421).

[14] Anstalts- und Vereinsvorstände haben ein Vorrecht auf Bestellung vor den nach BGB. §§ 1776--1778 berufenen Personen (§ 47 Abs. 2, § 41 Abs. 1), deren Rechte jedoch zu berücksichtigen sind, wenn das VG. an Stelle des Vereins oder Anstaltsvorstandes einen Evm. bestellt.

[15] Die Befreiung von den Bestimmungen der §§ 1852 bis 1854 BGB. bei Anlegung des Vermögens genießt der Verein wie der Avm., jedoch darf ein Gegenvm. bestellt werden. Bestehen bleiben die Verpflichtungen, zu Beginn der Vmsch. ein Vermögensverzeichnis einzureichen (BGB. § 1802), das Vermögen nach Vorschrift der §§ 1803ff. BGB. zu verwalten, Bargeld nach BGB. § 1807 anzulegen, die Genehmigung des VG. nach BGB. §§ 1819 bis 1822 einzuholen und Schlußrechnung nach BGB. § 1890 zu leisten.

[16] Aufwendungen werden nach § 33 Abs. 2 Satz 2 ersetzt. BGB. § 1836 Abs. 1 Satz 2—4 und Abs. 2 finden keine Anwendung.

[17] Das Aufsichtsrecht des VG. ist beschränkt. BGB. § 1837 Abs. 1, § 1839, § 1854 Abs. 2, §§ 1819—1822, §§ 1841—1843 finden Anwendung, nicht dagegen BGB. § 1837 Abs. 2 und § 1886, auch Sicherheitsleistung gemäß BGB. § 1844 kann nicht verlangt werden.

[18] BGB. §§ 1882 und 1884 finden Anwendung. Ferner endet die Vmsch. mit der Auflösung des Vereins, mit der Entziehung der Anerkennung durch das LJA. oder mit der freiwilligen Aufgabe der Vmsch. Der Vereinsvm. kann auch gegen seinen Willen entlassen werden, wogegen ihm aber das Beschwerderecht zustehen dürfte.

[19] Der Vereinsvm. muß selbst seine Entlassung beantragen, wenn es im Interesse des Mdl. förderlich und zweckmäßig ist, einen Evm. zu bestellen (§ 44).

[20] Nach § 44 Abs. 2 kann sowohl der über 14 Jahre alte Mdl. als auch jeder, der ein berechtigtes Interesse geltend macht, die Bestellung eines Evm. anstatt eines Vereinsvm. verlangen. Bei der Entlassung des JA. wird in § 44 die Anhörung durch das VG. vorgeschrieben, analog müßte auch der Vereinsvm. vor seiner Entlassung gehört werden; daß daneben auch das JA. gehört wird, erscheint zweckmäßig, ob es erforderlich ist, kann zweifelhaft sein; in § 44 ist wohl die Anhörung des JA. als beteiligte Stelle nicht als Fürsorgebehörde gemeint. Die Anhörung des mit den Verhältnissen vertrauten JA. ist aber schon deshalb wünschenswert, damit dieses unberechtigten Wünschen auf Entlassung des Vereinsvm., dessen Vmschführung dem Mdl. und seinen Angehörigen unbequem ist, wirksam entgegentreten kann (Zbl. XIV, 195ff.).

§ 48. Artikel 136[1] des Einführungsgesetzes zum Bürgerlichen Gesetzbuch und die §§ 1783, 1887 des Bürgerlichen Gesetzbuchs werden aufgehoben. Dem § 1784[2, 3] des Bürgerlichen Gesetzbuchs wird folgender Abs. 2 angefügt: „Diese Erlaubnis darf nur versagt werden, wenn ein wichtiger dienstlicher Grund vorliegt."

Dem § 1786 Nr. 1 des Bürgerlichen Gesetzbuchs werden die Worte hinzugefügt: „welche zwei und mehr noch nicht schulpflichtige Kinder besitzt oder glaubhaft macht, daß die ihr obliegende Fürsorge für ihre Familie die Ausübung des Amtes dauernd besonders erschwert"[1, 5].

[1] Mit Art. 136 EGBGB. sind auch die auf Grund dieses Artikels erlassenen landesgesetzlichen Bestimmungen aufgehoben, so Art. 78 Preuß. AGBGB. Sie sind ersetzt hinsichtlich der bisherigen Generalvmsch. und Berufsvmsch. durch § 41, hinsichtlich der Avmsch. durch § 47 (vgl. EGRJWG. Art. 4, § 41, ferner Paetow, Zbl. XIV, S. 194).

[2] Wegen BGB. §§ 1783, 1887, 1784, 1786 vergleiche Vorbemerkungen.

[3] Die nach BGB. § 1784 und Preuß. AGBGB. Art. 72 erforderliche Erlaubnis für Beamte und Geistliche darf von der vorgesetzten Dienstbehörde nunmehr nur dann noch versagt werden, wenn ein wichtiger dienstlicher Grund vorliegt. Bei der Abneigung vieler Beamten gegen Übernahme einer Vmsch. wurde von der Bestimmung des Art. 72 Preuß. AGBGB. und § 1784 BGB., wonach sie einer besonderen Erlaubnis bedurften, ausgiebig Gebrauch gemacht. Da die Beamten in vielen Fällen sehr geeignete Vm. sein können, und auch das Amt neben ihrer dienstlichen Tätigkeit meist sehr wohl zu bekleiden vermögen, kann durch die Neufassung des § 1784 BGB. eine große Zahl von geeigneten Vm. gewonnen werden.

[4] Das allgemeine Ablehnungsrecht der Frau verträgt sich nicht mehr mit ihrer Stellung im öffentlichen Leben nach der RVerf. Es ist daher erheblich eingeschränkt, indem nur besondere Verhältnisse der Hausfrau und Mutter als Ablehnungsgrund anerkannt werden.

[5] Ob die Einwendung glaubhaft gemacht ist, unterliegt dem richterlichen Ermessen.

Abschnitt VI.

Die Schutzaufsicht und die Fürsorgeerziehung.

I. Schutzaufsicht. Ansätze zu einer Art SchA. finden sich bereits mannigfach, zunächst im Strafrecht. Nach StGB. § 23 kann den zu einer längeren Zuchthaus- oder Gefängnisstrafe Verurteilten nach drei Vierteln der Strafe, frühestens aber nach einem Jahre bei guter Führung die vorläufige Entlassung gewährt werden. Da nach StGB. § 24 die vorläufige Entlassung bei schlechter Führung widerrufen werden soll, so ergab sich von selbst eine Aufsicht über den Entlassenen, die in der Regel durch die Polizei ausgeübt wurde.

Ähnlich liegt es bei der seit 1895 eingeführten bedingten Begnadigung. Allerdings soll während der Bewährungsfrist eine besondere Überwachung nicht stattfinden, es wird lediglich kontrolliert, ob der Begnadigte eine neue strafbare Handlung begangen hat. Erst gegen Ablauf der Bewährungsfrist werden Ermittlungen angestellt, ob seine Führung den endgültigen Erlaß der Strafe rechtfertigt; auch hier wird meistens die Hilfe der Polizei in Anspruch genommen.

Daneben hat sich nun eine eigentliche SchA. in dem Verfahren bei den Jugendgerichten entwickelt. Als diese im Jahre 1908 in den meisten deutschen Bundesstaaten im Verwaltungswege durch Vereinigung der Funktionen des Straf- und Vmschrichters geschaffen wurden, bedurften die Richter besonderer Helfer, um einerseits für die Hauptverhandlung sich ein Bild über die Persönlichkeit des straffällig gewordenen Jgdl. und seine Umgebung zu verschaffen und anderseits auf ihn bessernd und erziehend einzuwirken. Der Ausgangspunkt dieser SchA. war also eine strafbare Handlung eines Jgdl., sei es, daß diese strafrechtlich verfolgt werden mußte, sei es, daß sie Maßnahmen des Vmschrichters erforderlich machte. Dergestalt wurde auch die SchA. in dem nicht zur Verabschiedung gekommenen Entwurf eines JGG. von 1912 geregelt. Eine derartige Regelung hätte aber nicht befriedigen können. Soll die SchA. von wirklichem Nutzen sein so darf sie nicht erst nach erfolgter Straffälligkeit einsetzen, um den Jgdl. vor weiteren Verfehlungen zu schützen, sondern muß die Straffälligkeit zu verhüten suchen, sie muß also bereits einsetzen, wenn die Aufsicht des Erziehungsberechtigten nicht mehr ausreichend erscheint, um den Jgdl. vor der Verwahrlosung und der Gefahr der Straffälligkeit zu schützen.

Eine gewisse behördliche Anerkennung fand die SchA. in diesem Sinne bereits in der Allgemeinen Verfügung des Preuß. Justizministers vom 18. Februar 1918 (JMBl. 1918 S. 49). Sie wird hier als eine wesentliche Maßnahme zum Schutze gefährdeter Jgdl. empfohlen; daher soll sie nicht auf die Fälle der straffälligen Jgdl. beschränkt bleiben, sondern als vorbeugende Maßnahme des VG. gemäß BGB. § 1631 Abs. 2 Satz 2 und § 1666 Abs. 1 dann angewandt werden, wenn beginnende Verwahrlosung Verstöße gegen das StGB. erwarten läßt und die sonst erforderlich werdende Fe. dadurch vielleicht vermieden würde. Die Ministerialverfügung empfiehlt, sie als gerichtliche Einrichtung in Erscheinung treten zu lassen, damit sie den erforderlichen Nachdruck gegenüber dem Mdj. und den gesetzlichen Vertretern erhält. Es wird dem VG. nicht nur die Anordnung sondern auch die Überwachung der SchA. nahe gelegt.

Praktisch wird der Gedanke der SchA. aber auch schon in der bisher landesgesetzlich geregelten Fe. verwertet. Preuß. FeG. § 11 bestimmt, daß zur Überwachung der Erziehung und Pflege eines in einer Familie untergebrachten Fürsorgezöglings ein Fürsorger zu bestellen ist, dessen Aufgaben allerdings über die der SchA. hinausgehen. In dem Badischen FeG. von 1919 wird bestimmt, daß ein der Fe. überwiesener Jgdl. unter SchA. zu stellen ist.

Diese bereits geübte Praxis wird durch Abschnitt VI weiter ausgedehnt. Es wird damit, wie die Begründung S. 72 ausführt, eine im BGB. vorhandene Lücke beseitigt. In allen Fällen, in denen das unter elterlicher Gewalt stehende Kind ohne unmittelbares Verschulden der Eltern zu verwahrlosen droht, hatte das VG. bisher keine gesetzliche Handhabe zum Einschreiten; denn EGBGB.

Art. 135 bestimmt, daß die dem Landesrecht überlassene Zwangserziehung außer bei Verschulden der Erziehungsberechtigten oder Fehlen solcher (BGB. §§ 1666, 1838) nur zur Verhütung völliger sittlicher Verwahrlosung angeordnet werden darf.

RJWG. § 56 bestimmt nunmehr allgemein, daß ein Mdj. unter SchA. zu stellen ist, wenn sie zur Verhütung körperlicher, geistiger und sittlicher Verwahrlosung geboten und ausreichend erscheint. Sie soll also, abgesehen von ihrer im JGG. vorgesehenen heilenden Aufgabe als vorbeugende Maßnahme vom VG. angeordnet werden, wenn sich dieses einen Erfolg verspricht.

Die rechtliche Stellung, die der die SchA. ausübende Helfer hat, entspricht der des nach BGB. § 1689 zu bestellenden Beistandes, wie sich schon daraus ergibt, daß § 61 bestimmt: eine bei der Anordnung der SchA. bestehende Beistandschaft soll insoweit aufgehoben werden, als sich ihr Wirkungskreis mit dem der SchA. deckt. Das Gesetz ist hier dem Entwurf des nicht verabschiedeten JGG. von 1912 gefolgt, der in § 5 sagt: der Fürsorger hat innerhalb seines Wirkungskreises die Eltern und die gesetzlichen Vertreter in der Sorge für die Person des Jgdl. zu unterstützen und zu überwachen. Der Helfer hat gegenüber dem Mdj. aus eigenem Recht keine Gewalt, insbesondere kein gegen den Willen des Erziehungsberechtigten durchführbares Zuchtmittel, sondern er muß in jedem Falle, wenn der Erziehungsberechtigte sein Sorgerecht vernachlässigt oder die Durchführung der SchA. unmöglich macht, dem VG. unverzüglich Anzeige machen (§ 58 Abs. 4), damit dieses gegebenenfalls gemäß BGB. § 1666 einschreiten kann. Über den Umfang der Befugnisse des Helfers entscheidet die Bestellung. Damit der Helfer die SchA. ausüben kann, hat er das Recht auf freien Zutritt zu dem Mdj. Die Eltern, der gesetzliche Vertreter und die Personen, denen der Mdj. zur Verpflegung und Erziehung übergeben ist, sind verpflichtet, dem Helfer Auskunft zu geben. Ein Zwang gegenüber dritten Personen besteht nicht. Die Bestimmung ist aber insofern von Bedeutung, als sich der Helfer bei der Ausübung seiner Aufsichtspflicht nicht des Hausfriedensbruchs schuldig macht.

Während der Vmschrichter die SchA. bisher nur mit Einwilligung der Eltern oder gesetzlichen Vertreter anordnen konnte, ist ihm dies nunmehr auch gegen ihren Willen möglich.

Die SchA. kann von Amts wegen oder auf Antrag angeordnet werden. Während aber der Vmsch.richter bisher bei der Anordnung einer SchA. freie Hand hatte, ist er nunmehr verpflichtet, das zuständige JA. vorher zu hören. Der bei der Ausschußberatung des Gesetzes gestellte Antrag, dem JA. allein die Anordnung der SchA. zu übertragen, wurde mit der Begründung abgelehnt, daß eine solche Bestimmung einmal dem üblichen und geordneten Gang des Gerichtsverfahrens widerspreche, und daß man anderseits die Gefahr vermeiden solle, das JA. über das VG. zu stellen und jenem allein das Odium der SchA. aufzubürden (RAB. S. 17). Schon gegen die Mußvorschrift der Anhörung des JA. vor Erlaß des Beschlusses ist von den Vmschrichtern, die dadurch in ihrer freien Entschließung beschränkt werden, Widerspruch erhoben worden. Diese Vorschrift war aber nicht zu vermeiden, da nach § 60 dem JA. die Ausübung der SchA. in der Regel übertragen wird, und da das JA. ferner mit seinen Organen auch in der Regel die Ermittlungen über die Notwendigkeit der SchA. wird anstellen müssen.

Im Regelfalle wird das JA. oder ein Jugendschutzverein den Antrag auf Anordnung der SchA. stellen. Es kann aber auch der Inhaber der elterlichen Gewalt selbst einen solchen Antrag stellen, wenn er den Schwierigkeiten der Erziehung nicht mehr gewachsen ist, allerdings werden diese Fälle verhältnismäßig selten sein.

Neben der vom VG. angeordneten SchA. kennt der § 60 Abs. 3 noch eine SchA., die ohne gerichtliche Anordnung vom JA. ausgeübt werden kann, solange der Erziehungsberechtigte damit einverstanden ist. Diese Form der SchA. ist bereits vielfach bei Fürsorgevereinen in Übung gewesen. Es kommt nämlich nicht selten vor, daß Eltern, besonders alleinstehende Mütter, der Erziehung ihrer Kinder sich nicht mehr gewachsen fühlen und um Beaufsichtigung oder Unterbringung derselben bitten. Allerdings steht eine solche SchA. auf recht schwachen Füßen, weil die Eltern ihren Wunsch oft sehr bald bereuen. Es ist aber zu erwarten, daß das JA. vermöge seiner Autorität als Behörde weniger unter dem nachträglichen Gesinnungswechsel der Eltern usw. zu leiden haben wird, so daß die Bestimmung sehr fruchtbringend werden kann. Ordnet das JA. eine solche SchA. von sich aus an, so hat es dem VG. hiervon Mitteilung zu machen.

II. Die Fürsorgeerziehung oder Zwangserziehung hat sich erst in den letzten Jahrzehnten in Deutschland ausgebildet. Der Staat übte zunächst nur durch die Schule in gewisser Weise einen Zwang und erziehlichen Einfluß aus, übertrug daneben allerdings dem VG. eine gewisse Aufsichtstätigkeit. Das Preuß. Landrecht, die Preuß. Vmschordnung und andere deutsche Gesetze trafen Bestimmungen, nach denen den Eltern, wenn sie ihre Pflichten gegenüber den Kindern vernachlässigten, das Erziehungsrecht entzogen werden und anderen Personen übertragen werden durfte. Diese Anordnungen waren jedoch meist wirkungslos, wenn die Eltern nicht zu den Kosten herangezogen werden konnten, die die anderweite Unterbringung verursachte, oder wenn wohltätige Personen sich nicht der Unterbringung des Mdj. annahmen. Öffentliche Mittel wurden für diese Art der Wohlfahrtspflege nur gegeben, wenn Armenpflege eintreten mußte.

Als Ausgangspunkt der jetzt geltenden Vorschriften über die Ersatzerziehung auf öffentliche Kosten müssen die Vorschriften der Novelle zum StGB. vom 26. Februar 1876 angesehen werden; § 55 bestimmt da: wer bei Begehung einer Handlung das 12. Lebensjahr nicht beendet hat, kann wegen derselben nicht strafrechtlich verfolgt werden. Gegen denselben können jedoch nach Maßgabe der landesgesetzlichen Vorschriften die zur Besserung und Beaufsichtigung geeigneten Maßregeln getroffen werden insbesondere kann die Unterbringung in einer Erziehungs- oder Besserungsanstalt erfolgen, nachdem durch Beschluß des VG die Begehung der strafbaren Handlung festgestellt und die Unterbringung für zulässig erklärt ist.

In Ausführung dieses Paragraphen erließen die deutschen Bundesstaaten Zwangserziehungsgesetze, so Preußen am 18. März 1878, dessen § 1 lautet: wer nach Vollendung des 6. und vor Vollendung des 12. Lebensjahres eine strafbare Handlung begeht, kann von Obrigkeitswegen in einer geeigneten Familie oder Erziehungs- oder Besserungsanstalt untergebracht werden, wenn die Unterbringung mit Rücksicht auf die Beschaffenheit der strafbaren Handlung, auf die Persönlichkeit der Eltern oder sonstiger Erzieher des Kindes und auf dessen übrige Lebensverhältnisse zur Verhütung weiterer sittlicher Verwahrlosung erforderlich ist.

Weiter ordnet StGB. § 56 Abs. 2 an, daß straffällige Jgdl. bis zu 18 Jahren, wenn bei ihnen die Einsicht der Strafbarkeit verneint und ihre Freisprechung erfolgt ist, einer Erziehungs- oder Besserungsanstalt überwiesen werden sollen.

In Ergänzung dieser Bestimmungen sahen einige Bundesstaaten, auch wenn keine strafbare Handlung vorlag, die Zwangserziehung bis zum 16. Lebensjahre vor (Baden, Gesetz vom 4. Mai 1886). Eine weitere erziehliche Bestimmung enthält StGB. § 362 Abs. 3 nach der Novelle vom 15. Juni 1900, wonach eine wegen Gewerbsunzucht verurteilte Jgdl. in einer Erziehungs- oder Besserungsanstalt untergebracht werden kann.

Während aber diese Bestimmungen immer nur einen Teil der verwahrlosten Jugend erfaßten, brachte einen wesentlichen Fortschritt das BGB., das einerseits in den §§ 1666 und 1838 einschneidende Eingriffe des VG. in die Elternrechte vorsah, anderseits im EGBGB. Art. 135 Vorschriften für die Zwangserziehung gab. EGBGB. Art. 135 hielt die landesgesetzlichen Vorschriften über die Zwangserziehung aufrecht, bestimmte aber, daß diese unbeschadet der Vorschriften StGB. §§ 55 und 56 nur zulässig sein sollte, wenn das VG. sie anordnete. Sie soll außer in den Fällen des § 1666 und § 1838 BGB. nur erfolgen dürfen, wenn sie zur Verhütung der völligen Verwahrlosung notwendig ist. Gleichzeitig wurde durch EGBGB. Art. 34 der § 55 StGB. abgeändert, indem gegenüber der bisherigen Bestimmung die Unterbringung in einer Familie und die Beaufsichtigung zulässig ist.

In Ausführung des Art. 135 EGBGB. sind in fast allen deutschen Bundesstaaten Zwangserziehungsgesetze erlassen worden. Sie stimmen in den folgenden Grundsätzen überein:

Die Zwangserziehung kann eintreten:

a) wenn die Voraussetzungen des § 1666 und § 1838 BGB. gegeben sind,

b) wenn der Mdj. eine strafbare Handlung begangen hat, wegen deren er seines jugendlichen Alters wegen nicht zur Verantwortung gezogen werden kann (unter 12 Jahren), und die weitere sittliche Verwahrlosung nur durch Zwangserziehung beseitigt werden kann,

c) wenn sie zur Beseitigung völliger sittlicher Verwahrlosung notwendig ist.

Im übrigen aber zeigen die einzelnen Landesgesetze erhebliche Abweichungen. Die Altersgrenze, bis zu der die Zwangserziehung angeordnet werden kann, schwankt zwischen dem 16. und dem 18. Lebensjahr. Die sachlichen Voraussetzungen sind verschieden, so z. B. die Frage, ob die Beseitigung der körperlichen Verwahrlosung Gegenstand der Zwangserziehung sein kann.

Die mangelnde Einheitlichkeit in den Voraussetzungen für die Zwangserziehung machte sich besonders in den Grenzgebieten der benachbarten Länder bemerkbar, in denen die Bevölkerung zwischen den Orten der verschiedenen Staaten wechselte und der Wunsch nach einer reichsrechtlichen Regelung der grundlegenden Bestimmungen wurde in den beteiligten Kreisen immer lebhafter. Deshalb hat sich die Reichsregierung entschlossen, bei der Einbringung des RJWG. auch diese Materie zu regeln, und zwar so, daß die Bestimmungen des RJWG. nur einen allgemeinen Rahmen geben sollen, während die näheren Anordnungen den einzelnen Ländern nach wie vor überlassen bleiben.

Es werden daher reichsgesetzlich geregelt: die sachlichen Voraussetzungen für die Anordnung der Fe. (§ 62), die Verfahrensvorschriften (§§ 63 bis 65), die Beendigung und vorzeitige Entlassung (§§ 71, 73), die Strafbestimmungen wegen Entziehung aus der Fe (§ 76) und die Erstattungspflicht der bemittelten Mdj. und Unterhaltspflichtigen (§ 75). Aber auch dabei ist der Eigenart der landesgesetzlichen Bestimmungen durch zahlreiche Vorbehalte Rechnung getragen. Abgesehen ist dagegen von einer reichsgesetzlichen Regelung der Ausführung der Fe.; denn es haben sich in den Ländern unter Anpassung an die besonderen Verhältnisse Besonderheiten herausgebildet, an denen die Länder festzuhalten wünschen. Nur allgemeine Richtlinien werden aufgestellt, nach denen die Fe. unter Anerkennung der bestehenden Gestaltung ohne Schwierigkeit durchführbar ist.

Den Namen „Zwangserziehung“, der noch in einigen Ländern besteht, hat man durch „Fürsorgeerziehung“ ersetzt. Dem Wunsche, auch diesen Ausdruck, weil er in den Ländern, in denen er eingeführt ist, in manchen Bevölkerungskreisen ein gewisses Odium hat, durch einen andern zu ersetzen, ist man nicht gefolgt. Die Begründung sagt dazu, es müsse nach der reichsgesetzlichen Regelung das Ziel sein, nicht durch einen Ausdruckswechsel Nachteile für die von der Fe. erfaßte Jugend abzuwenden, sondern die Fe. in ihrer Ausführung zu höchstmöglicher Vollkommenheit auszugestalten und durch Beteiligung breitester Kreise der Bevölkerung an ihrer Durchführung bestehende Vorurteile zu beseitigen.

Von einschneidender Bedeutung wird künftig die Mitwirkung des JA. sein. § 3 nennt unter Ziffer 4 die Mitwirkung bei der SchA. und Fe. ausdrücklich als Pflichtaufgabe des JA. § 65 bezeichnet dann auch das JA. als alleinige Antragsbehörde. In Preußen waren bisher antragsberechtigt die Landräte, die Gemeindevorstände in Städten über 10000 Einwohnern, in Stadtkreisen der Gemeindevorstand und der Vorsteher der staatlichen Polizei. Da es den Landesgesetzen überlassen bleibt, das Antragsrecht auch anderen Behörden zu geben, so wird die Änderung in der Praxis zunächst nicht sehr bemerkbar werden. Bisher sind wohl mehr Feverfahren von Amts wegen als auf Antrag eingeleitet worden, besonders in den größeren Städten. Von Bedeutung ist, daß das JA. ein Recht auf Beteiligung beim Verfahren hat, es muß wie bei der SchA. in jedem Verfahren gehört werden (§ 64 Abs. 2). In Betracht kommt dasjenige JA., in dessen Bezirk der Jgdl. seinen gewöhnlichen Aufenthalt hat, d. h. das JA. des Ortes, der als gewollter Mittelpunkt des Lebens des Jgdl. anzusehen ist.

Für vorläufige Maßnahmen z. B. die vorläufige Fs. (§ 67) ist das JA. zuständig, in dessen Bezirk das Bedürfnis der Jugendhilfe besteht. Ebenso wie das JA. im Verfahren gehört werden muß, ist ihm auch der Beschluß zuzustellen. Es gilt als Beteiligter im Verfahren, ihm steht demnach das Beschwerderecht sowohl gegen die Anordnung wie auch gegen die Aussetzung und Ablehnung der Fe. zu, sofern es den Antrag gestellt hat. Die Aussetzung des Verfahrens darf auf ein Jahr erfolgen (§ 66). Sie ist zwar nicht von der Zustimmung des JA. abhängig, ist dieses jedoch nicht einverstanden, so steht ihm das Recht zur sofortigen Beschwerde zu (§ 66 Abs. 2); legt es Beschwerde ein, so hat das Beschwerdegericht die materiellen Voraussetzungen der Aussetzung nachzuprüfen und kann seinerseits die Fe. anordnen.

Während bisher die Fe. nur angeordnet werden durfte, wenn sie zur Beseitigung der völligen sittlichen Verwahrlosung notwendig war, kann sie nunmehr bereits zur Verhütung oder Beseitigung der Verwahrlosung angeordnet werden. Hierin liegt ein wesentlicher Fortschritt.

Die Fe. ist also nunmehr anzuordnen:

1. wenn die Voraussetzungen des § 1666 und § 1838 BGB. vorliegen, und wenn die Entfernung des Md. aus seiner Umgebung zur Verhütung der Verwahrlosung erforderlich ist, eine nach dem Ermessen des VG. geeignete Unterbringung aber anderweit nicht erfolgen kann;
2. wenn die Fe. zur Verhütung der Verwahrlosung wegen Unzulänglichkeit der Erziehung erforderlich ist.

Damit ist eine Änderung des Preuß. FeG. gegeben, welches bestimmt, daß die Fe. nur angeordnet werden kann, wenn die Unterbringung nicht ohne Inanspruchnahme öffentlicher Mittel möglich ist. So lautete auch der Entwurf des RJWG. Da diese Fassung aber zu der irrigen Auffassung Anlaß geben konnte, als ob Kinder zahlungsfähiger Eltern von der Fe. ausgenommen werden sollten, wurde die oben erwähnte Änderung vom RA. vorgenommen.

Dem Wunsche der Praktiker entsprechend enthält § 63 Abs. 2 die Bestimmung, daß die Fe. auch noch nach dem vollendeten 18. Lebensjahr angeordnet werden kann, und Abs. 3, daß für die Altersgrenze der Zeitpunkt maßgebend ist, in der der Antrag bei Gericht eingeht, oder das Verfahren eingeleitet wird. Die Erfahrung hat gezeigt, daß die Mdj. aus Scheu vor der Fe. sich vielfach bis zum vollendeten

18. Lebensjahre gut geführt haben, um dann, wenn man ihnen nichts mehr anhaben kann, den unordentlichen Lebenswandel fortzusetzen. Vielfach wurde auch, wenn die Fe. kurz vor dem vollendeten 18. Lebensjahr beschlossen wurde, durch unbegründete Rechtsmittel das Verfahren über das vollendete 18. Lebensjahr hinaus verzögert und dadurch die Ausführung des Beschlusses unmöglich gemacht. Jetzt ist nicht mehr die Tatsache der Rechtskraft des Beschlusses vor Vollendung des 18. Lebensjahres, sondern der Zeitpunkt der Einleitung des Verfahrens maßgebend. Nach dem vollendeten 20. Lebensjahr darf die Fe. indessen nicht mehr beschlossen werden. Das erscheint billig, da bei der Kürze der bis zur Großjährigkeit zur Verfügung stehenden Zeit ein Erfolg kaum noch zu erwarten sein wird.

Die Fe. kann Familien- oder Anstaltserziehung sein. Erstere ist vorzuziehen. Wenn sie im Osten des Reiches im Gegensatz zum Westen noch in geringem Umfang angeordnet wird, so liegt es daran, daß sich hier weniger geeignete Familien finden als dort, und die Mdj. in einem Stadium zur Fe. kommen, in dem der Reinigungsprozeß der Anstalt bereits notwendig ist. Es wird daher im Osten stärker dahin gewirkt werden müssen, daß mehr geeignete Familien zur Aufnahme von Fürsorgezöglingen gewonnen werden. Die Familienerziehung soll mindestens bis zum Aufhören der Schulpflicht in einer Familie des Bekenntnisses, im Falle der Anstaltserziehung in einer Anstalt des Bekenntnisses des Mdj. erfolgen. Eine Neuerung enthält § 69 Abs. 2, wonach Mdj. ohne Bekenntnis, sofern sie ihr Bekenntnis selbst bestimmen können, nur mit ihrem Einverständnis, im anderen Falle mit dem des Erziehungsberechtigten in einer Familie oder in einer Anstalt eines bestimmten Bekenntnisses untergebracht werden dürfen.

Da die Zahl der bekenntnislosen Mdj. nur gering ist, anderseits aber vielfach der Wunsch bei den Angehörigen nach Unterbringung in einer Anstalt oder in einer Familie besteht, die die Möglichkeit einer bestimmten Berufsausbildung bietet, wird die Beachtung dieser Bestimmung nicht immer möglich sein. Sie dürfte auch, soweit Anstaltserziehung in Frage kommt, zur Zeit kaum durchführbar sein, da in Deutschland mit wenigen Ausnahmen nur Anstalten vorhanden sind, die auf konfessioneller Grundlage stehen; deshalb ist auch in EGRJWG. Art. 5 vorgesehen, daß diese Bestimmung erst am 1. Januar 1926 in Kraft tritt.

§ 69 Abs. 3 sieht vor, daß dem Erziehungsberechtigten sofort der Ort der Unterbringung mitgeteilt werden muß, mit der Einschränkung, daß die Mitteilung unterbleiben kann, wenn sonst etwa der Erziehungszweck gefährdet werden würde. Das wird insbesondere dann der Fall sein, wenn vom Erziehungsberechtigten eine Entziehung oder eine Aufreizung gegen die Behörden erwartet werden kann. Um die Rechte der Erziehungsberechtigten zu wahren, ist ihnen das Beschwerderecht gegen die Erziehungsbehörde gegeben.

Die Mdj. können während der angeordneten Fe. in der eigenen Familie untergebracht werden, wenn dadurch der Erziehungszweck nicht in Frage gestellt wird (§ 69 Abs. 4), wie das in der Praxis bereits stellenweise geschieht. Diese Bestimmung wird mit großer Vorsicht anzuwenden sein. Allerdings ist insofern eine Sicherung geschaffen, als die Unterbringung in der eigenen Familie innerhalb der ersten drei Monate nach Ausführbarkeit des Fe.beschlusses der Zustimmung des VG. bedarf. Die gesetzliche Frist von drei Monaten erscheint etwas kurz, immerhin wird doch die Autorität des VG. gewahrt. Daß der Fe.behörde gegen die Verweigerung der Zustimmung die Beschwerde gegeben ist, erscheint billig. Die Beendigung der Fe. tritt mit der Volljährigkeit ein, sie kann jedoch früher aufgehoben werden, wenn der Zweck der Fe. erreicht ist oder die Erziehung anderweit sichergestellt ist.

Der Antrag auf Aufhebung der Fe. kann von dem Antragsteller, also dem JA. bzw. den durch landesgesetzliche Bestimmung noch zugelassenen sonstigen Stellen und dem gesetzlichen Vertreter gestellt werden, der Mdj. wird ausdrücklich ausgenommen. Die Aufhebung kann entsprechend den preußischen Bestimmungen auch unter Vorbehalt des Widerrufs erfolgen; diese Aufhebung trägt den Charakter einer bedingten Entlassung und kann jederzeit rückgängig gemacht werden, ohne daß es eines besonderen Beschlusses bedarf. Von ihr ist schon bisher reichlich Gebrauch gemacht worden. Die Aussicht auf eine Aufhebung der Fe. ist für viele Mdj. ein Ansporn zu guter Führung. Zweckmäßig erscheint, daß die widerrufliche sowie vorzeitige Entlassung nicht zu früh verfügt wird. Es werden in der Praxis allerdings die Fälle nicht selten sein, in denen man den arbeitsfähigen Mdj. den in schwieriger Vermögenslage befindlichen Eltern nicht vorenthalten kann, sofern er nicht mehr der Erziehung in einer Anstalt bedürftig ist. Denn wenn seine Arbeitskraft von anderen ausgenutzt werden kann, so haben die Eltern in erster Linie ein Anrecht darauf, immer natürlich vorausgesetzt, daß nach Lage der Verhältnisse nicht weitere Verwahrlosung zu befürchten ist. Wer die widerrufliche bzw. vorzeitige Entlassung anzuordnen hat, ist den Landesgesetzen überlassen, jedoch ist dem Antragsteller gegen die Ablehnung seines Antrages die sofortige Beschwerde innerhalb zwei Wochen nach Zustellung des Ablehnungsbeschlusses gegeben. Ist die Fe.behörde zuständig, so geht die Beschwerde an das VG., andernfalls an das dem VG. übergeordnete Landgericht. Ist das VG. für die Entlassung zuständig, so muß es die Fe.behörde vorher gutachtlich hören, und dieser steht gegen den Beschluß die sofortige Beschwerde zu. Um die vielen unbegründeten Aufhebungsanträge zu vermeiden, darf außer vom JA. ein Antrag auf Aufhebung nicht vor Ablauf eines Jahres nach Rechtskraft des Fe.beschlusses gestellt werden, ein abgelehnter Antrag innerhalb sechs Monaten nicht wiederholt werden.

Die Strafbestimmungen wegen Entziehung aus der Fe. hat das RJWG. aus dem PrFEG. entnommen, nur mit der Abweichung, daß die Bestrafung allein auf Antrag der Fe.behörden erfolgen kann; diesen ist auch die Befugnis zugestanden, den Antrag zurückzunehmen, wenn ihnen die Verfolgung der Tat nicht zweckmäßig erscheint.

Über das gerichtliche Verfahren werden in § 65 den Landesgesetzen im allgemeinen entsprechende Bestimmungen getroffen. Das VG. muß vor der Beschlußfassung das JA., es soll, soweit das ohne erhebliche Schwierigkeiten geschehen kann, den Mdj., seine Eltern oder gesetzliche Vertreter hören.

Der Beschluß ist mit Gründen zu versehen, da die festgestellten Tatsachen, auf die die Entscheidung gestützt ist, sowohl für das Beschwerdegericht als auch für die Durchführung der Fe. von wesentlicher Bedeutung sind. Der Beschluß ist, wenn die Fe. angeordnet ist, dem Antragsteller, dem gesetzlichen Vertreter, der Fe.behörde und dem über 14 Jahre alten Mdj., der ablehnende Beschluß dem Antragsteller, und wenn eine vorläufige Fe. angeordnet ist, den an diesem Verfahren beteiligten Personen zuzustellen. Gegen den Beschluß ist die sofortige Beschwerde mit aufschiebender Wirkung gegeben, und zwar der Fe.behörde, und wenn der Beschluß auf Fe. lautet, dem gesetzlichen Vertreter und dem über 14 Jahre alten Mdj.

Aus praktischen Gründen kann das VG. auf Antrag des JA. in jedem Stadium des Verfahrens die Sache an das Gericht des gewöhnlichen Aufenthaltsortes des Mdj. abgeben, wenn keine besonderen Gründe dagegen sprechen. Es wird dadurch in zahlreichen Fällen eine schnellere Erledigung möglich sein.

1. Die Schutzaufsicht.

§ 56 [1]. **Ein Minderjähriger ist unter Schutzaufsicht zu stellen, wenn sie zur Verhütung** [2] **seiner körperlichen, geistigen oder sittlichen Verwahrlosung geboten und ausreichend** [3] **erscheint.**

[1] Die SchA. soll ein vorbeugendes Mittel in der Hand des Vmschrichters neben den ihm bisher zustehenden sein. Er hatte bereits die Möglichkeit bei Mißbrauch der elterlichen Gewalt, bei ehrlosem und sittenlosem Verhalten der Eltern Anordnungen aus BGB. § 1666 zu treffen, wenn das leibliche und geistige Wohl des Kindes gefährdet war. Er konnte an Stelle der Eltern einen Pfleger oder Vm. mit der Erziehung des Kindes betrauen. Er konnte den Eltern bei der Erziehung helfen durch Anordnungen aus BGB. § 1636 Abs. 1 Satz 2, er konnte ferner gemäß EGBGB. Art. 135 und den dazu ergangenen Landesgesetzen bei völliger sittlicher Verwahrlosung Fe. anordnen. Es fehlten ihm aber gesetzliche Maßnahmen zum Schutze gefährdeter Kinder solcher Eltern, welche nach ihrer persönlichen Qualität nicht fähig waren, ihren Kindern eine ausreichende Erziehung angedeihen zu lassen. Hier tritt nun die SchA. ein.

[2] Voraussetzung ist, daß eine Verwahrlosung verhütet werden soll. Die SchA. ist daher in jedem Stadium möglich,

sowohl wenn die Verwahrlosung erst droht, als auch wenn sie bereits vorhanden ist und ihr Fortschreiten verhütet werden soll. Es ist also in jedem Fall zu prüfen, ob diese Voraussetzungen vorliegen, ob nicht insbesondere die Verwahrlosung schon soweit vorgeschritten ist, daß die SchA. nicht mehr ausreicht und schärfere Maßnahmen wie die Fe. eingeleitet werden müssen (Begr. S. 78 im Gegensatz zu Becker, Zbl. XIV, S. 29, der meint, daß die Verwahrlosung noch nicht begonnen haben darf). In der Praxis wird sich schwer feststellen lassen, ob die Verwahrlosung bereits eingetreten ist oder nicht, da es sich um flüssige Begriffe handelt. Daß in allen Fällen begonnener Verwahrlosung Fe. eintreten soll, läßt sich in der Praxis nicht durchführen; die Erfahrung hat gelehrt, daß auch hier mit SchA. gute Erfolge gezeitigt werden können. In jedem Falle ist die SchA. des RJWG. aber nur eine vorbeugende Maßnahme im Gegensatz zur SchA. des § 7 JGG., wo sie auch als heilende Maßnahme angeordnet werden kann.

[3] Ob die SchA. ausreichend ist, muß je nach Lage des Falles entschieden werden. Durch Bestellung eines geeigneten Helfers, durch aufmerksame Kontrolle muß darüber gewacht werden, ob eine beginnende Verwahrlosung durch die SchA. auch wirklich gehemmt wird. Ist dies nach Ablauf einer gewissen Frist nicht der Fall, so muß Fe. eintreten. Es liegt natürlich immer eine gewisse Gefahr vor, daß durch die Anordnung der SchA. die rechtzeitige Überführung in die Fe. versäumt wird. Es wird von den Fe.behörden und Anstaltsleitungen vielfach darüber Klage geführt, daß die Zöglinge in einem zu weit fortgeschrittenen Stadium der Verwahrlosung ihnen erst übergeben werden. Es muß hier nach Einführung der gesetzlichen SchA. ein zweckmäßiger Ausgleich geschaffen werden.

§ 57. Das Vormundschaftsgericht ordnet[1] die Schutzaufsicht von Amts wegen[2] oder auf Antrag an. Antragsberechtigt sind die Eltern, der gesetzliche Vertreter und das Jugendamt[3]. Das Vormundschaftsgericht muß das

Jugendamt vor der Entscheidung über die Schutzaufsicht hören[4].

Die Entscheidung[5] des Vormundschaftsgerichts ist den im Abs. 1 Genannten und dem Minderjährigen, wenn er das 14. Lebensjahr vollendet hat, bekanntzugeben[6, 7, 8], soweit ihr Inhalt nach dem Ermessen des Vormundschaftsgerichts ihm ohne erziehlichen Nachteil mitgeteilt werden kann.

Ist[9] das Vormundschaftsgericht nicht das des gewöhnlichen Aufenthaltsorts des Minderjährigen, so soll auf Antrag des Jugendamts die Abgabe an dieses Gericht gemäß § 46 des Reichsgesetzes über die Angelegenheiten der freiwilligen Gerichtsbarkeit stattfinden, sofern nicht besondere Gründe dagegen sprechen[10].

[1] Die Anordnung der SchA. ist dem VG. übertragen, da sie tatsächlich eine Beeinträchtigung der Erziehungsberechtigten in ihrer freien Erziehungsgewalt mit sich bringt (Begr. S. 8). Vom JA. kann sie daher nur im Einverständnis mit dem Erziehungsberechtigten angeordnet werden (§ 60 Abs. 3). Ein vmschgerichtlicher Akt ist vorgesehen, um der Anordnung der SchA. größere Bedeutung zu verleihen (Becker, Zbl. XIV, S. 129).

[2] Wie schon bei der landesgesetzlichen Fe. kann die SchA. von Amts wegen oder auf Antrag angeordnet werden. Auch im ersteren Falle wird, wenn auch nicht ein formeller Antrag so doch eine Anregung vorausgesetzt. Es muß in die Bevölkerung das Bewußtsein hineingetragen werden, daß eine guterzogene Jugend Gemeingut des Volkes ist, ein jeder daher ein Interesse daran haben soll. Es kann deshalb nicht genug darauf hingewirkt werden, daß jeder einsichtige Mensch, der Kinder mit schlechten Anlagen unbeaufsichtigt heranwachsen sieht, unverzüglich den zuständigen Stellen, vor allem dem JA., Mitteilung macht.

[3] Das Antragsrecht hat in erster Linie das JA., da es ja auch für die Durchführung der SchA. zunächst berufen ist. Daneben haben das Antragsrecht auch die Eltern, also Vater und Mutter, gleichgültig, ob die Ehe noch besteht, ebenso die uneheliche Mutter, ferner der gesetzliche Vertreter, wenn dieser eine andere Person ist als die Eltern, also Vm. und Pfleger.

[4] Wird das Verfahren von Amt wegen eingeleitet, so ist das VG. verpflichtet, das zuständige JA. vor der Anordnung zu hören. Die Bedenken, die gegen die Zwangsanhörung laut geworden sind, sind dadurch widerlegt, daß das JA. zur Ausübung der SchA. verpflichtet werden kann (§ 60 Abs. 1), daß es meistens allein auch in der Lage sein wird, die für die Entscheidung als Unterlage dienenden Ermittlungen anzustellen.

[5] Die Entscheidung des VG. kann auf Anordnung der SchA. oder auf Ablehnung des Antrags lauten, Aussetzung des Verfahrens wird kaum vorkommen.

[6] Der Beschluß ist in jedem Falle dem JA. und dem Antragsteller, wenn er zu dem in Abs. 1 genannten Antragsberechtigten gehört, zuzustellen. Ferner ist er dem Mdj., wenn er über 14 Jahre alt ist, bekanntzugeben. Über die Zweckmäßigkeit dieser Bestimmung läßt sich streiten. Die Gründe des Beschlusses sollen dem Mdj. nur dann mitgeteilt werden, wenn dieses ohne erheblichen Nachteil geschehen kann. Die Entscheidung darüber steht dem VG. zu. Gedacht ist bei der Bestimmung vor allem daran, daß die Autorität der Eltern dem Mdj. gegenüber nicht beeinträchtigt werden soll (Begr. S. 86).

[7] Die Bekanntmachung des Beschlusses erfolgt nach den Vorschriften des § 16 FGG., besondere Bestimmungen sind nicht getroffen. Der Beschluß kann also den anwesenden Beteiligten gemäß FGG. § 16 Abs. 3 auch mündlich bekannt gemacht werden. Gegen den Beschluß findet einfache Beschwerde statt (FGG. § 19). Die Ausführung des Beschlusses wird also durch die Beschwerde nicht gehemmt. Mit Absicht hat der Gesetzgeber nicht wie bei der Fe. den Berechtigten die sofortige Beschwerde mit aufschiebender Wirkung gegeben, da

der Eingriff in die Rechtssphäre des Erziehungsberechtigten nicht so einschneidend wie bei der Fe. ist, und böswillige Eltern durch die Beschwerde die Durchführung des Beschlusses unnötig verzögern könnten. Aus dem Umstande, daß einfache Beschwerde zulässig ist, ergibt sich, daß das VG. berechtigt ist, seinen Beschluß abzuändern, wenn es ihn nachträglich für ungerechtfertigt hält. Die Beschwerde steht jedem zu, dessen Recht die Anordnung der SchA. beeinträchtigt.

[8] Nach FGG. § 57 Z. 9 steht die Beschwerde gegen eine Verfügung, die eine Entscheidung über die Sorge für die Person oder eine das Kind betreffende Angelegenheit enthält, jedem zu, der ein berechtigtes Interesse hat, die Angelegenheit wahrzunehmen. Sie steht unter Umständen sogar dem Vater (Mutter) zu, dem nach BGB. § 1666 die Sorge für die Person des Kindes entzogen worden ist. Es kommt auf die Lage des Falles an und ob die Beschwerde im Interesse des Kindes eingelegt ist (KG. Jahrbuch 27A S. 30ff.).

[9] Absatz 3 regelt die örtliche Zuständigkeit. Im allgemeinen hat das VG., in dessen Bezirk der Mdj. seinen gewöhnlichen Aufenthaltsort hat, die Anordnung zu treffen.

[10] Wird ein Verfahren wegen Einleitung der SchA. bei einem anderen VG. als dem des gewöhnlichen Aufenthaltsorts begonnen, z. B. ein Mdj. hält sich zur Erholung an einem anderen als dem gewöhnlichen Aufenthaltsort auf, so kann das JA. beantragen, daß die Sache an das VG. des gewöhnlichen Aufenthaltsortes abgegeben wird, wenn nicht wichtige Gründe dagegen sprechen. Die Bestimmung hat den Zweck, gewisse JA., in deren Bezirk viele schutzbedürftige Mdj. zusammenkommen, nicht zu überlasten. Lehnt das angerufene VG. ab, so hat das JA. nur das Beschwerderecht, da es sich um keine Mußvorschrift handelt.

§ 58. **Die Schutzaufsicht besteht[1] in dem Schutze und der Überwachung des Minderjährigen. Derjenige, der die Schutzaufsicht ausübt (Helfer)[2], hat den Erziehungs-**

berechtigten[3] bei der Sorge für die Person des Minderjährigen zu unterstützen und zu überwachen[4]. Die Schutzaufsicht umfaßt die Sorge über das Vermögen nur, insoweit der Arbeitsverdienst des Minderjährigen in Betracht kommt[5, 6, 7].

Der Helfer kann für alle Angelegenheiten, für gewisse Arten von Angelegenheiten oder für einzelne Angelegenheiten bestellt werden[8].

Über den Umfang seines Wirkungskreises entscheidet die Bestellung[9].

Der Helfer hat bei der Ausübung seines Amtes das Recht auf Zutritt[10] zu dem Minderjährigen. Die Eltern, der gesetzliche Vertreter und die Personen, denen der Minderjährige zur Verpflegung und Erziehung übergeben ist, sind verpflichtet, dem Helfer Auskunft zu geben[11].

Der Helfer hat dem Vormundschaftsgerichte jeden Fall, in dem es zum Einschreiten berufen ist, unverzüglich anzuzeigen[12].

[1] Der Zweck und allgemeine Inhalt der SchA. besteht

a) in dem Schutz des Mdj. im weiteren Sinne, d. h. ihn in seiner Entwicklung zu fördern, vor ungünstigen Einflüssen zu bewahren, seine Erziehung zu überwachen und nachteilige Folgen gemachter Fehler wieder gutzumachen,

b) in der Überwachung der Lebensführung durch sorgfältige Beaufsichtigung seines Verhaltens und seines Verkehrs; bei einem schulentlassenen Mdj. in der Überwachung seiner Beschäftigung, seines Arbeitswechsels, sein Fortschritt in der Berufsausbildung und in der Erwerbsfähigkeit, soweit dies nach Lage des Falles der Zweck der SchA. erfordert. Mittel zur Erreichung dieses Zwecks ist die Unterstützung und Überwachung des Erziehungsberechtigten bei der Ausübung der Sorge für die Person des Mdj. und seines Vermögens (Begr. S. 79).

[2] Dem Erziehungsberechtigten gegenüber erfüllt demnach der Helfer die Pflichten, die ein Beistand der Mutter als Inhaber der elterlichen Gewalt gegenüber hat.

[3] Vgl. § 1 Anm. 6.

[4] Satz 1 gibt den Inhalt der SchA. wieder, während Satz 2 die Mittel ihrer Ausführung enthält (Becker, Zbl. XIV, S. 136).

[5] Grundsätzlich erstreckt sich die SchA. nur auf die Personensorge, doch soll die Verwendung des Arbeitsverdienstes des Jgdl. der Aufsicht und Überwachung des Helfers unterstehen.

[6] Vermögensrechtliche Aufgaben wird der Helfer besonders dann haben, wenn der Jgdl. von seinem Arbeitsverdienst einen angerichteten Schaden wieder gutzumachen, eine Strafe oder eine Buße zu zahlen hat.

[7] Das Verhältnis des Helfers zum Mdj. entspricht dem des Beistandes. Er hat ihm gegenüber aus eigenem Recht keine Gewalt, sondern muß in jedem Fall, wenn der Jgdl. ein zu beanstandendes Verhalten zeigt, sofern er bei dem Erziehungsberechtigten keine Abhilfe erreichen kann, das VG. zum Eingreifen veranlassen.

In der Praxis allerdings wird sich der Helfer durch sein geistiges Übergewicht, durch Takt und Gewandtheit über Erziehungsberechtigte und Jgdl. oft solchen Einfluß verschaffen können, daß er auch ohne Anrufung des VG. mit seinen Anordnungen und Ratschlägen durchdringt.

[8] Eine besondere Bestallung wird nicht erteilt. Das VG. hat aber bei der Bestellung, die auch schriftlich erfolgen kann, die Befugnisse festzusetzen. Es bleibt ihm überlassen, dem Helfer eine Bescheinigung über seine Bestellung auszustellen (Begr. S. 79 80).

[9] Den Umfang der Befugnisse des Helfers bestimmt das VG. in gleicher Weise wie es in §§ 1688 und 1689 BGB. für Beistandschaften vorgesehen ist. Eine Begrenzung kann entweder in der Form erfolgen, daß der Helfer für bestimmte

Angelegenheiten, z. B. Überwachung des Schulbesuchs, bestellt wird oder daß bestimmte Angelegenheiten von seinem Wirkungskreis ausgenommen werden (Begr. S. 79).

[10] Damit der Helfer bei der Ausübung seiner Befugnisse möglichst wenig Schwierigkeiten hat, hat er jederzeit Zutritt zu seinem Schützling der ihm von den Eltern, Pflegeeltern usw. nicht verwehrt werden darf. Gegebenenfalls kann er polizeiliche Hilfe in Anspruch nehmen (Becker, Zbl. XIV, S. 130). Wenn er trotz Verbotes die Wohnung betritt, in der sich der Schützling aufhält, macht er sich nicht des Hausfriedensbruchs schuldig. In der Natur seines Amtes liegt auch, daß Eltern usw. verpflichtet sind, ihm gewünschte Auskünfte über den Schützling zu geben, damit er in die Lage versetzt wird, dessen Anlagen, Vorleben usw. kennen zu lernen, einen Zwang allerdings kann er hier nicht ausüben. In einer Verweigerung solcher Auskünfte würde aber ein Grund liegen, dem VG. Mitteilung zu machen.

[11] Von der Bestellung der SchA. ist Eltern oder sonstigen Erziehungsberechtigten Mitteilung zu machen. Zweckmäßig werden in dieser Mitteilung die in Abs. 4 erwähnten Pflichten des Erziehungsberechtigten (Zutritt, Auskunftserteilung) erwähnt sein, wie es schon jetzt bei der Anordnung von SchA. vielfach geschieht.

[12] Aus dem Charakter der SchA. folgt analog der Beistandschaft, daß bei Meinungsverschiedenheiten die Meinung des Erziehungsberechtigten der des Helfers vorgeht. Dieser ist also bei seinem Vorgehen auf die Einsicht des Erziehungsberechtigten angewiesen. Werden Vorschläge usw. nach Meinung des Helfers unbegründet abgelehnt, so kann dieser das VG. anrufen, das gegebenenfalls nach BGB. § 1666 Anordnungen treffen kann. Es ist deshalb davon abgesehen worden, gewisse rechtsgeschäftliche Genehmigungsbefugnisse, wie sie BGB. §§ 1690ff. bei der Beistandschaft vorsieht, mit der SchA. zu verknüpfen. Dagegen ist die Bestimmung aus BGB. § 1689 Abs. 5 Satz 2 übernommen, wonach der Helfer von jedem Fall, der sein Einschreiten erforderlich macht, dem VG. Mitteilung zu machen hat (Begr. S. 80).

§ 59. Die Schutzaufsicht erlischt mit der Volljährigkeit des Minderjährigen oder durch die rechtskräftige Anordnung der Fürsorgeerziehung. Sie ist aufzuheben, wenn ihr Zweck erreicht oder die Erreichung anderweit sichergestellt ist[1–5].

[1] Die Dauer der SchA. hängt von den Verhältnissen ab; im Höchstfalle darf sie bis zur Großjährigkeit angeordnet werden, jedoch liegt es im Wesen dieses eine Beschränkung der elterlichen Rechte enthaltenden Erziehungsmittels, daß es nur für eine vorübergehende Zeit angeordnet wird. Die SchA. ist mithin aufzuheben, wenn ihr Zweck erreicht oder die Erreichung anderweit sichergestellt ist (§ 72 Abs. 2). Das wird z. B. der Fall sein, wenn der Mdj. sich längere Zeit gut geführt hat, in gesicherter Stellung ist, die elterlichen Verhältnisse sich gebessert haben usw. Die Eheschließung der weiblichen Schutzbefohlenen kann allein noch kein Grund zur Aufhebung der SchA. sein, da besonders in jetziger Zeit viele Ehen geschlossen werden, in denen auf beiden Seiten eine sittliche Festigkeit nicht vorhanden ist, besonders wenn kein geordneter Haushalt gegründet werden kann.

Eine lange Dauer der SchA. empfiehlt sich nach den bisherigen Erfahrungen dort nicht, wo die günstige Entwicklung des Mdj. durch eine ungünstige Umgebung gefährdet ist, in der er nach Wegfall der SchA. leben muß, oder gegen Ende der Minderjährigkeit, wo der Jgdl. dazu neigt, sich der Aufsicht zu entziehen (Begr. S. 60). Besonders wenn die SchA. im reiferen Alter angeordnet wird, führen sich die Mdj. aus Furcht vor der Fe. bis zur Vollendung des 18. Lebensjahres gut, um dann in ihren schlechten Lebenswandel zurückzufallen. Zwar sind sie nunmehr nach § 63 Abs. 2 mit Ablauf des 18. Lebensjahres vor der Überweisung in die Fe. nicht mehr sicher, da diese, wenn Aussicht auf Erfolg besteht, ja auch später angeordnet werden kann, da das aber immer nur als Ausnahme gedacht ist, wird man in solchen Fällen, in denen nicht eine ernstliche Besserung und Aussicht auf künftiges Wohlverhalten besteht, schon früher zur Überweisung in die Fe. greifen, um dem Mdj. eine zweckmäßige Erziehung zuteil werden zu lassen.

Die SchA. ist im allgemeinen bei denjenigen Mdj. vorzuziehen, in denen ein guter Kern steckt und nur infolge Leichtsinns oder schlechten Verkehrs die Gefahr der Verwahrlosung besteht. Bei schlechten Neigungen wird sie seltener zum Ziele führen, wenn nicht der Helfer einen bedeutenden erzieherischen Einfluß ausübt.

[2] Verschwindet der Mdj., flieht er ins Ausland oder entzieht er sich sonst der SchA., so ist diese aufzuheben. Ob auch der Eintritt ins Heer oder in die Marine ein Aufhebungsgrund ist, scheint zweifelhaft, wenn sie auch während der Dienstzeit nicht ausgeübt werden kann. Für den Fall, daß ein der SchA. unterstellter Mdj. in das Heer oder in die Marine eintritt, wird es sich empfehlen, die SchA. weiter bestehen zu lassen, sie nur während der Dienstzeit ruhen zu lassen, um bei einer eventuellen Entlassung sofort wieder den erziehlichen Schutz ausüben zu können.

[3] Wann der Zweck der SchA. erreicht ist, oder wann die Erreichung anderweit sichergestellt ist, ist in jedem einzelnen Falle zu entscheiden, etwa durch Unterbringung bei einsichtigen Verwandten oder in einer Erziehungsanstalt, durch Anordnung einer guten Vmsch. usw.

[4] Eine Verschlechterung in dem Verhalten des Mdj. nach Anordnung der SchA. ist nicht unbedingt ein Grund zur Aufhebung, falls nicht Fe. in Betracht kommt.

[5] Ist die Ungeeignetheit der Eltern einmal erkannt, so darf neues Versprechen, sich nunmehr ausreichend um die Erziehung zu kümmern, nicht ohne weiteres zur Aufhebung der SchA. führen. Erst wenn zuverlässig erkannt ist, daß die Eltern es ernster mit ihren Erzieherpflichten nehmen (z. B. der Vater das Trinken läßt, die Mutter, die früher außerhalb gearbeitet hat, dieses nicht mehr tut), kann die Veranlassung zur Aufhebung der SchA. nach einiger Zeit gegeben sein.

§ 60. Die Ausübung der Schutzaufsicht wird vom Vormundschaftsgerichte dem Jugendamt[1] oder nach Anhörung des Jugendamts einer Vereinigung für Jugendhilfe oder einer einzelnen Person, soweit die beiden letzteren zur Übernahme der Schutzaufsicht bereit sind[2], übertragen. Bei der Übertragung ist auf das religiöse Bekenntnis oder die Weltanschauung des Minderjährigen tunlichst Rücksicht zu nehmen[3]. Das Vormundschaftsgericht hat den Helfer zu entlassen[4], wenn dies dem Wohle des Minderjährigen förderlich erscheint. Die näheren Bestimmungen über die Ausübung werden von der Reichsregierung mit Zustimmung des Reichsrats oder von der obersten Landesbehörde getroffen[5].

Über die Führung des unter Schutzaufsicht gestellten Minderjährigen ist dem Vormundschaftsgericht auf Verlangen Bericht zu erstatten[6].

Das Jugendamt kann die Schutzaufsicht ohne gerichtliche Anordnung ausüben, solange der Erziehungsberechtigte damit einverstanden ist; es hat in diesem Falle das Vormundschaftsgericht von dem Eintritt der Schutzaufsicht zu benachrichtigen[7].

[1] Das VG. hat die Wahl, die SchA. entweder dem JA. oder einer freien Vereinigung für Jugendhilfe oder einer Einzelperson zu übertragen. In den beiden letzten Fällen muß das JA. vor der Bestellung gehört werden (zwingende Vorschrift). Die Anhörung ist deshalb vorgeschrieben, damit dem JA. die ihm zukommende Stellung innerhalb der Jugendhilfe gesichert bleibt. Während das JA. die ihm übertragene SchA. übernehmen muß, sind Vereinigungen für Jugendhilfe und Einzelpersonen nicht dazu verpflichtet. Es ist daher die Einholung ihres Einverständnisses vor der Übertragung notwendig.

[2] Der Regierungsentwurf enthielt diese Einschränkung nicht,

sie ist auf Anregung der Sachverständigenkommission hinzugefügt worden. Die ursprüngliche Fassung wollte das Einverständnis nur bei Einzelpersonen verlangen. Es erscheint aber billig, daß SchAn. den Vereinigungen für Jugendhilfe nicht aufgedrängt werden dürfen.

[3] Die Bestimmung entspricht dem § 69. Sie erscheint an sich überflüssig, da der Vmsch.richter in jedem Falle die geeignetste SchA. wählen wird und dabei naturgemäß auf die Personen oder Einrichtungen des religiösen Bekenntnisses oder der Weltanschauung des Mdj. zurückgreifen wird, wenn er die SchA. nicht dem JA. überträgt, doch bildet die Außerachtlassung einen Grund zur Beschwerde. Die Bestimmung entspricht auch den Bestimmungen des § 1779 BGB. über die Auswahl des Vm. Während aber hier die Rücksichtnahme auf das religiöse Bekenntnis unbedingt zur Pflicht gemacht wird, soll es bei Anordnung der SchA. nur „tunlichst" geschehen; das ist im bewußten Gegensatz angeordnet, um zum Ausdruck zu bringen, daß die Helfer dem Bekenntnis oder der Weltanschauung des Mdj. nur anzugehören brauchen, wenn die Verhältnisse es gestatten.

[4] Erscheint der zunächst bestellte Helfer nicht geeignet, so steht es dem Vmsch.richter frei, ihn zu entlassen, die SchA. als solche wird dadurch nicht aufgehoben.

[5] Über die praktische Ausübung der SchA. trifft das RJWG. entsprechend seiner Stellung als Rahmengesetz keine Bestimmungen. Soweit die SchA. nach den örtlichen Verhältnissen zu regeln ist, haben die JA. entsprechende Bestimmungen zu erlassen.

Der Entwurf überließ, soweit es sich um allgemeine Grundsätze der Ausübung handelte, ihre Anordnung der Reichsregierung mit Zustimmung des Reichsrats oder den obersten Landesbehörden. Demgegenüber wurde im RA. beantragt, den Erlaß solcher Grundsätze den obersten Landesbehörden allein zu überlassen. Diesem Antrage traten aber sowohl mehrere Abgeordnete als auch die Vertreter der Reichsregierung mit dem Hinweis entgegen, daß dadurch der Apparat nur schwerfälliger gestaltet würde, zumal § 16 alle notwenigen Sicherungen gäbe; wenn die obersten Landesbehörden die Ausführungsbestimmungen erlassen würden, so sei jede Einheitlichkeit, die mit Rücksicht auf die starke Wanderung der Bevölkerung unerläßlich sei, von vornherein ausgeschlossen, und es fehle die Übereinstimmung mit § 12. Der Antrag wurde deshalb im RA. abgelehnt, im Plenum aber die jetzige Fassung angenommen, so daß nunmehr sowohl die Reichsregierung mit Zustimmung des Reichsrats als auch die obersten Landesbehörden solche Bestimmungen erlassen können (RAB. S. 18 und 36).

[6] Damit das VG. über die Erfolge der SchA. unterrichtet ist, ist der Helfer auf Verlangen verpflichtet, über die Führung des Mdj. zu berichten. Zweckmäßig wird ihm schon bei der Bestellung aufgegeben werden, in bestimmten Zeiträumen ohne Aufforderung Bericht zu erstatten. Natürlich steht es ihm frei, ja er ist sogar unter Umständen verpflichtet, auch außerhalb dieser Zeiträume zu berichten, wenn es ihm notwendig erscheint (z. B. wenn er Schwierigkeiten bei der Ausübung der SchA. bei den Eltern hat, wenn die Führung des Mdj. sich trotz der SchA. verschlechtert, so daß einschneidendere Erziehungsmaßnahmen notwendig werden u. a.). Das JA. ist freier zu stellen als die übrigen Helfer, auch wird das VG. nicht berechtigt sein, ihm die einmal übertragene SchA. ohne seine Zustimmung zu entziehen.

[7] Außer der gerichtlich angeordneten SchA. brachte schon der Entwurf eine durch das JA. angeordnete. Diese sollte indessen nur so lange dauern, als der Erziehungsberechtigte keinen Einspruch erhebt. Diese Einrichtung wird damit begründet, daß in zahlreichen Fällen die Eltern mit der SchA. einverstanden sind, und es wird dann die umständliche gerichtliche Anordnung, die den Eltern nicht erwünscht ist, erspart. Das JA. hat in diesem Falle nur eine Anzeigepflicht dem VG. gegenüber.

Die Sachverständigenkommission befürwortete die Aufrechterhaltung des Abs. 3 gegenüber einem Antrag auf Streichung, hielt aber die Benachrichtigung des VG. für überflüssig, da dadurch eine unnötige Verwirrung des Verkehrs zwischen dem JA. und dem VG. hervorgerufen würde. Auch in der ersten Lesung im RA. wurde Streichung der ganzen Bestimmung beantragt; demgegenüber erklärte ein Regierungsvertreter, daß die hier vorgesehene Form der SchA. schon bestehe und sich bewährt habe. Gleichwohl wurde der Abs. 3 in erster Lesung gestrichen, in zweiter aber wieder aufgenommen, jedoch die Worte „keinen Einspruch erhebt" durch „damit einverstanden ist" ersetzt. Sobald also der Erziehungsberechtigte gegen die vom JA. angeordnete SchA. Einspruch erhebt, kann das JA. sie nicht mehr ausüben und hat nur noch die Möglichkeit, dem VG. die Anordnung der SchA. nahezulegen.

§ 61. Eine zur Zeit der Anordnung der Schutzaufsicht bestehende Beistandschaft (§§ 1687 ff. des Bürgerlichen Gesetzbuchs) soll insoweit[1] aufgehoben werden, als sich ihr Wirkungskreis mit dem der Schutzaufsicht deckt.

[1] Hier wird das Verhältnis einer erst anzuordnenden SchA. zu einer bereits bestehenden Beistandschaft geregelt. Für alle diejenigen Aufgaben, die der SchA. nunmehr zufallen, ist die Beistandschaft aufzuheben, die SchA. geht also der Beistandschaft vor (Begr. S. 61).

2. Die Fürsorgeerziehung[1].

§ 62. Die Fürsorgeerziehung[2, 3] dient der Verhütung[4] oder Beseitigung[5] der Verwahrlosung und wird in einer geeigneten Familie oder Erziehungsanstalt[6, 7, 8] unter öffentlicher Aufsicht und auf öffentliche Kosten durchgeführt[9]

[1] Die Fe. dient ihrem Wesen nach als Ersatz der normalen Erziehung durch die nach dem Familienrecht zur Erziehung

Berechtigten. Sie trägt öffentlich-rechtlichen Charakter und ist nur dann begründet, wenn aus der Unzulänglichkeit der Familienerziehung Folgen eingetreten oder zu befürchten sind, denen im Interesse des Kindes wie der Allgemeinheit entgegengetreten werden muß. Sie ist grundsätzlich unabhängig von dem Willen der Erziehungsberechtigten und des Mdj. Sie erfolgt unter öffentlicher Aufsicht ohne Rücksicht darauf, ob der Mdj. in einer öffentlichen oder in einer privaten Anstalt oder in einer Familie untergebracht ist. Die Aufwendung öffentlicher Kosten ist ihr Wesensmerkmal. Wo es sich um vermögende Mdj. handelt, sind ihre Kosten vorschußweise von ihren Trägern zu zahlen und von dem Mdj. oder den zu seinem Unterhalt Verpflichteten zu erstatten (Begr. S. 81ff.).

[2] Fe. ist im Gegensatz zur SchA. Ersatz der Familienerziehung, während diese nur Ergänzung der Familienerziehung unter Wahrung der Rechte der Erziehungsberechtigten ist. Wie bisher ist an dem Grundsatz der Subsidiarität der Fe. insofern festgehalten, als das VG. nach freier Überzeugung über das Vorliegen der Voraussetzungen zu entscheiden und insbesondere zu prüfen hat, ob sie unbedingt erforderlich ist, oder ob nicht andere Maßnahmen genügen. Wo solche genügen, sind diese anzuordnen. Jedoch ist mit der bisherigen landesrechtlichen Rechtsprechung aus dem subsidiären Charakter der Fe. nicht zu folgern, daß vor ihrer Anordnung diese weniger einschneidenden Maßnahmen erst ausgeprobt werden müssen.

[4] Die Verhütung der Verwahrlosung berechtigt zur Anordnung der Fe. nur unter den Voraussetzungen der §§ 1666 und 1838 BGB. (vgl. § 63 Z. 1, ebenso PrFEG. § 1 Abs. 1).

[5] EGBGB. Art. 135 ließ die landesgesetzlichen Bestimmungen und Vorschriften über die Zwangserziehung von Mdj. zwar unberührt, gestattete sie aber unbeschadet der §§ 55 und 56 StGB. nur, wenn sie vom VG. angeordnet war. Sie sollte außer in den Fällen der §§ 1666 und 1838 BGB. nur erfolgen, wenn sie zur Verhütung der völligen sittlichen Verderbnis notwendig ist. Die Folge davon war, daß Mdj., deren un-

günstige Entwicklung vorauszusehen war, zu spät der Fe. zugeführt wurden, wodurch die Aussicht auf Erfolg vermindert wurde. Diesem Übelstand soll durch §§ 62 und 63 Z. 2 abgeholfen werden, indem die Fe. allgemein auch bereits wegen Unzulänglichkeit der Erziehung zur Beseitigung nicht völliger Verwahrlosung angeordnet werden kann. Sind also bei einem Mdj. Zeichen einer Abweichung von der normalen Entwicklung vorhanden, die in geistiger oder sittlicher Hinsicht als Beginn der Verwahrlosung zu werten sind, so kann das VG. beim Vorliegen der übrigen Voraussetzungen des § 63 die Fe. anordnen.

6 Die Fe. ist Familien- oder Anstaltserziehung. Welche von beiden im Einzelfalle angeordnet wird, bleibt den Fe.-behörden überlassen. Diese sind in den einzelnen Ländern verschieden, und das Gesetz überläßt auch weiterhin der Landesgesetzgebung unter den in § 70 angegebenen Sicherungen die Bestimmung der Fe.behörden.

7 Die Entscheidung über die Art der Durchführung der Fe. wird meist auf Grund der Gerichtsakten getroffen. Deshalb ist es wünschenswert, daß der Richter in dem Beschluß auch gleichzeitig ausspricht, welche Unterbringung er für geeignet hält, wenn die Fe.behörde auch nicht daran gebunden ist.

Die Unvollkommenheit der auf Grund der Gerichtsakten getroffenen Entscheidung hat dazu geführt im Anschluß an Erziehungsanstalten sogenannte Beobachtungs- oder Durchgangsstationen einzurichten. Hier wird von Pädagogen und Ärzten, zusammenwirkend und sich ergänzend, die Eigenart des Zöglings festgestellt und danach seine Unterbringung durchgeführt. Es ist dringend zu wünschen, daß derartige Einrichtungen in allen deutschen Ländern geschaffen werden; zumal nachdem man erkannt hat, daß unter den Fe.zöglingen ein großer Prozentsatz Psychopathen sich findet, kann auf diesem Wege erst eine wirklich angemessene Erziehung erfolgen.

8 Die Hauptforderungen, die an eine geeignete Familie gestellt werden müssen, sind gesundes Familienleben, ver-

sönliche Ehrenhaftigkeit der Pflegeeltern und gesicherte wirtschaftliche Verhältnisse. Die Fe.behörden werden im Einvernehmen mit den JA. bestrebt sein müssen, stets eine genügende Zahl solcher Familien zur Verfügung zu haben.

Von der Unterbringung in der Form der Fe. sind scharf zu scheiden diejenigen Fälle, in denen sie auf Grund der §§ 1666 und 1838 BGB. erfolgt. Der Unterschied besteht darin, daß

a) für die Überweisung zur Fe. das 18. Lebensjahr (nur ausnahmsweise das 20.) die Grenze bildet.

b) das Verfahren unter Innehaltung der besonderen Vorschriften der §§ 65ff. und eventueller landesgesetzlicher Bestimmungen durchgeführt wird,

c) die Kosten von Staat oder Kommunen aufgebracht werden,

d) sie im öffentlichen Interesse erfolgt.

Das öffentliche Interesse besteht darin, daß durch die Fe. den Gefahren vorgebeugt werden soll, die der Allgemeinheit aus dem Aufwachsen erziehungsbedürftiger Jgdl. unter verwahrlosten Verhältnissen drohen. Der Staat darf sich nicht allein auf Repressivmaßregeln (Strafen) beschränken, sondern muß durch ein rechtzeitiges, fürsorgerisches Eingreifen in die Erziehung gefährdeter Jgdl. prophylaktisch vorgehen.

[9] Welche Stelle die Kosten für die Fe. zu tragen hat, bleibt den landesgesetzlichen Bestimmungen überlassen. Die Träger sind in den einzelnen Ländern verschieden. In Preußen sind es die Provinzen, die selbst ein Drittel der Kosten tragen, während sie zwei Drittel vom Staat erhalten; die Gemeinden (OAV.) haben nur die reglementsmäßige Ausstattung, die Kosten der Überführung und Zurückführung und gegebenenfalls die Beerdigungskosten zu tragen (PrFEG. § 15).

§ 63. Ein Minderjähriger[1], der das 18. Lebensjahr noch nicht vollendet hat, ist durch Beschluß des Vormundschaftsgerichts der Fürsorgeerziehung zu überweisen[2, 3],

1. wenn die Voraussetzungen des § 1666[4] oder des § 1838[5, 6] des Bürgerlichen Gesetzbuchs vorliegen und die Entfernung[7] des Minderjährigen aus seiner bisherigen Umgebung zur Verhütung der Verwahrlosung erforderlich ist[8], eine nach dem Ermessen des Vormundschaftsgerichts geeignete Unterbringung aber anderweit nicht erfolgen kann;
2. wenn die Fürsorgeerziehung zur Beseitigung der Verwahrlosung wegen Unzulänglichkeit der Erziehung erforderlich ist.

Für den Fall, daß Aussicht auf Erfolg der Fürsorgeerziehung besteht, kann diese auch noch angeordnet werden, wenn der Minderjährige das 18., aber noch nicht das 20. Lebensjahr vollendet hat[9].

Maßgebend für die Altersgrenze ist der Zeitpunkt, in dem der Antrag bei Gericht eingeht oder das Verfahren gemäß § 65 oder § 67 eingeleitet wird; der Zeitpunkt ist aktenkundig zu machen[10].

[1] Eine untere Altersgrenze gibt das RJWG. im Anschluß an die Erfahrungen der bisherigen Fe. nicht. Die obere Altersgrenze für die Anordnung der Fe. war in der überwiegenden Mehrzahl der Länder das 18. Lebensjahr, vereinzelt ging man über dieses Alter hinaus, oder beschränkte es auf das 16. Lebensjahr. Im allgemeinen ist als Altersgrenze das 18. Lebensjahr genommen, für den Fall, daß Aussicht auf Erfolg besteht, ist sie bis auf das 20. Lebensjahr ausgedehnt.

[2] Vgl. § 65 und Anmerkungen.

[3] Im Gegensatz zum PrFEG. kennt das RJWG. nur zwei Fälle, in denen die Überweisung in die Fe. erfolgt. Z. 1 entspricht im wesentlichen § 1,1 PrFEG. Im übrigen regelt Z. 1 die Vorbeugung drohender Verwahrlosung, Z. 2 die Heilung eingetretener Verwahrlosung. Die Verwahrlosung kann in körperlicher, geistiger oder sittlicher Hinsicht vorliegen.

Für die erstere, die lediglich in einer Vernachlässigung der Körperpflege oder eines körperlichen Gebrechens besteht, ist in der Regel zunächst auf die Pflichten gemäß § 49 desselben Gesetzes zu verweisen, und erst in vorgeschrittenem Grade wird die Fe. in Frage kommen. Z. 2 faßt die bisher von den meisten Ländern getrennt behandelte Aufgabe der Beseitigung einer Verwahrlosung im Anfangs- oder fortgeschrittenem Zustand zusammen; es macht daher keinen Unterschied für die heilende Aufgabe der Fe. mehr, ob die Verwahrlosung im Beginn ihrer Entwicklung oder bereits vorgeschritten ist (Begr. S. 83).

[4] Ein Einschreiten aus BGB. § 1666, der gem. BGB. § 1686 in gleicher Weise für die Mutter gilt, falls ihr die elterliche Gewalt zusteht, hat hiernach zur Voraussetzung:

a) das geistige oder leibliche Wohl des Mdj. muß gefährdet sein, eine Gefährdung des Vermögens genügt nicht;
b) die Gefährdung muß zurückzuführen sein auf ein schuldhaftes Verhalten des Inhabers der elterlichen Gewalt, das einen der folgenden Tatbestände erfüllt:
   1. Mißbrauch der Sorge für das Kind,
   2. Vernachlässigung des Kindes,
   3. Unsittliches Verhalten eines Elternteiles.

Als Beispiel eines Mißbrauchs der Sorge für den Mdj. werden in den Motiven des BGB. angeführt: Verleitung zum Bösen, Anstiftung zu strafbaren, unsittlichen Handlungen, übermäßige Züchtigung oder sonstige Mißhandlung, übermäßige Ausnutzung der Arbeitskraft des Kindes. Ein Mißbrauch kann auch darin gefunden werden, daß der Vater das Kind, das zum Zwecke der Erziehung in einer geeigneten Familie oder Anstalt untergebracht ist, vor der Beendigung der Erziehung zurückfordert (KG. Jahrbuch 22A, 222), ebenso darin, daß der Vater die gebotene Gelegenheit zurückweist, seinem nicht vollsinnigen Kinde, das der Anstaltserziehung bedürftig ist, diese Erziehung zuteil werden zu lassen (KG. Jahrb. 23A, 50, 26A 28).

Als Fälle der Vernachlässigung bezeichnen die Motive zum BGB.: Mangel an Sorgfalt hinsichtlich der Ernährung, Bekleidung, Erziehung, Beaufsichtigung des Kindes, nicht Abhalten des Kindes vom Betteln, nicht Anhalten zum Schulbesuch. Als Vernachlässigung kann noch nicht gelten, wenn der Vater sein Kind nicht genügend zu erziehen vermag, sondern er muß in der nach den gegebenen Verhältnissen möglichen Erziehung nachlässig sein (Rechtspr. OLG. Bd. 4, S. 273a).

Über ehrloses Verhalten vgl. Rechtspr. OLG., Bd. 1, S. 285; Aschrott a. a. O. S. 91.

[5] Nach BGB. § 1838 kann das VG. anordnen, daß der Mdj. zum Zwecke der Erziehung in einer geeigneten Familie oder in einer Erziehungs- oder Besserungsanstalt untergebracht wird. Steht dem Vater oder der Mutter die Sorge für die Person des Mdj. zu, so ist eine solche Anordnung nur unter den Voraussetzungen des § 1666 BGB. zulässig.

Hier sind zwei Fälle zu unterscheiden:

a) es steht bei einem bevormundeten Kinde dem Vater oder der Mutter die Sorge für die Person des Kindes zu. Der praktisch wichtigste Fall liegt bei den unehelichen Kindern vor, für die eine Vmsch. zu bestellen ist, neben der aber die Mutter das Recht und die Pflicht behält, für die Person des Kindes zu sorgen (BGB. § 1707);

b) es ist neben dem Vm. kein Elternteil vorhanden, der die Sorge für die Person des Kindes wahrnimmt, z. B. das Kind ist eine Vollwaise oder dem Vater oder der Mutter ist die Sorge für die Person des Kindes entzogen.

Im Falle a) gelten für das Einschreiten des VG. dieselben Voraussetzungen wie nach § 1666. Im Falle b) entscheidet das freie Ermessen des VG., ob die Unterbringung zum Zwecke der Erziehung nötig ist ohne Rücksicht darauf, ob sich der Vm. irgendeiner Pflichtverletzung schuldig gemacht hat.

[6] Vgl. § 33 Anm. 9.

[7] Es muß, um die Verwahrlosung zu verhüten, die Entfernung des Mdj. aus seiner bisherigen Umgebung notwendig sein, eine geeignete anderweite Unterbringung nach dem Er-

messen des VG. aber nicht möglich sein. In letzterer Bestimmung liegt das Subsidiäre der Fe. Es müssen alle anderen Unterbringungsmöglichkeiten auf ihre Zweckmäßigkeit hin geprüft werden, es ist aber nicht erforderlich, daß sie auch versucht sind. Durch solche vergebliche Versuche sind vielfach die Mdj. erst in einem schon weit vorgeschrittenen Stadium der Verwahrlosung der Fe. überwiesen worden, so daß ihre Erziehung weit größere Schwierigkeiten macht.

Anderseits sollen durch die Fe. nicht andere Stellen insbesondere die Armenbehörden entlastet werden, wie das beim Inkrafttreten der landesgesetzlichen Fe.gesetze vielfach versucht wurde. In Preußen ergab sich eine widersprechende Rechtsprechung des KG. und des Oberverwaltungsgerichts. Das KG. vertrat den Standpunkt, daß bei der Notwendigkeit einer Entfernung eines Jgdl. aus dem Haushalt der Eltern, ohne daß besondere Erziehungsmaßnahmen erforderlich waren, die Voraussetzung der Fe. nicht gegeben sei. Das VG. schaffe durch einen nach BGB. § 1666 erlassenen Beschluß, der die Notwendigkeit der Entfernung feststelle, ein Hilfsbedürfnis, dem abzuhelfen Pflicht der Armenbehörde sei. Dieser Judikatur haben sich die Verwaltungsbehörden nicht gefügt und das Oberverwaltungsgericht hat ihnen recht gegeben. Die Hilfsbedürftigkeit, die das KG. als Folge der durch das VG. angeordneten Entfernung erwerbsloser und vermögensloser Jgdl. aus dem Elternhause als vorliegend erachtet, wurde als „künstliche Hilfsbedürftigkeit" bezeichnet, und das Eintreten der Armenpflege in zahlreichen Fällen versagt. Dieser, unerträgliche Zustand führte dazu, daß die Novelle von 1915 in § 1 Z. 1 folgenden Zusatz erhielt: „wenn nach dem Ermessen des VG. eine geeignete Unterbringung ohne Inanspruchnahme öffentlicher Mittel nicht erfolgen kann." Nunmehr brauchte der Vmsch.richter nur festzustellen, daß aus eigenen Mitteln des Mdj. oder aus solchen der freien Liebestätigkeit Abhilfe nicht geschaffen werden kann. Muß aber die Armenverwaltung eintreten, so liegen die Voraussetzungen des § 1,1 PrFEG. vor.

Der Entwurf des RJWG. hat diese Bestimmung im § 63 Z. 1 aufgenommen. Aber schon in der Sachverständigenkommission wurden Bedenken dagegen erhoben, da die Worte „wenn ohne Inanspruchnahme öffentlicher Mittel" zu der irrigen Auffassung Anlaß geben könnten, als ob Kinder bemittelter Eltern von der Fe. ausgenommen werden sollten. Sie hat sich aber dann doch für die Regierungsfassung ausgesprochen, weil der Ton auf den Worten „eine nach dem Ermessen des VG. geeignete Unterbringung" liegt. Das gleiche Bedenken wurde im RA. erhoben. Dem Gedanken, daß auch Kinder bemittelter Eltern der Fe. überwiesen werden können, wurde dadurch Rechnung getragen, daß anstatt „ohne Inanspruchnahme öffentlicher Mittel" gesetzt wurde „anderweit". Es bleibt also dem Ermessen des VG. überlassen, zu prüfen, ob eine anderweite geeignete Unterbringung möglich ist.

[8] Neben den Voraussetzungen der §§ 1666 und 1838 BGB. wird noch verlangt, daß die Entfernung des Mdj. aus seiner bisherigen Umgebung erforderlich ist. Diese Fassung weicht von der des PrFEG. ab, um zu verdeutlichen, daß es sich bei der anderweitigen Unterbringung um das Erfordernis einer dauernden Trennung des Mdj. von seiner Familie handeln muß (Begr. S. 83). Ist eine solche Trennung nicht erforderlich, wird oft SchA. genügen.

[9] Der Regierungsentwurf hatte in §§ 65 und 66 folgende Bestimmungen vorgeschlagen:

§ 65. Landesgesetzlich kann bestimmt werden, daß die Fe. auch nach Vollendung des 18. Lebensjahres eingeleitet wird.

§ 66. Landesgesetzlich kann bestimmt werden, daß die Fe. auch in anderen Fällen und ohne gerichtliche Anordnung mit Einwilligung desjenigen, dem die Sorge für die Person des Mdj. zusteht, zur Verhütung der Verwahrlosung angeordnet werden kann.

Der Entwurf wollte damit den in einigen Ländern bestehenden Sonderbestimmungen (Hamburg, Sachsen) gerecht werden, ohne diese in das Reichsgesetz zu übernehmen, da die Erfahrungen für das Reich noch nicht als abgeschlossen gelten können (vgl. Begr. zu § 65 und § 66). Der RA. hat in beiden Lesungen die Fassung des Regierungsentwurfs gestrichen. Da indessen in der Praxis vielfach das Bedürfnis hervorgetreten ist, die Fe. auch nach dem vollendeten 18. Lebensjahre anzuordnen, wurde im RA. der Antrag gestellt, sie auch nach dem vollendeten 18. Lebensjahre anordnen zu können, wenn Aussicht auf Erfolg besteht. Diesem Antrage wurde durch Abs. 2 Rechnung getragen, und damit ein in der Praxis bisher oft sehr schmerzlich empfundener Mangel beseitigt.

[10] Damit sind die bisher bestehenden Zweifelsfragen, welcher Zeitpunkt für die Bestimmung der Vollendung des 18. bzw. 20. Lebensjahres maßgebend sein soll, beseitigt. Die Überweisung kann also auch noch nach Vollendung des 18. (20.) Lebensjahres erfolgen, wenn nur der Antrag vorher eingegangen oder die Einleitung des Verfahrens aktenkundig gemacht ist. Letzteres ist daher von besonderer Wichtigkeit, auch mit Rücksicht auf § 76, um eine Strafverfolgung wegen Entziehung usw. zu ermöglichen. Ist die Einleitung des Verfahrens nicht aktenkundig gemacht, so kann in Fällen, in denen der Vmsch.richter auf Grund der Anzeige eines Dritten Ermittlungen anstellt, zweifelhaft sein, ob das Verfahren schon anhängig ist (vgl. § 76).

§ 64. Artikel 135 des Einführungsgesetzes zum Bürgerlichen Gesetzbuch wird aufgehoben.

§ 65. Das Vormundschaftsgericht[1] beschließt[2] von Amts wegen oder auf Antrag[3]. Antragsberechtigt ist das nach § 7 zuständige Jugendamt. Das Antragsrecht kann landesgesetzlich ausgedehnt werden[5, 6].

Das Vormundschaftsgericht muß vor der Beschlußfassung das Jugendamt, es soll, soweit dies ohne erhebliche Schwierigkeiten geschehen kann, den Minderjährigen, seine Eltern und seinen gesetzlichen Vertreter hören[7, 8]; weitere Anhörungen kann die Landesgesetzgebung vorschreiben[9].

Der Beschluß[10] ist mit Gründen zu versehen und muß, wenn er auf Anordnung der Fürsorgeerziehung lautet, den Eintritt der gesetzlichen Voraussetzungen unter Bezeichnung der für erwiesen erachteten Tatsachen feststellen.

Das Vormundschaftsgericht kann die ärztliche Untersuchung des Minderjährigen anordnen und auf die Dauer von höchstens sechs Wochen ihn in einer zur Aufnahme von jugendlichen Psychopathen geeigneten Anstalt oder in einer öffentlichen Heil- und Pflegeanstalt zur Beobachtung unterbringen lassen.

Der die Fürsorgeerziehung anordnende Beschluß ist den Antragsberechtigten, dem gesetzlichen Vertreter, den Eltern, der Fürsorgeerziehungsbehörde und ferner dem Minderjährigen selbst, wenn er das 14. Lebensjahr vollendet hat und insoweit sein Inhalt nach dem Ermessen des Vormundschaftsgerichts ihm ohne erziehlichen Nachteil mitgeteilt werden kann, zuzustellen[11, 12]. Der die Fürsorgeerziehung ablehnende Beschluß ist dem Antragsteller, der Fürsorgeerziehungsbehörde und, wenn eine vorläufige Fürsorgeerziehung (§ 67) angeordnet ist, ferner allen Personen zuzustellen, denen diese Anordnung zugestellt ist[13].

Gegen den Beschluß steht die sofortige Beschwerde[14, 15, 16] mit aufschiebender Wirkung den Antragsberechtigten, der Fürsorgeerziehungsbehörde und, wenn der Beschluß auf Fürsorgeerziehung lautet, ferner dem gesetzlichen Vertreter, den Eltern und dem Minderjährigen zu, wenn er das 14. Lebensjahr vollendet hat.

Ist das Vormundschaftsgericht nicht das des gewöhnlichen Aufenthaltsorts[17] des Minderjährigen, so soll auf Antrag des Jugendamts die Abgabe an dieses Gericht gemäß § 46 des Reichsgesetzes über die Angelegenheiten der freiwilligen Gerichtsbarkeit stattfinden, sofern nicht besondere Gründe dagegen sprechen.

[1] Welches VG. zuständig ist, bestimmt FGG., soweit nicht in diesem Gesetze anderes angeordnet wird (FGG. §§ 4, 43; RJWG. § 36 Abs. 1—3). Besteht also bereits eine staatliche Fürsorge für den Mdj., so ist das Gericht zuständig, bei dem diese in Gestalt einer Vmsch., Pflegschaft, Beistandschaft oder SchA. geführt wird. Andernfalls ist in erster Linie das Gericht des Wohnsitzes, des dauernden Aufenthalts und in Ermanglung eines solchen des augenblicklichen Aufenthalts zuständig.

Für die Bestimmung des Wohnsitzes oder des dauernden Aufenthaltes gelten §§ 7 und 11 BGB. Danach teilt ein eheliches Kind den Wohnsitz des Vaters (Mutter), ein uneheliches den der Mutter, ein an Kindesstatt angenommenes den des Annehmenden. Das Kind behält diesen Wohnsitz, bis es ihn rechtsgültig aufgibt.

Unter mehreren zuständigen Gerichten hat dasjenige den Vorzug, das zuerst mit der Sache befaßt ist. Bei Streit über die Zuständigkeit entscheidet das gemeinschaftliche obere Gericht. Maßgebend für die Entscheidung der Zuständigkeit ist der Zeitpunkt, in dem das Gericht mit der Frage der Fe. befaßt wird, in dem also ein Antrag einläuft, oder Tatsachen, die ein Einschreiten von Amts wegen erheischen, amtlich zur Kenntnis gelangen. Späterer Wechsel des Wohnsitzes ist bedeutungslos (vgl. Aschrott PrFEG. Anmerkungen zu § 30).

[2] Ein Antrag im RA., den Beschluß auf Grund einer mündlichen Verhandlung, zu der der Mdj. seine Eltern oder der gesetzliche Vertreter zu laden seien, zu erlassen, wurde abgelehnt, einerseits weil dadurch eine erhebliche Verzögerung eintreten kann, anderseits, weil das FGG. keine mündliche

Verhandlung, sondern nur die Anhörung der Beteiligten kennt. Es steht aber nichts im Wege, daß eine solche mündliche Verhandlung anberaumt wird, sie wird sogar nicht selten erforderlich sein (RAB. S. 20).

[3] In Übereinstimmung mit den bestehenden Landesgesetzen ist die Einleitung des Verfahrens von Amts wegen und auf Antrag beibehalten worden.

[4] Der Antrag auf Anordnung der Fe. ist vom JA. an das VG. des Wohnsitzes der Eltern zu richten, doch kann nach Abs. 7 die Abgabe an das VG. des gewöhnlichen Aufenthaltsortes des Mdj. verlangt werden, um ein engeres Zusammenarbeiten von JA. und VG. zu ermöglichen.

Über die Zuständigkeit des JA. vgl. § 7.

[5] Neben dem JA. kann die Landesgesetzgebung noch andere Antragsbehörden bestimmen.

In Preußen waren nach PrFEG. § 4 die Landräte, in kreisangehörigen Städten mit mehr als 10000 Einwohnern und in den nach § 28 der Kreisordnung der Provinz Hannover diesen gleichgestellten Städten die Gemeindevorstände, in Stadtkreisen der Gemeindevorstand und die staatliche Polizeibehörde Antragsbehörden. Da die Befugnis des Landrats und des Gemeindevorstands im wesentlichen auf das JA. übergehen, bleibt nur noch die Frage, ob der staatlichen Polizeibehörde ein Antragsrecht zugebilligt werden soll. Das erscheint überflüssig, da es ja jedem freisteht, durch Anzeige beim VG. die Einleitung des Verfahrens von Amts wegen herbeizuführen.

Die Fassung des Regierungsentwurfs, daß die Einleitung des Verfahrens nach Landesgesetz nur auf Antrag des zuständigen JA. erfolgen könne, wurde vom RA. abgelehnt, ebenso ein Zusatz, entsprechend dem Beschluß der Sachverständigenkommission, daß jeder, der ein berechtigtes Interesse geltend mache, gegen die Ablehnung des JA. einen Antrag zu stellen, Beschwerde einlegen könne. Eine derartige Bestimmung erscheint aus demselben Grunde wie bei der staatlichen Polizeibehörde überflüssig.

[6] Die Voraussetzung für die Anordnung der Fe., insbesondere auch die Aussicht auf Erfolg, liegt auch nach vollendetem 18. Lebensjahr noch häufig vor. Hauptsächlich ist dabei an Mädchen zu denken, die den Eltern entlaufen sind und einen unsittlichen Lebenswandel führen. Bei ihnen wird, wenn sie aus ihrer verderblichen Umgebung entfernt werden, häufig noch eine Besserung erzielt. Es ist aber allerdings meist erforderlich, daß sie erst eine Zeitlang Anstaltserziehung genießen.

[7] Abs. 2 schreibt vor, daß das VG. vor Einleitung des Verfahrens das JA. hören muß. Diese Vorschrift entspricht § 4 des PrFEG., nach dem das VG. der Antragsbehörde vor der Beschlußfassung Gelegenheit zur Äußerung unter Mitteilung der Akten geben muß. Der letzte Teil dieser Vorschrift ist nicht aufgenommen und auch nicht zweckmäßig, weil durch die Weggabe der Akten eine Verzögerung des Verfahrens eintreten kann. Als zweckmäßig hat sich in der Praxis erwiesen, daß das VG. bei Einleitung des Verfahrens allen Stellen, deren Anhörung in dem Verfahren als zweckmäßig erscheint, die Unterlagen, die zur Einleitung des Verfahrens geführt haben, abschriftlich mitteilt. Es ist nicht vorgeschrieben, in welchem Stadium des Verfahrens die Anhörung erfolgen muß.

Der Mdj., die Eltern, der gesetzliche Vertreter sollen gehört werden, soweit dies ohne erhebliche Schwierigkeiten zu ermöglichen ist. Der Mdj. ist unbedingt vorzuladen, damit der Richter einen persönlichen Eindruck von ihm bekommt.

Gegen Eltern, gesetzliche Vertreter und den Mdj. können, wenn sie der Ladung nicht Folge leisten, nach dem PrFGG. Art. 15 16 Ordnungsstrafen festgesetzt werden; der Mdj. kann auch vorgeführt werden, jedoch erst nach vorheriger Androhung (FGG. Art. 17).

[8] In dem Beschluß sind die Gründe, weshalb der Mdj. oder die Eltern nicht gehört sind, anzugeben; sind sie zu Unrecht nicht gehört, so unterliegt der Beschluß der Anfechtung. Die Bestimmung des PrFEG. § 6, nach dem die Eltern oder der gesetzliche Vertreter, falls sie nicht gehört sind, die Wieder

aufnahme des Verfahrens beantragen können, ist nicht aufgenommen, da durch die Möglichkeit der Beschwerde nach Abs. 6 die Interessen dieser Beteiligten hinreichend gewahrt sind (Denkschrift der Sachverständigenkommission S. 85).

[9] Weitere Anhörungen stehen auch ohne landesgesetzliche Anordnung in dem Ermessen des VG.

Das PrFEG. enthielt die Sollvorschrift der Anhörung des Gemeindevorstandes, des Geistlichen und des Leiters oder Lehrers der Schule, die der Jgdl. besucht. Eine landesgesetzliche Bestimmung über obligatorische Anhörung der Schule einschließlich der Fortbildungsschule, erscheint auch weiter angebracht, dagegen nicht eine solche des Geistlichen; ebenso erübrigt sich nach der Errichtung von JA. die Anhörung des Gemeindevorstandes.

Auch beim Verfahren von Amts wegen wird sich das VG. auf die Auskunft des JA. und der Schule beschränken können, es bleibt ihm aber selbstverständlich unbenommen, alle ihm notwendig erscheinenden Stellen zu hören.

Sehr empfehlenswert ist die Anhörung der Schule auch noch bei Schulentlassenen; wenn Personalbogen geführt werden, vermag der Schulleiter auch dann wertvolle Angaben zu machen, wenn er den Jgdl. selbst gar nicht kennt. Besonders bei Hilfsschulpflichtigen hat sich die Einforderung der Personalbogen bewährt.

[10] Nach Schluß der Beweiserhebung hat das Gericht, sofern es nicht zu einer Aussetzung des Verfahrens kommt, gemäß § 66 das eingeleitete Verfahren durch Beschluß zu erledigen. Die Entscheidung kann in der Ablehnung oder in der Anordnung der Fe. bestehen. Sie ist stets mit einer Begründung zu versehen. Im Falle der Anordnung der Fe. ist der Eintritt der gesetzlichen Voraussetzungen unter Bezeichnung der erwiesenen Tatsachen festzustellen. Die Bezeichnung der festgestellten Tatsachen erscheint schon deshalb zweckmäßig, um der Ausführungsbehörde ein Bild des Jgdl. zu geben.

[11] Die Zustellung des Beschlusses erfolgt nach den Vorschriften des § 16 FGG. und der ZPO. Nach § 16 Abs. 3 FGG. kann einem Anwesenden der Beschluß zum Protokoll bekannt gegeben werden, wobei ihm auf Verlangen eine Abschrift zu erteilen ist. Dieses abgekürzte Verfahren wird sich vor allem bei der vorläufigen Fe. der Beschleunigung wegen empfehlen.

[12] Der die Fe. anordnende Beschluß ist zuzustellen:

a) dem Antragsberechtigten, also JA. oder landesgesetzlich zugelassener Antragsbehörde;

b) dem gesetzlichen Vertreter, das ist in der Regel der Vater oder die Mutter (BGB. §§ 1630, 1684), bei elternlosen und unehelichen Kindern der Vm. (BGB. §§ 1773, 1707), im übrigen derjenige, der die gesetzliche Vertretung in der Personensorge hat. Ist dem Vater oder der Mutter das Sorgerecht entzogen, so ist gesetzlicher Vertreter der Pfleger, dem die Personensorge übertragen ist (BGB. §§ 1633, 1666, 1796);

c) den Eltern, auch wenn ihnen die gesetzliche Vertretung nicht zusteht, abweichend vom PrFEG., das zwar die Anhörung der Eltern, aber die Zustellung nur an den gesetzlichen Vertreter vorsieht (PrFEG. § 4 Abs. 3). Wenn auch die Fe. einen schweren Eingriff in die elterlichen Rechte darstellt, so hätte doch die Anhörung solcher Eltern, denen die Personensorge entzogen ist, allein genügt. Die Bestimmung wird zu vielen aussichtslosen Beschwerden führen.

d) den Fe.behörden (in Preußen die Provinzialbehörden). Die Vereinbarung, daß dem zugestellten Beschluß noch eine Abschrift für die Erziehungsanstalt beigefügt wird, in der der Überwiesene untergebracht werden soll, hat sich bewährt;

e) dem Mdj., wenn er das 14. Lebensjahr vollendet hat. Das entspricht FGG. § 59. Diese Zustellung war auch im PrFEG. vorgeschrieben und begegnete in der Praxis wegen möglicher Erziehungsschwierigkeiten starken Bedenken (Aschrott, PrFEG. S. 130). Es ist darum hier der Zusatz eingeschaltet, daß die Zustellung unterbleiben kann, wenn die Mitteilung den Mdj. erziehlich nachteilig beeinflussen könnte. Die Entscheidung liegt in dem Ermessen des VG. Da der Mdj. ein Beschwerderecht hat, muß ihm der Beschluß auf jeden Fall, auch ohne Begründung zugestellt werden.

13 Bei Abwesenheit erfolgt öffentliche Zustellung.

14 Den in Abs. 5 Genannten steht die sofortige Beschwerde nach FGG. §§ 20, 27, 29 zu. Sie ist also binnen zwei Wochen nach Zustellung des Beschlusses durch Einreichung einer vom Beschwerdeführer unterschriebenen Schrift oder durch Erklärung zu Protokoll der Gerichtsschreiberei des VG. oder des Beschwerdegerichts einzulegen. Die Frist läuft von der Bekanntmachung des Beschlusses an für jeden Empfänger gesondert (KG. Jahrbuch 27 A. 22). Die Einlegung der Beschwerde vor Beginn der Frist ist wirksam. Förmlicher Antrag ist nicht erforderlich, wenn nur aus der Schrift hervorgeht, daß die Entscheidung angegriffen werden soll.

Das VG. ist zur Abänderung seiner Entscheidung nicht befugt (KG. Jahrbuch 23 A. 188). Die Beschwerde kann auch auf neue Tatsachen gestützt werden, die nachträglich vorgebracht werden können. Über die Beschwerde entscheidet das dem VG. übergeordnete Landgericht Einer neuerlichen Anhörung derjenigen Personen, die nach § 65 Abs. 2 oder nach landesgesetzlichen Bestimmungen angehört werden müßten, durch das Beschwerdegericht bedarf es nicht (KG. Jahrbuch 20 A. 29), doch wird sich die Anhörung, besonders wenn neue Tatsachen vorgebracht werden, empfehlen.

Die Beschwerde hat aufschiebende Wirkung im Gegensatz zu der Beschwerde gegen die vorläufige Unterbringung (§ 66).

Gegen die Entscheidung des Beschwerdegerichts findet weitere Beschwerde statt. In Preußen geht sie nach FGG. § 199, PrFGG. Art. 7 an das KG. Sie ist, falls sie nicht von einer Behörde ausgeht (JA., Fe.behörde), zu Protokoll der Gerichtsschreiberei oder von einem Rechtsanwalt einzulegen (FGG. § 29) und kann nur darauf gestützt werden, daß die Entscheidung auf einer Rechtsverletzung beruht (FGG. §§ 27, 29, ZPO. §§ 550, 551, 561, 563). Das weitere Beschwerdegericht, für das die in dem Landgerichtsbeschluß festgestellten Tatsachen maßgebend sind, kann selbst in der Sache entscheiden oder die Sache zurückverweisen, wenn noch tatsächliche Feststellungen erforderlich sind.

Gegen den ablehnenden Beschluß steht dem Mdj., den Eltern und den gesetzlichen Vertretern die Beschwerde nicht zu, auch wenn ihnen der Beschluß zugestellt ist (vgl. Anm. 18). Daß erst der 14jährige Mdj. ein Beschwerderecht hat, ist im RA. zugesetzt worden. Die Bestimmung ist an sich überflüssig, da dem Mdj. unter 14 Jahren der Beschluß gar nicht zugestellt wird, und er mithin auch kein Beschwerderecht haben kann.

15 Die Rechtskraft des Beschlusses tritt entweder mit Ablauf der Beschwerdefrist für sämtliche Beteiligten oder mit der endgültigen Entscheidung des Beschwerdegerichts ein; gemäß FGG. § 26 kann aber das Beschwerdegericht die sofortige Wirksamkeit anordnen.

Die Rechtskraft hat in Fe.sachen formelle und materielle Wirkung. Ein rechtskräftig zurückgewiesener Antrag kann nur auf Grund neuer Tatsachen erneut geltend gemacht werden, wobei aber zur Unterstützung und Ergänzung des neuen an sich wesentlichen Vorbringens auf die tatsächliche Begründung des früheren Antrags zurückgegriffen werden kann (KG. Jahrbuch 24 A. 55).

16 Die Bescheinigung der Rechtskraft stellt der Gerichtsschreiber des VG. aus. Um die sofortige Ausführung des rechtskräftigen Beschlusses sicherzustellen, war in den Preuß. Ministerialverfügungen vom 19. März 1901 und 17. Juni 1901 angeordnet, daß das VG. der Ausführungsbehörde von dem Eintritt der Rechtskraft unter Mitteilung der Akten sofort Mitteilung zu geben hatte.

§ 66. Das Fürsorgeerziehungsverfahren kann durch Beschluß des Vormundschaftsgerichts auf längstens ein Jahr ausgesetzt werden[1]. Die Aussetzung kann aus besonderen Gründen durch Beschluß des Vormundschaftsgerichts auf höchstens ein weiteres Jahr verlängert werden[2]. Über das vollendete 20. Lebensjahr hinaus kann das Verfahren nicht ausgesetzt werden.

Gegen die Aussetzung steht dem Jugendamt und der Fürsorgeerziehungsbehörde das Recht der sofortigen Beschwerde zu.

Für die Dauer der Aussetzung muß eine Schutzaufsicht gemäß §§ 56 ff. angeordnet werden[3, 4].

[1] Über die Aussetzung des Verfahrens enthielt das PrFEG. keine Bestimmung. In der Verfügung des Pr. Justizministers vom 26. Januar 1905 wird dazu unter Nr. 3 folgendes ausgeführt: „In manchen Fällen haben die Gerichte das bei ihnen eingehende Verfahren auf einige Zeit ausgesetzt, weil eine Besserung der Verhältnisse des Kindes zu hoffen war, oder weil es angezeigt erschien, vorerst den Erfolg anderweit angeordneter Erziehungsmaßregeln abzuwarten. Wenngleich ein solches Verfahren nach meiner Auffassung nicht als gesetzlich unzulässig erscheint, so wird es doch nur dann anzuwenden sein, wenn besondere sachliche Gründe diese Maßregel empfehlen. Dabei wird es aber stets angebracht sein, die Aussetzung nicht bis auf weiteres, sondern auf eine festbestimmte Frist auszusprechen."

Die Praxis hat sich aber dahin entwickelt, daß von der Aussetzung weitgehendst Gebrauch gemacht wird, und das KG. hat diese Praxis bestätigt (KG. Jahrbuch 30 A. 60, 37 A. 92).

Die Aussetzung ist zulässig, wenn eine Besserung der Verhältnisse des Kindes zu erhoffen ist, und wenn es angezeigt erscheint, vorerst den Erfolg anderer Erziehungsmaßregeln abzuwarten. Dazu gehört in erster Linie die SchA. Voraussetzung der Aussetzung war bisher die Zustimmung des Antragstellers (KG. Jahrbuch 30 A. 60). Diese Zustimmung ist nach § 66 RJWG. nicht mehr erforderlich, dagegen steht der Antragsbehörde sowie der Erziehungsbehörde die sofortige Beschwerde zu; diesen beiden ist daher der Aussetzungsbeschluß zuzustellen. Das KG. hatte der Erziehungsbehörde bisher ein Beschwerderecht gegen die Aussetzung nicht eingeräumt.

Das Beschwerdegericht war bisher befugt, den Aussetzungsbeschluß aufzuheben und endgültige Fe. anzuordnen (KG. Jahrbuch 44 A. 55), das dürfte auch jetzt noch zulässig sein.

² Der Praxis des KG. folgend läßt das RJWG. die Aussetzung des Verfahrens und zwar auf längstens ein Jahr zu, nur aus besonderen Gründen kann sie auf ein weiteres Jahr ausgedehnt werden. Während der Entwurf die Aussetzung über das 18. Lebensjahr oder ein anderweit landesgesetzlich festgesetztes Grenzalter für unzulässig erklärte, wurde im Plenum, einem Beschluß des RA. folgend, das 20. Lebensjahr als Grenzalter bestimmt. Nach dem vollendeten 20. Lebensjahr darf also Fe. nicht erneut angeordnet werden, sondern das Verfahren muß eingestellt werden. Die Befristung der Aussetzung bezweckt ein unerwünschtes längeres Hinausschieben des Verfahrens zu vermeiden. Besonders bei der Verlängerungsfrist auf zwei Jahre wird sorgfältig zu prüfen sein, ob eine zu lange Hinausziehung der Fe. die bisherigen Erfolge nicht beeinträchtigt.

³ Um dem Mdj. während der Dauer der Aussetzung, die zeigen soll, ob noch ohne Fe. auszukommen ist, nicht ohne Schutz zu lassen, anderseits den Erziehungsberechtigten zu unterstützen und zu überwachen, muß eine SchA. angeordnet werden. Diese Bestimmung ist auf Grund der RAbeschlüsse im Plenum eingesetzt worden.

⁴ Während nach § 56 die SchA. nur zur Verhütung der Verwahrlosung angeordnet werden kann, wird sie hier auch noch bei eingetretener Verwahrlosung in Anwendung gebracht.

§ 67. Bei Gefahr im Verzuge kann das Vormundschaftsgericht[2] die vorläufige Fürsorgeerziehung[3, 4] des Minderjährigen beschließen[1]; gegen den Beschluß steht den im § 65 Abs. 6 Genannten die sofortige Beschwerde zu. § 18 Abs. 2 des Reichsgesetzes über die Angelegenheiten der freiwilligen Gerichtsbarkeit findet keine Anwendung.

[1] Das Feiverfahren ist mit Rücksicht auf den schweren Eingriff in die elterlichen Rechte mit einer Anzahl Kautelen umgeben. Die schnelle Durchführung ist deshalb oft nicht möglich. Um in den Fällen, in denen eine sofortige Maßnahme erforderlich ist, sei es, daß das Kind sofort aus seiner Umgebung genommen werden muß, sei es, daß ein Jgdl. aufgegriffen wird, bei dem Anzeichen der fortgeschrittenen Verwahrlosung vorliegen (strafbare Handlung), unverzüglich handeln zu können, hatten schon die meisten Landesgesetze eine vorläufige Unterbringung vorgesehen. Noch nicht erfordert wird die Glaubhaftmachung der nach § 63 notwendigen Voraussetzungen (KG. Jahrbuch 27 A. 192). Es ist nur die Feststellung erforderlich, daß durch die vorläufige Unterbringung Schäden vermieden werden, denen die Fe. vorbeugen soll.

[2] Zum Erlaß des vorläufigen Unterbringungsbeschlusses ist jedes Gericht, dem der Jgdl. zugeführt wird, zuständig, besonders das Gericht des Aufenthaltes, wenn Jgdl. aufgegriffen oder Straftaten begangen haben.

[3] Die vorläufige Unterbringung war bisher polizeiliche Maßnahme. Der Beschluß war den im § 4 PrFEG. angegebenen Stellen zuzustellen, ihnen stand daher auch nur das Beschwerderecht zu.

In der Praxis haben sich dabei Unzuträglichkeiten ergeben, weil gegen den Beschluß nicht die einfache, sondern die sofortige Beschwerde gegeben war. Das KG. hat daher entschieden, daß diese sofortige Beschwerde aufschiebende Wirkung habe, da sonst der Zweck in vielen Fällen illusorisch gemacht wäre (Aschrott PrFEG. S. 137; KG. Jahrbuch 23 A. 183).

Das VG. konnte den vorläufigen Unterbringungsbeschluß nicht selbst aufheben. Besondere Schwierigkeiten erwuchsen, wenn der Beschluß nicht von dem ordentlichen VG., sondern von dem des Aufenthalts erlassen war, das die Bearbeitung an ersteres abzugeben hatte. In diesem Falle ging die sofortige Beschwerde an das diesem übergeordnete Landgericht, wodurch die Fortsetzung des ordentlichen Verfahrens erheblich verzögert wurde. Um diese Mißstände zu beseitigen, bestimmt § 67 Satz 3, daß § 18 Abs. 2 FGG. keine Anwendung findet. Es kann daher sowohl das die vorläufige Fe. anordnende Gericht als auch das ordentliche Gericht den Beschluß wegen veränderter Umstände aufheben.

Die polizeiliche Unterbringung machte anfänglich Schwierigkeiten, weil der Polizeibehörde Anstalten zur Unterbringung nicht zur Verfügung standen. In der Praxis hat sich indessen das Verfahren so entwickelt, daß die Polizeibehörde sich mit der Erziehungsbehörde ins Einvernehmen setzte und letztere eine für die Unterbringung geeignete Anstalt bezeichnete. Gleichwohl begegnete auch noch jetzt die Ausführung eines solchen Beschlusses bei den Polizeibehörden kleinerer Orte Schwierigkeiten, weil diese die Kosten scheuten, die die Gemeinde im Falle der nicht endgültigen Anordnung der Fe. zu tragen hatte. Um diese Schwierigkeiten zu beseitigen und die vorläufige Fe. nutzbringend für die Erziehung verwenden zu können, ist nach § 70 die Durchführung eines Beschlusses auf vorläufige Fe. der Erziehungsbehörde auferlegt.

§ 68. Für schleunige, auf Grund dieses Abschnitts zu treffende Maßregeln ist neben dem im § 43 des Reichsgesetzes über die Angelegenheiten der freiwilligen Gerichtsbarkeit bezeichneten Gericht einstweilen auch dasjenige Gericht zuständig, in dessen Bezirk das Bedürfnis der Fürsorge hervortritt[1, 2]. Das Gericht hat von der

angeordneten Maßregel dem endgültig und nunmehr ausschließlich zuständigen Gerichte Mitteilung zu machen

§ 43 Abs. 2 des Reichsgesetzes über die Angelegenheiten der freiwilligen Gerichtsbarkeit findet auch Anwendung, wenn über die Person, in Ansehung deren eine Verrichtung des Vormundschaftsgerichts erforderlich wird, eine Schutzaufsicht oder ein Fürsorgeerziehungsverfahren anhängig ist[3].

[1] Während das JA. für alle Mdj., die in seinem Bezirk ihren Aufenthalt haben, zuständig ist (§ 7), ist eine besondere vormundschaftsgerichtliche Zuständigkeit im RJWG. nicht gegeben. Es finden vielmehr die Bestimmungen der §§ 43, 36 FGG. Anwendung. Zuständig ist also für die Durchführung des Fe.verfahrens in erster Linie das Gericht, in dessen Bezirk der Mdj. seinen Wohnsitz hat; ist das Gericht, bei dem eine Vmsch. oder eine Pflegschaft über den Mdj. anhängig ist oder bei dem für die Mutter eine Beistandschaft geführt wird, verschieden von dem des Wohnsitzes, so ist ersteres für die Einleitung der Fe. zuständig. Eine andere Regelung würde zu dauernden Reibungen und Schwierigkeiten zwischen dem für die Fe. und dem für die übrigen vormundschaftsgerichtlichen Maßnahmen zuständigen Gerichte führen. Auch erscheint es, abgesehen von schleunigen Maßnahmen, unzweckmäßig, das Gericht, bei dem eine Vmsch. bereits schwebt, nicht auch für die Durchführung der Fe. für zuständig zu erklären (Begr. S. 87). Bei räumlicher Trennung des VG. vom zuständigen JA. kann das für letzteres zuständige Gericht nach § 48 FGG. die Vmsch. und auch die Durchführung der Fe. übernehmen und ist nach § 65 Abs. 7 hierzu verpflichtet, wenn das JA. es beantragt, sofern nicht besondere Gründe dagegen sprechen. Macht also die Durchführung der Fe. am Sitze des ordentlichen VG. besondere Schwierigkeiten, z. B. wenn alle oder die Mehrzahl der Auskunftspersonen sich nicht in seinem Bezirk befinden, so soll das Gericht des zuständigen JA. die Durchführung der Fe. über-

nehmen. Dadurch wird ein Übelstand beseitigt, der sich vielfach ergab, wenn das Gericht des Aufenthaltsortes die Übernahme der Vmsch. und die Durchführung der Fe. nach § 46 FGG. ablehnte. Die Anträge auf Einleitung des Verfahrens sind also zunächst an das ordentliche VG. zu richten, das JA. kann aber sogleich gemäß § 65 Abs. 7 beantragen, die Sache an das Gericht des JA. zu überweisen, das zur Übernahme im allgemeinen verpflichtet ist.

[2] Nur bei schleunigen Maßnahmen, vor allem bei Anordnung der vorläufigen Fe., ist dem Gericht, in dessen Bezirk das Bedürfnis der Fe. hervortritt, ein sofortiges Einschreiten gestattet. Dieses Gericht hat dann von der angeordneten Maßnahme dem endgültig und nunmehr ausschließlich zuständigen Gericht Mitteilung zu machen. In der Praxis wurde bisher auch schon so verfahren.

[3] Wie schon erwähnt, ist § 43 Abs. 2 FGG. dahin ergänzt, daß als zuständiges VG. auch ein solches zuständig ist, bei dem bereits eine SchA. oder Fe. anhängig ist, z. B. während die Eltern am Orte A wohnen, ist für den Mdj. eine SchA. oder Fe. anhängig geworden, die Eltern verziehen nach dem Orte B, das Gericht des Ortes B ist nunmehr das nach § 36 FGG. zuständige VG., für die Durchführung der Fe. ist aber das Gericht zuständig, bei dem die SchA. oder das Fe.verfahren schwebt, also das Gericht des Ortes A.

§ 69. Im Falle der Familienerziehung[1] ist der Minderjährige mindestens bis zum Aufhören der Schulpflicht[2] in einer Familie seines Bekenntnisses[3, 4], im Falle der Anstaltserziehung[5] soweit möglich in einer Anstalt seines Bekenntnisses unterzubringen.

Minderjährige ohne Bekenntnis sollen nur mit ihrem Einverständnis, sofern sie ihr Bekenntnis selbst bestimmen können, andernfalls mit demjenigen des Erziehungsberechtigten[6] in einer Familie oder in einer Anstalt eines bestimmten Bekenntnisses untergebracht werden[7].

Den Erziehungsberechtigten muß von dem Orte der Unterbringung des Kindes sofort Mitteilung gemacht werden, sofern dadurch der Erziehungszweck nicht ernstlich gefährdet wird. Gegen eine Verweigerung dieser Mitteilung steht den Erziehungsberechtigten das Recht der Beschwerde[8] an das Vormundschaftsgericht zu.

[9] In Ausführung einer angeordneten Fürsorgeerziehung kann die Erziehung in der eigenen Familie des Minderjährigen unter öffentlicher Aufsicht widerruflich[10] angeordnet werden[11], wenn dadurch die Erreichung des Zweckes der Fürsorgeerziehung nicht gefährdet wird[12]. Innerhalb der ersten drei Monate nach Ausführbarkeit[13] des Fürsorgeerziehungsbeschlusses bedarf die Anordnung der Zustimmung des Vormundschaftsgerichts. Gegen die Verweigerung der Zustimmung steht der Fürsorgeerziehungsbehörde die sofortige Beschwerde[14] zu.

[1] Der Familienerziehung ist der Vorzug zu geben (vgl. die Ausführungsbestimmungen zu PrFEG.).

[2] Unter Schulpflicht ist die Volksschulpflicht zu verstehen, die in den meisten Teilen Deutschlands mit dem 14. Lebensjahre endet.

[3] Abs. 2 entspricht den bisherigen Landesrechten und erfüllt die Forderung aller derjenigen Bevölkerungskreise, die einem Bekenntnis angehören.

[4] Erst mit Vollendung der Schulpflicht kann ausnahmsweise davon abgesehen werden, den Mdj. in einer Familie seines Bekenntnisses unterzubringen, wenn eine geeignete Familie dieses Bekenntnisses überhaupt nicht oder nur an einem Orte vorhanden ist, wo die Beaufsichtigung besondere Schwierigkeiten bereitet.

Im Falle der Unterbringung in einer Familie ist mit dem Familienhaupt ein Vertrag zu schließen, in dem sich dieses verpflichtet, den Zögling in seinen Familienkreis aufzunehmen, für seine körperliche Pflege zu sorgen und ihn in religiös sittlichem Sinne bzw. in seiner Weltanschauung zu erziehen.

[5] Die Unterbringung in Anstalten soll vorwiegend bei solchen Mdj. Anwendung finden, die zu Ausschreitungen, Landstreichen oder Verbrechen neigen oder in anderer Weise sittlich verwahrlost sind, oder deren körperlicher Zustand eine besondere Pflege unter ärztlicher Aufsicht erfordert. Sie sollen nur solange in der Anstalt verbleiben, als unbedingt notwendig ist, um sie an Ordnung zu gewöhnen oder sie leiblich und geistig zu kräftigen.

Aufgabe der JA. wird es sein, geeignete Familien für die Zwecke der Fe. in ihren Bezirken zu gewinnen.

[6] Eine Neuerung enthält die Bestimmung, daß Mdj. ohne Bekenntnis, wenn sie das Bekenntnis selbst bestimmen können, also nach vollendetem 14. Lebensjahr, wenn nicht, mit Einwilligung des Erziehungsberechtigten in einer Familie oder Anstalt eines bestimmten Bekenntnisses untergebracht werden dürfen. Die Anwendung der Grundsätze des Abs. 2 wird zunächst für die Anstaltserziehung in der Praxis den meisten Fe.behörden Schwierigkeiten bereiten; denn ihnen stehen zunächst mit wenigen Ausnahmen nur Erziehungsanstalten, die auf konfessioneller Grundlage stehen, zur Verfügung. Einige Länder und Provinzen Preußens haben für die Unterbringung der Zöglinge überhaupt keine eigene Anstalten, sondern benützen konfessionelle Anstalten. Diese werden aller Voraussicht nach nicht bereit sein, ihren Charakter umzuwandeln, und Maßnahmen und Einrichtungen für die Aufnahme bekenntnisloser Zöglinge zu treffen. Für die Träger der Ausführung der Fe. wird es daher nicht überall gleich möglich sein nach Inkrafttreten des Gesetzes dem Grundsatz des Abs. 2 zu entsprechen. Deshalb mußte in dem EG. Art. 5 eine Übergangszeit, in der die bisherigen Bestimmungen des Landesrechts weitergelten, vorgesehen werden (Begr. S. 53).

[7] Die Bestimmung, daß die Zöglinge in einer Familie eines anderen Bekenntnisses oder einer anderen Weltanschauung

nur mit ihrer Einwilligung untergebracht werden dürfen, ist im RA. hinzugesetzt worden. Es wurde Wert darauf gelegt, daß Kinder, die in bekenntnisfreien Schulen erzogen werden, auch in solchen Familien untergebracht werden, deren Beschaffung allerdings oft Schwierigkeiten bereiten wird. Wird die Einwilligung zur Unterbringung in einer Familie eines anderen Bekenntnisses nicht erlangt, so bleibt nur die Unterbringung in einer Anstalt (vgl. Anm. 6).

[8] Die Beschwerde an das VG. ist die einfache fristlose Beschwerde nach FGG. § 18.

[9] Abs. 3 ist durch den RA. hinzugefügt. Bei der Beratung wurde betont, daß sowohl das Kind selbst wie auch die Pflegestelle, wenn sich diese in einer Familie befindet, durch den Besuch unvernünftiger Eltern gefährdet werden kann. Die Prüfung der Frage, ob die Nichtmitteilung des Aufenthaltsortes des Mdj. begründet ist, liegt dem VG. ob (RAB. S. 35).

[10] Die widerrufliche Anordnung ist deshalb gegeben, damit jederzeit die Rückführung in die Anstalt oder bisherige Pflegefamilie veranlaßt werden kann, wenn sich die Unterbringung in der eigenen Familie als ungeeignet erweist.

[11] Bereits PrFEG. § 10 Abs. 4 enthält die Bestimmung, daß die Erziehung in der eigenen Familie widerruflich angeordnet werden kann. Die Maßregel hat den Charakter einer widerruflichen Entlassung (vgl. die Ausführungsbestimmungen zum PrFEG.).

Es ist von der Unterbringung in der eigenen Familie viel Gebrauch gemacht worden, oft wohl zum Schaden der Erziehung, indem den Wünschen der Eltern, die die schulentlassenen Kinder zur Hilfeleistung nötig haben und sie deshalb zurückverlangen, zu weitherzig nachgegeben wurde. Anderseits ist allerdings zu bedenken, daß der schulentlassene Mdj. in der Pflegefamilie eine wertvolle Arbeitskraft sein kann, die die Familie entbehren muß. Durch die Bestimmung, daß die Unterbringung in der eigenen Familie innerhalb drei Monate nach der Ausführbarkeit der Fe. an die Zustimmung des VG.

gebunden ist, werden Widersprüche zwischen Fe.behörde und VG. vermieden, da letzteres sehr oft gerade die Entfernung aus dem Elternhause als Grund für die Überweisung in die Fe. angibt.

[12] Während nach PrFEG. § 10 Abs. 2 und Ausführungsbestimmungen dazu Voraussetzung der Unterbringung in der eigenen Familie eine gewisse Besserung durch den Aufenthalt in einer Anstalt oder einer fremden Familie ist, besteht nunmehr die Möglichkeit, das Kind von vornherein in der eigenen Familie zu belassen, allerdings unter der Voraussetzung der Zustimmung des VG. (vgl. Anm. 10).

[13] Zeitpunkt der Ausführbarkeit der Fe. ist im allgemeinen die Rechtskraft des Beschlusses. Ist der Mdj. zu dieser Zeit nicht auffindbar, läuft die Frist von seiner Ergreifung und Unterbringung.

[14] Daß der Fe.behörde gegen die Entscheidung des VG. die sofortige Beschwerde zusteht, erscheint billig, sie regelt sich nach FGG. § 22 und § 18 Abs. 2.

§ 70[1]. Die Landesgesetzgebung regelt die Ausführung der Fürsorgeerziehung und bestimmt die Fürsorgeerziehungsbehörde sowie die Träger ihrer Kosten[2]. Nach Möglichkeit ist die Fürsorgeerziehungsbehörde mit dem Landesjugendamte zu vereinigen[3]. Die durch die vorläufige Fürsorgeerziehung entstehenden Kosten[4] fallen dem für die endgültige Fürsorgeerziehung zuständigen Kostenträger auch dann zur Last, wenn die Fürsorgeerziehung endgültig nicht angeordnet wird. Besteht über den Ersatz der Kosten zwischen den Fürsorgeerziehungsbehörden für den gewöhnlichen und vorübergehenden Aufenthaltsort Streit, so gilt § 7 Abs. 2 entsprechend[5].

Eine von dem zuständigen Vormundschaftsgericht[6] angeordnete Fürsorgeerziehung eines Minderjährigen muß von der Fürsorgeerziehungsbehörde des Ortes, der

die Zuständigkeit des Vormundschaftsgerichts begründet hat, ausgeführt werden[7]. Sie soll regelmäßig sich bei der Ausführung der Fürsorgeerziehung der Jugendämter bedienen. Die Ausführbarkeit der Fürsorgeerziehung tritt mit der Rechtskraft[8], bei der vorläufigen Fürsorgeerziehung mit dem Erlaß des Beschlusses[9] ein. Die Unterbringung soll unter ärztlicher Mitwirkung erfolgen[10]. Minderjährige die an geistigen Regelwidrigkeiten leiden (Psychopathie, Epilepsie, schwere Erziehbarkeit usw.) oder an schweren ansteckenden Erkrankungen (Tuberkulose, Geschlechtskrankheiten usw.), sind, soweit es aus hygienischen oder pädagogischen Gründen geboten erscheint, in Sonderanstalten oder Sonderabteilungen unterzubringen[11].

Die Fürsorgeerziehungsbehörde gilt für den Abschluß von Dienst- und Lehrverträgen als gesetzlicher Vertreter des Minderjährigen[12, 13].

Die Fürsorgeerziehungsbehörde ist befugt, die Entmündigung eines Fürsorgezöglings wegen Geisteskrankheit oder Geistesschwäche zu beantragen.

[1] Einheitlich durch das RJWG. sind nur die Voraussetzungen der Fe. (§§ 62, 63), das gerichtliche Verfahren (§§ 65 bis 68, 74), die Beendigung der Fe. (§§ 72, 73) und die Strafbestimmungen (§ 76) geregelt. Für die weitere Ausführung, die Bestimmung der Fe.behörde und die Kostenverteilung enthält das RJWG. nur allgemeine Rahmenbestimmungen, deren nähere Anordnung der Landes gesetzgebung überlassen bleibt. Es ist das geschehen, um bewährte Einrichtungen der Länder bestehen zu lassen.

[2] Die Landesgesetzgebung wird insbesondere über die beiden Formen der Ersatzerziehung, Familien- oder Anstaltserziehung, über die Überwachung der Familienerziehung durch einen

Fürsorger und über die Beaufsichtigung der Fe.behörde bei Anstaltserziehung zu bestimmen haben; außerdem wird sie die in Abs. 2 Satz 2 gemäß § 3 Nr. 4 vorgesehene Mitwirkung des JA. je nach Lage der Verhältnisse (insbesondere unter Berücksichtigung städtischer und ländlicher JA.bezirke) zu regeln haben (Begr. S. 89).

³ Daß die Fe.behörde möglichst mit dem LJA. vereint wird, entspricht praktischen Erwägungen, indes wird in erster Linie darauf Bedacht zu nehmen sein, daß die Aufgaben der Fe.-behörde zweckmäßigerweise bei der Behörde bleiben, von der sie bisher bereits bearbeitet worden sind.

⁴ Im Gegensatz zu den meisten Landesgesetzen wird an Stelle der sogenannten vorläufigen Unterbringung die vorläufige Fe. gesetzt. Die Kosten der vorläufigen Unterbringung wurden bisher im allgemeinen als Polizeikosten behandelt und fielen nur im Falle der endgültigen Unterbringung der Fe.-behörde zur Last. In Preußen ist wegen der unklaren Bestimmungen des § 5 Abs. 2 PrFEG. bestritten gewesen, ob die Polizeibehörde im Falle der endgültigen Anordnung der Fe. nur ein Rückgriffsrecht wegen der Kosten habe, oder ob sie als Kosten der Fe. anzusehen seien (Aschrott, PrFEG. § 5 Anm. 7). Die Unklarheiten sind nun endgültig beseitigt durch die Bestimmung, daß auch die durch die vorläufige Fe. entstehenden Kosten zu den allgemeinen Fe.kosten gehören.

⁵ Streitigkeiten zwischen den verpflichteten Febehörden hat das oberste Landesverwaltungsgericht, zwischen solchen verschiedener Länder, bis ein Reichsverwaltungsgericht eingerichtet ist, das Bundesamt für Heimatwesen zu entscheiden (§ 7 Abs. 2 und EGRJWG. Art. 9).

⁶ Die Zuständigkeit des VG. regelt FGG. § 43. Hat gemäß § 65 Abs. 7 eine Abgabe stattgefunden, so ist das VG. des gewöhnlichen Aufenthaltes zuständig.

⁷ Da die Fe. bisher nach Landesrecht ausgeführt wurde, unterblieb sie meist, wenn der Überwiesene seinen Aufenthalt in ein anderes Land verlegte, da die Ausführungsbehörde des

anderen Landes sich weigerte, die Beschlüsse des Gerichts eines fremden Landes auszuführen. Jetzt muß jeder Fe-beschluß von der Erziehungsbehörde des Ortes, der die Zuständigkeit des VG. begründet hat, ausgeführt werden.

[8] Die Rechtskraft des endgültigen Febeschlusses tritt mit dem Ablauf der Beschwerdefrist ein (FGG. § 21). Die Frist beginnt mit dem Zeitpunkt, in dem der Beschluß bekannt gegeben wird oder zugestellt ist; wird Beschwerde eingelegt, tritt die Rechtskraft mit Ablauf der Beschwerdefrist gegen den Beschluß des Beschwerdegerichts oder bei einer weiteren Beschwerde mit Zustellung des Beschlusses des weiteren Beschwerdegerichts ein.

[9] Während die endgültigen Beschlüsse auf Fe. erst nach Rechtskraft ausgeführt werden können, tritt die Wirkung der vorläufigen Fe.beschlüsse bereits mit ihrem Erlasse ein. Trotzdem diese Beschlüsse mit der sofortigen Beschwerde anfechtbar sind, hat diese keine aufschiebende Wirkung (zu vgl. § 69 Anm.); in diesem Sinne hatte bereits das KG. (KG. Jahrbuch 23 A. 183) entschieden. Zweckmäßig ist dies noch ausdrücklich angeordnet. Die vorläufigen Fe.beschlüsse würden meist ihren Zweck verfehlen, wenn sie nicht sofort ausführbar wären.

[10] Vgl. § 65 Abs. 4. Die ärztliche Mitwirkung ist erst durch den RA. angeordnet worden, sie ist bei der Unterbringung wichtiger als beim Verfahren. Die Bestimmung bezieht sich nicht auf die vorläufige Fe., da diese bei solcher Einschränkung ihren Zweck verfehlen würde (RAB. S. 21). Sie fördert die von verschiedenen Fe.behörden bereits eingeführten Beobachtungsstationen. Sie wird zur geeigneten Unterbringung der Zöglinge beitragen (im übrigen vgl. § 62 Anm. 7).

[11] Die Notwendigkeit, Fe.zöglinge, die an geistigen Regelwidrigkeiten leiden, in besonderen Anstalten, zum mindesten in besonderen Abteilungen unterzubringen ist von den Praktikern längst erkannt und gefordert worden, der Kosten wegen aber meist nicht erreicht worden. Eine gesonderte Unterbringung solcher Zöglinge erscheint um so notwendiger, als gerade sie

das Erziehungswerk in den Anstalten stören und einer besonderen Beobachtung und Beaufsichtigung bedürfen. Anderseits wird aber auch mit Recht geltend gemacht, daß die Erziehung Anormaler sich vielfach leichter durchführen läßt, wenn sie mit Normalen zusammen untergebracht sind. Hier ist nach dem Einzelfall zu entscheiden.

12 Im RA. wurde der Antrag gestellt, der Fe.behörde noch weitere Rechte über die Person des Fe.zöglings einzuräumen (RAB. S. 22), er wurde aber nach eingehender Aussprache abgelehnt, und es blieb nur das Recht zum Abschluß von Lehr- und Dienstverträgen. Da die Fe.behörde die Pflicht hat, die Zöglinge in Familien unterzubringen, muß sie das Recht haben, Lehr- und Dienstverträge selbständig abzuschließen, sei es, daß sie das in eigenem Namen tut, sei es, daß sie im Namen des Zöglings kontrahiert und damit diesen zu den Leistungen verpflichtet. Sie bedarf dazu weder der Genehmigung des VG. noch des gesetzlichen Vertreters des Mdj. Der Vertrag kann sogar über die Dauer der Fe. oder der Mdj.igkeit abgeschlossen werden (KG. Jahrbuch 28 A. 179; Urteil des Reichsgerichts vom 29. 4. 1904, abgedruckt im PrJMBl. 1904 S. 284).

13 Für den Fe.zögling entstehen aus solchen Verträgen unmittelbar keine Rechte und Pflichten, insbesondere hat er keinen Anspruch auf den Dienstlohn. Ihm gehört nur, was zur Erstattung der Erziehungsansprüche nicht gebraucht wird (§ 78) tatsächlich verlassen die Fe.behörden aber den Zöglingen meist den größeren Teil des verdienten Lohnes.

§ 71. Das Landesjugendamt ist[1], soweit es nicht selbst Fürsorgeerziehungsbehörde ist, nach näherer Bestimmung der Landesgesetzgebung bei der Ausführung der Fürsorgeerziehung zu beteiligen[2]; es soll[3] insbesondere[4] bei dem Erlaß allgemeiner, grundsätzlicher Anordnungen über die Art ihrer Ausführung gutachtlich gehört werden und ist zu Vorschlägen über die Ausführung befugt; ihm kann ferner die Mitwirkung bei wichtigen Maßnahmen der Fürsorgeerziehungsbehörde und bei der Aufsicht über die in Anstalten seines Bezirkes untergebrachten Zöglinge sowie die Zuständigkeit zur Entscheidung von Beschwerden über Anordnungen der Fürsorgeerziehungsbehörde, die die Ausführung betreffen, übertragen werden, sofern dafür nicht die Gerichte zuständig erklärt werden.

1 „Ist" bedeutet, daß das LJA. nicht ausgeschaltet werden darf.

2 Entspricht § 13 Z. 6.

3 Das Gesetz gibt nur ein Mindestmaß der Beteiligung des LJA. an, wodurch eine gewisse Einheitlichkeit in der Ausführung der Fe. erzielt werden soll, und enthält sich eingehender Bestimmungen, um den Ländern die Ausgestaltung nach Lage ihrer besonderen Verhältnisse zu überlassen.

4 „Insbesondere" bedeutet, daß dem LJA. auch noch andere Aufgaben innerhalb der Fe. überwiesen werden können.

§ 72. Die Fürsorgeerziehung endigt mit dem Eintritt der Volljährigkeit[1].

Die Fürsorgeerziehung ist früher aufzuheben[2], wenn ihr Zweck erreicht oder anderweitig sichergestellt ist[3], und zwar von Amtswegen oder auf Antrag[4] der im § 65 Abs. 6 Genannten mit Ausnahme des Minderjährigen. Die Aufhebung kann auch unter Vorbehalt des Widerrufs[5] erfolgen, dessen Ausübung landesgesetzlich zu regeln ist[6].

Landesgesetzlich kann bestimmt werden, daß für die Entscheidung über die Aufhebung gemäß Abs. 2 das Vormundschaftsgericht oder die Fürsorgeerziehungsbehörde zuständig ist mit der Maßgabe, daß der Antragsteller[7], wenn die Fürsorgeerziehungsbehörde zuständig ist und die Aufhebung ablehnt, binnen zwei Wochen seit Zustellung des ablehnenden Beschlusses die Entscheidung[8]

des Vormundschaftsgerichts[9] anrufen kann, gegen dessen Beschluß[10] die sofortige Beschwerde[11] stattfindet. Sofern das Vormundschaftsgericht für die Aufhebung der Fürsorgeerziehung zuständig ist, muß es vor seiner Entscheidung die Fürsorgeerziehungsbehörde gutachtlich hören; dieser steht gegen den die Fürsorgeerziehung aufhebenden Beschluß die sofortige Beschwerde mit aufschiebender Wirkung zu.

Der Antrag auf Aufhebung kann außer vom Jugendamt nicht vor Ablauf eines Jahres seit der Rechtskraft des die Fürsorgeerziehung anordnenden Beschlusses gestellt, ein abgewiesener Antrag kann vor dem Ablauf von sechs Monaten nicht erneuert werden[12—14].

[1] Der äußerste Endpunkt der Fe. ist die Volljährigkeit (vgl. § 7 Anm. 2). Nachdem das Alter der Wahlmündigkeit auf das 20. Lebensjahr herabgesetzt ist, wird sich voraussichtlich bald die Notwendigkeit ergeben, das Ende der Mdjährigkeit damit in Einklang zu bringen. Unter dieser Voraussetzung ist davon abgesehen, schon jetzt eine andere Bestimmung über das Ende der Fe. zu treffen (Begr. S. 89).

[2] Vgl. § 73.

[3] Wann der Zweck der Fe. erreicht ist, ist Tatfrage und nach den besonderen Verhältnissen des Einzelfalles zu entscheiden. Die gesamte Persönlichkeit des Mdj., seine Veranlagung, seine geistige und Charakterentwicklung, seine Arbeitsfähigkeit und -willigkeit und die Verhältnisse, in die er nach der Aufhebung der Fe. zurückkehrt, sind für die Beurteilung maßgebend.

[4] Antragsberechtigt sind das JA. sowie die Eltern und der gesetzliche Vertreter, nicht aber der Mdj.

[5] Eine Form ist für den Widerruf nicht vorgeschrieben. Eine formelle Zustellung nach den Vorschriften der ZPO. ist nicht gegeben, da FGG. § 16 Abs. 2 sich nur auf gerichtliche Verfügungen bezieht. Gegen die Versäumung der Beschwerde-

frist ist Wiedereinsetzung in den vorigen Stand nicht gegeben (KG. Jahrbuch 43 A. 68).

[6] Die Entlassung auf Widerruf, die bereits durch die Landesgesetze zugelassen war, ist auch weiter durch diese zu regeln. Sie trägt den Charakter einer vorläufigen bedingten Entlassung, die wieder rückgängig gemacht werden kann, ohne daß ein neues Verfahren nach §§ 63 und 65 durchgeführt zu werden braucht. Sie läßt eine Überwachung des Mdj. in der Richtung zu, daß fortlaufend während ihrer Dauer eine allgemeine Aufsicht über die Entwicklung des Mdj. durch das JA. oder eine besondere Vertrauensperson durch die Erziehungsbehörde geübt wird. In dem Falle, daß die Entwicklung des Mdj. oder die Verhältnisse, in denen er lebt, ungünstig sich gestalten und wieder die Gefahr der Verwahrlosung besteht oder eine neue Verwahrlosung eintritt, ist Widerruf der Entlassung auszusprechen.

[7] Nur derjenige, der die Aufhebung der Fe. beantragt hat, hat ein Beschwerderecht gegenüber dem ablehenden Beschluß der Febehörde.

[8] Der Antrag auf Entscheidung kann innerhalb 2 Wochen auch bei der Febehörde angebracht werden, damit wird die Frist gewahrt.

[9] Zuständig ist das VG., das die Fe. angeordnet hat, auch wenn es zur Zeit des Antrags auf Aufhebung der Fe. nicht mehr das zuständige VG. ist, da Aufhebung und Anordnung nicht zwei getrennte Angelegenheiten sind im Sinne des § 43 Abs. 1 FGG. (Entscheidung OLG. 30, S. 91).

[10] Der Beschluß des VG. kann nur auf Aufhebung der Fe. oder Ablehnung der beantragten Aufhebung lauten. Er ist dem Antragsteller und der Fe.behörde zuzustellen. Das VG. hat Freiheit, inwieweit es Ermittlungen anstellen will.

[11] Beschwerde ist die sofortige. Das VG. darf daher seine Entscheidung nicht ändern. Einwendungen gegen seine Entscheidung sind als weitere Beschwerde an das LG. zu geben,

Beschwerde gegen dessen Entscheidung geht in Preußen an das KG. (FGG. § 22, 18 KG. Jahrbuch 25 A. 34).

12 Nach dem PrFEG. § 13 Abs. 4 durfte ein abgewiesener Antrag innerhalb 6 Monaten nicht wiederholt werden. An sich konnte also ein Antrag auf Aufhebung bereits mit Rechtskraft des Fe.beschlusses gestellt werden. Um den Behörden das Eingehen auf solche meist unbegründeten Anträge zu ersparen, darf die Aufhebung außer vom JA. erst 1 Jahr nach Rechtskraft des Verweigerungsbeschlusses beantragt werden.

13 Der Abweisungsbeschluß hat Wirkung nur gegenüber dem Antragsteller, der also seinen Antrag auch nicht mit anderweitiger Begründung wiederholen darf. Dagegen bildet der ablehnende Beschluß auf den Antrag eines anderen berechtigten Antragstellers keinen Hinderungsgrund (KG. Jahrbuch 32 A. 70).

14 Die Frist zur Wiederholung des Antrages rechnet von der Rechtskraft des mit Gründen versehenen Ablehnungsbeschlusses. Ein lediglich als unzulässig verworfener Ablehnungsbeschluß ist nicht als Hindernis im Sinne des Abs. 4 anzusehen.

§ 73. Die vorzeitige Entlassung eines Minderjährigen wegen Unausführbarkeit der Fürsorgeerziehung aus Gründen, die in der Person des Minderjährigen liegen, ist unter der Voraussetzung zulässig[1], daß eine anderweitige gesetzlich geregelte Bewahrung des Minderjährigen sichergestellt ist[2, 3].

1 Die vorzeitige Entlassung außer aus den in § 72 angegebenen Gründen war in den meisten Landesgesetzen nicht vorgesehen. In Preußen ist durch Urteil des OVG. vom 27. Mai 1914 (Entscheidungen Band 44, S. 430) eine vorläufige Entlassung mit der Begründung, daß sich der Zweck der Fe. als unerreichbar erweist (z. B. körperliche oder geistige Krankheit) für unzulässig erklärt. Die Erfahrung hat aber ergeben, daß ein kleiner Teil der Fe.zöglinge unerziehbar bleibt, weil sie entweder geistig oder sittlich anormal veranlagt

sind; zu ihnen gehören die unverbesserlichen psychopathischen Straffälligen, die Zöglinge mit Geistesstörungen, die unverbesserlichen Dirnen, meist ebenfalls psychopathischer Konstitution. Alle diese Zöglinge sind für die Erziehungsanstalten eine Last, selbst wenn sie, wie das bereits geschieht, in Sonderabteilungen untergebracht werden. Deshalb hatten bereits Sachsen (§ 20 des Gesetzes vom 1. Februar 1909) und Bremen (§ 14 des Gesetzes vom 21. Februar 1912) eine Aufhebung der Fe. wegen Aussichtslosigkeit des Erfolges zugelassen. Diesen Gesetzen schließt sich § 73 an, knüpft aber die Aufhebung an die Bedingung der Sicherstellung einer anderweitigen Bewahrung des Mdj.; denn diese anormalen Jgdl. bedürfen einer solchen in ihrem eignen Interesse und in dem der Allgemeinheit, die vor ihnen geschützt werden muß (Begr. S. 91).

Die Sicherstellung einer anderweitigen Bewahrung liegt den Ländern ob. Ein Reichsverwahrungsgesetz befindet sich infolge eines Initiativantrages des Reichstages in Vorbereitung.

[2] Wann eine Fe. unausführbar ist, ist Tatfrage und nach dem Einzelfall zu entscheiden. Die Gründe müssen allein in der Person des Mdj. und nicht in der der Eltern oder gesetzlichen Vertreter liegen.

[3] „Gesetzlich geregelt" ist von dem RA. eingefügt worden. Bevor solche gesetzlichen Regelungen nicht vorliegen, ist also die Entlassung wegen Unausführbarkeit der Fe. unmöglich.

§ 74. Die gerichtlichen Verhandlungen sind gebühren- und stempelfrei[1]; die baren Auslagen fallen der Staatskasse zur Last. Die nach § 65 Abs. 2 zu hörenden Personen können im Falle ihrer Vernehmung vor Gericht Ersatz ihrer Auslagen nach den für Zeugen geltenden Vorschriften verlangen[2]. Dies gilt jedoch nicht für den Minderjährigen und seine Eltern. Verträge über die Unterbringung von Minderjährigen zur Ausführung der Fürsorgeerziehung sind stempelfrei[3].

[1] Entsprechend dem Wesen des Verfahrens, das die Fe. des Mdj. herbeiführen soll, ist für das gesamte Gerichtsverfahren wie in den bisherigen Landesgesetzen für alle Beteiligten volle Kostenfreiheit vorgesehen. Diese bezieht sich daher auch auf Zurückweisung unbegründeter Beschwerden. Die nichtgerichtlichen Verhandlungen (Vollmachtserteilung, Einreichung von Beschwerde) sind dagegen gebührenpflichtig.

[2] Die im Verfahren gehörten Personen, die in der Regel nicht als Zeugen und Sachverständige vernommen werden, sondern als am Wohlergehen des Mdj. interessiert vor Gericht erscheinen, sollen nach den Bestimmungen über die Entschädigung von Zeugen und Sachverständigen entschädigt werden. Sie haben den Anspruch aber nur, wenn sie vorgeladen sind oder, ohne vorgeladen zu sein, vernommen werden. Verlangt können nur werden Auslagen nicht Zeitversäumnis, Stellvertretungskosten usw.

[3] Die Stempelfreiheit ist vorgesehen mit Rücksicht auf das öffentliche Interesse einer geeigneten Unterbringung von Mdj. zur Ausführung der Fe.

§ 75. Die Kosten[1] der Fürsorgeerziehung sind dem Kostenträger auf sein Verlangen[2] aus dem pfändbaren Vermögen[3, 4] des Minderjährigen oder des auf Grund des bürgerlichen Rechts zu seinem Unterhalt Verpflichteten[5] zu erstatten[6]. Die näheren Bestimmungen trifft die Landesgesetzgebung. Allgemeine Verwaltungskosten werden nicht ersetzt[7, 8].

[1] Daß die Ersatzerziehung auf öffentliche Kosten erfolgt, bedeutete bereits nach den bisherigen Landesgesetzen nur eine Vorschußpflicht des Trägers derselben und schloß die Erstattungspflicht des Zöglings und der zu seinem Unterhalt Verpflichteten nicht aus.

[2] Die Kosten sind nur auf Verlangen dem Kostenträger zu erstatten, er ist also nicht verpflichtet, sie einzufordern.

[3] Die Kosten der Fe. können nur aus dem freien Vermögen des Mdj. gefordert werden (Änderung des RA., Antrag 204 RAB. S. 36). Es wurde in der Beratung betont, daß es nicht wünschenswert sei, wenn die Febehörde sich an den Einkünften des Zöglings für die Erziehungskosten schadlos halte, sondern billig, daß sie seinen Arbeitsverdienst auch für ihn zurückhalte und verwahre. Tatsächlich geschieht das auch bereits.

[4] Über die Pfändbarkeit des Vermögens vgl. ZPO. § 803.

[5] Unterhaltspflichtig sind nach BGB. §§ 1601ff. Verwandte auf- und absteigender Linie. Der Vater haftet vor der Mutter. Mehrere gleichnahe Verwandte (Großeltern) haften anteilig. Verwandte sind nur solche ehelicher Abstammung, doch stehen den ehelichen Kindern legitimierte und an Kindesstatt angenommene gleich (BGB. §§ 1719, 1736, 1751, 1763). Uneheliche Kinder stehen hinsichtlich der Unterhaltspflicht der Mutter und deren Verwandten den ehelichen gleich (BGB. § 1705). Die Unterhaltspflicht des unehelichen Vaters regelt BGB. §§ 1708ff. Er ist, solange seine Unterhaltspflicht reicht, vor der Mutter und deren Verwandten verpflichtet (BGB. § 1709). Bei verheirateten weiblichen Zöglingen ist der Ehemann vor den Verwandten verpflichtet.

[6] Sowohl die Kosten der Anstaltserziehung wie die der Familienerziehung und der vorläufigen Fe. können zurückgefordert werden.

[7] Entsprechend § 33 Abs. 2 letzter Satz werden auch bei der Fe. die allgemeinen Verwaltungskosten nicht ersetzt. Der Zusatz ist durch den RA. eingefügt (RAB. S. 36, Antrag 201).

[8] Nach dem PrFEG. hatten bisher die Gemeinden die reglementsmäßige Ausstattung, die Beerdigungskosten während der Fe. verstorbener Mdj., die Kosten der Hin- und Rückreise bei Beginn und Ende der Fe. zu tragen (PrFEG. § 15). Da diese Bestimmung in das neue Gesetz nicht aufgenommen ist, dürften diese Kosten nach Inkrafttreten des RJWG. den Febehörden zur Last fallen.

§ 76[1]. Wer, abgesehen von den Fällen der §§ 120[2], 235[3, 4] des Strafgesetzbuchs, einen Minderjährigen, bezüglich dessen das gerichtliche Verfahren auf Unterbringung zur Fürsorgeerziehung eingeleitet[5] oder die Unterbringung zur Fürsorgeerziehung angeordnet ist, dem Verfahren oder der angeordneten Fürsorgeerziehung entzieht[6], oder ihn verleitet[7], sich dem Verfahren oder der Fürsorgeerziehung zu entziehen, oder wer ihm hierzu vorsätzlich behilflich ist[8], wird auf Antrag[9] der Fürsorgeerziehungsbehörde mit Gefängnis bis zu drei Jahren und mit Geldstrafe bis zu hunderttausend Mark oder mit einer dieser Strafen bestraft. Die Zurücknahme des Antrags ist zulässig[10].

Der Versuch[11] ist strafbar.

[1] Die Gesetzgebung der meisten deutschen Länder enthält Strafbestimmungen wegen Entziehung des Mdj. aus der Fe., da gegenüber dem Widerstande böswilliger Angehöriger oder Dritter ein strafrechtlicher Schutz der Durchführung der Fe. nicht entbehrt werden kann (Begr. S. 92, PrFEG. § 21).

[2] StGB. § 120 trifft an sich für die Fe. nicht zu, da Fe.-zöglinge keine Gefangene und Erziehungsanstalten keine Gefängnisse sind (RGE. Strafsachen 27, S. 367). § 120 kann daher nur angewandt werden, wenn ein Zögling dem Haftrecht des Staates bei Anwendung von Polizeigewalt und Strafgewalt entzogen wird (RGE. Strafsachen 39, S. 8).

[3] StGB. § 235 kann nur angewandt werden, wenn zwischen Zögling und Erziehungsleiter ein Verhältnis, wie es dieser Paragraph vorsieht, angenommen wird. Ob ein solches besteht, ist bestritten (RGE. Strafsachen 37, S. 1; 48 S. 108 dagegen 40 S. 93). Es muß aus den einzelnen Bestimmungen des dem StGB. zugrunde liegenden gesetzgeberischen Gedanken er-

mittelt werden, welche Personen als Eltern, Vm., Pfleger in Betracht kommen.

[4] Ist sowohl StGB. § 235 als auch § 76 verletzt, so ist nach StGB. § 235 zu entscheiden, da § 76 nur Anwendung finden kann, wenn nicht Verfehlung gegen StGB. § 235 vorliegt.

[5] Wenn formlose Ermittlungen begonnen haben, findet § 76 noch keine Anwendung, sondern erst, wenn das VG. Ermittlungen anstellt, die zur endgültigen Überweisung führen sollen (KG. Jahrbuch 34 A. 56). Ein formeller Einleitungsbeschluß ist nicht erforderlich (KG. Jahrbuch 44 A. 51 und § 63 Anm. 4).

[6] Entziehung ist jede Tätigkeit, die geeignet ist, einen Zustand herbeizuführen, der die Durchführung der Fe. vereitelt, sofern die Entziehung auf Herbeiführung eines Zustandes von einer gewissen Dauer gerichtet ist. Der Begriff „Entziehung" umfaßt auch Unterlassungen, z. B. Verweigerung der Angabe des Aufenthalts des Mdj. durch die Eltern (RGE. Strafsachen 37 S. 162, dagegen 16 S. 25).

[7] Der Verleitung macht sich schuldig (StGB. § 48), wer einen andern zu der von demselben begangenen strafbaren Handlung durch Geschenke oder Versprechungen, Drohungen oder Mißbrauch des Ansehens oder der Gewalt, durch absichtliche Herbeiführung oder Beförderung eines Irrtums oder anderer Mittel vorsätzlich bestimmt.

[8] Vorsätzlich behilflich sein (StGB. § 49) bedeutet wissentliche Hilfeleistung (z. B. Verbergen des Mdj., Beschaffung von Ausweispapieren). Nach RGE. Strafsachen 38 S. 138 schließt Mitleid mit dem Mdj., das kein vorsätzliches Entgegenarbeiten gegen die Fe. bedeutet, oder Notstand die Strafbarkeit aus. Die Selbstentziehung des Mdj. ist nicht unter Strafe gestellt.

[9] Abweichend von den bisherigen Landesgesetzen läßt § 76 die Bestrafung wegen Entziehung nur auf Antrag der Fe.-behörde zu. Die Febehörde kann nunmehr prüfen, ob die Tat eine Verfolgung notwendig erscheinen läßt.

[10] Durch den RA. ist der Zusatz gemacht worden, daß der Antrag zurückgenommen werden kann, damit die Fe.behörde es in der Hand hat, wenn die Ermittlungen die Handlung in einem milderen Lichte erscheinen läßt, von der Bestrafung abzusehen.

[11] Der Begriff des Versuches ist in StGB. § 43 gegeben, die Bestrafung des Versuches ist nach StGB. § 44 zu bemessen. Straflosigkeit tritt unter der Voraussetzung des § 46 StGB. ein. Strafbar ist sowohl der Versuch der Entziehung als auch der Versuch der Verleitung zur Entziehung sowie endlich der Versuch des Behilflichseins zur Entziehung. Verleitung und Behilflichsein sind hier zu besonderen strafbaren Handlungen erhoben. Es sind daher in ähnlicher Weise, wie bei StGB. § 141 die Ausdrücke Anstiftung und Beihilfe, denen nach StGB. §§ 48 und 49 eine technische Bedeutung zukommt, vermieden worden (Olshausen, Kommentar zum StGB. § 141 Anm. 4).

Schlußbestimmungen.

§ 77. Welche Behörden die in diesem Gesetze der obersten Landesbehörde übertragenen einzelnen Aufgaben[1] wahrzunehmen haben, bestimmt die Landesregierung.

[1] Solche Aufgaben finden sich in §§ 4 Abs. 2; 8, 10, 11, 13 Abs. 2; 29 Abs. 4; 60 Abs. 1. Den Ländern ist hier mit Recht freie Hand gelassen worden, um etwa schon bestehende und bewährte Einrichtungen nicht zu zerstören.

§ 78. Für die aus der Durchführung dieses Gesetzes den Trägern der Jugendwohlfahrt (§ 8) erwachsenden Kosten gewährt das Reich den Ländern einen Betrag[1], der bis zu anderweiter gesetzlicher Regelung, mindestens aber für die nächsten drei Jahre, auf jährlich hundert Millionen Mark festgesetzt wird. Die Grundsätze für

seine Verteilung und Verwendung werden von der Reichsregierung mit Zustimmung des Reichsrats aufgestellt.

Die Neuregelung der Zuschüsse erfolgt durch den Reichshaushalt für das Rechnungsjahr 1926 oder besonderes Reichsgesetz.

[1] § 52 des Landessteuergesetzes vom 30. März 1920 bestimmt, daß im Falle der Zuweisung neuer Aufgaben an die Länder und Gemeinden durch das Reich die Beteiligung des Reiches an den Kosten gesetzlich geregelt werden muß. Dieser Bestimmung kommt § 78 nach. Daß trotz aller Zuweisung von Mitteln seitens des Reiches die Durchführung des RJWG. ungeheure finanzielle Schwierigkeiten machen wird, darf nicht verschwiegen werden.

Einführungsgesetz zum Reichsgesetze für Jugendwohlfahrt.

Vom 9. Juli 1922 (RGBl. I S. 647).

Der Reichstag hat das folgende Gesetz beschlossen, das mit Zustimmung des Reichsrats hiermit verkündet wird.

Artikel 1.

Das Reichsgesetz für Jugendwohlfahrt tritt am 1. April 1924[1] in Kraft. Die Reichsregierung kann mit Zustimmung des Reichsrats bestimmen, daß es ganz oder teilweise für einzelne Länder oder Jugendamtsbezirke zu einem früheren Zeitpunkt in Kraft tritt. In diesem Falle gilt § 78 entsprechend.

[1] Der Regierungsentwurf hatte das Inkrafttreten des RJWG. bereits am 1. April 1923 vorgesehen. In Anbetracht

der Schwierigkeiten, die die Vorbereitungen bereiten, ist nunmehr erst der 1. April 1924 als Zeitpunkt für das Inkrafttreten festgesetzt worden.

[2] Auf Grund dieser Ermächtigung sind die Abschnitte I bis IV und VI sowie die Schlußbestimmungen des RJWG. für

Württemberg am 1. Juli 1923,
Thüringen am 1. Juli 1923,
Hamburg am 1. November 1923,
Bremen am 1. Oktober 1923,
Lübeck am 1. Juli 1923

in Kraft getreten (RGBl. 1923, S. 554).

Artikel 2.

Vorschriften der Landesgesetze, die die Jugendwohlfahrt betreffen, bleiben insoweit[1] unberührt, als sie mit den Bestimmungen des Reichsgesetzes für Jugendwohlfahrt vereinbar sind.

[1] Soweit Vorschriften der Landesgesetze, die die Jugendwohlfahrt betreffen, nicht mit den Bestimmungen des RJWG vereinbar sind, treten an ihre Stelle die Bestimmungen des RJWG.

Artikel 3.

Bis zum Erlasse des in § 3 Nr. 5 vorgesehenen Reichsgesetzes ist die Landesgesetzgebung befugt, die Jugendgerichtshilfe zu regeln.

[1] Durch das JGG. vom 16. Februar 1923 ist die in § 3 Nr. 5 in Aussicht gestellte reichsgesetzliche Regelung der Jugendgerichtshilfe erfolgt (RGBl. 1923, S. 135ff.).

Artikel 4.

Die auf Grund der Artikel 135 und 136 des Einführungsgesetzes zum Bürgerlichen Gesetzbuch erlassenen

Landesgesetze gelten als mit dem Inkrafttreten des Reichsgesetzes für Jugendwohlfahrt aufgehoben.

[1] Art. 135 EGBGB. (Zwangserziehung Mdj.) ist durch § 64 und Art. 135 EGBGB. (Bevormundung durch einen Anstaltsvorstand usw.) und durch § 48 RJWG. ausdrücklich aufgehoben, somit müssen auch die auf Grund dieser Artikel erlassenen Landesgesetze als aufgehoben gelten.

Artikel 5.

Die Bestimmung des § 69 Abs. 2 tritt spätestens am 1. Januar 1926 in Kraft; sie kann landesgesetzlich zu einem früheren Zeitpunkt in Anwendung gebracht werden.

[1] Nach § 69 Abs. 2 sind die Fe.behörden gezwungen, für Mdj. ohne Bekenntnis besondere Anstalten bereitzustellen. Hierfür mußte ihnen genügend Zeit gelassen werden.

Artikel 6.

In den Fällen des § 47 gelten die Anstalten als geeignet, solange nicht die Landesjugendämter auf Grund vorliegender Tatsachen gegenteilig entscheiden.

[1] Nach § 47 müßte zunächst eine Prüfung der privaten Anstalten, die einen Antrag auf Bestellung zum Vm. stellen, durch das LJA. erfolgen, und erst nachdem dieses die Anstalt für geeignet erklärt hat, wäre ihre Bestellung möglich. Die unbedingte Durchführung des § 47 würde aber eine ungerechtfertigte Härte gegen bereits bestehende Anstalten bedeuten, deshalb ist ihre Eignung von vornherein angenommen worden, bis das LJA. auf Grund vorliegender Tatsachen (vgl. § 29 Anm. 5) gegenteilig entscheidet.

Artikel 7.

Die Landesgesetzgebung erläßt die zur Durchführung des Gesetzes erforderlichen Übergangsvorschriften, soweit

sie nicht von der Reichsregierung unter Zustimmung des Reichsrats getroffen werden.

Artikel 8.

Für die ersten drei Jahre nach dem Inkrafttreten des Gesetzes kann die Reichsregierung mit Zustimmung des Reichsrats einer Landesregierung auf Antrag Befreiung von der Verpflichtung zur Errichtung von Jugendämtern in überwiegend ländlichen Bezirken[2] erteilen[1]. Hierbei kann von dem nach § 78 auf das Land entfallenden Anteil ein entsprechender Betrag vom Reiche einbehalten werden.

[1] Ohne die Schwierigkeiten zu verkennen, die die Durchführung der Errichtung von JA. in überwiegend ländlichen Bezirken bereiten wird, muß doch nachdrücklich gefordert werden, daß die Reichsregierung von dieser Befugnis nur in besonderen Ausnahmefällen Gebrauch macht.

[2] Vgl. § 31 Anm. 1.

Artikel 9.

Solange ein Reichsverwaltungsgericht noch nicht errichtet ist, tritt an die Stelle dieses Gerichts in den Fällen des § 7 das Bundesamt für das Heimatwesen und in Fällen des § 18 das Reichsgericht.

Zur Geschichte des Jugendgerichtsgesetzes.

Daß das Kind, d. h. der geistig noch nicht durchgebildete, im Charakter noch nicht gefestigte Mensch im öffentlichen Leben keine Stellung haben sollte und wenn er sich gegen das öffentliche Leben auflehnt, anders behandelt werden sollte, als derjenige, der im öffentlichen Leben vollwertig ist, wurde schon im Mittelalter angenommen. So führt Krohne in einem Vortrag auf dem 27. Juristentag eine Bestimmung des Augsburger Stadtrechts an, nach der für die Verfehlungen des Kindes bis zum 15. Jahre der Vater oder ein Vormund einzustehen hat. Diese allein richtige Ansicht hat sich leider in der Rechtsentwicklung nicht durchsetzen können, da die Familie nicht imstande war, die geeigneten Maßregeln gegen die Kinder zu ergreifen, wenn sie sich gegen die öffentliche Ordnung vergangen hatten. Man griff daher nach dem Strafrecht und mühte sich festzustellen, wann die Kinder die Altersstufe erreicht hätten, um selbst für die Straftaten verantwortlich gemacht zu werden. Ausschlaggebend ist in den früheren Strafgesetzbüchern das Unterscheidungsvermögen gewesen. Das Alter, in dem das Vorliegen dieser Voraussetzung fehlte, schwankte zwischen dem 7. und 14. Lebensjahr; schließlich ließ man die Grenze überhaupt fallen.

Das geltende Strafgesetzbuch enthielt gegen die früheren Gesetze insofern einen erheblichen Fortschritt, indem es anordnete, daß Kinder unter 12 Jahren wegen der von ihnen begangenen Straftaten überhaupt nicht verfolgt werden sollten (§ 55). In der zweiten Stufe, vom 12. bis 18. Jahre, wird die Strafbarkeit davon abhängig gemacht, daß das Kind die zur Erkenntnis der Strafbarkeit erforderliche Einsicht bei Begehung der Tat besessen hat. Wird dies bejaht, so sind eine Reihe mildernder Maßnahmen vorgesehen. Es sind ausgeschaltet Todesstrafe und lebenslängliche Freiheitsstrafe, an deren Stelle Gefängnis oder Festungshaft bis zu 15 Jahren tritt. Außerdem soll die Strafe zwischen dem gesetzlichen Mindestbetrage und der Hälfte des Höchstbetrages der angedrohten Strafe bestimmt werden. In besonders leichten Fällen ist an Stelle der sonstigen Strafen bei Vergehungen und Übertretungen der Verweis zulässig. Ferner ist bestimmt, daß die Freiheitsstrafe in besonderen zur Verbüßung von Strafen jugendlicher Personen bestimmten Anstalten oder Räumen zu vollziehen ist. Ebenso schließt § 362 Abs. 3 bei jugendlichen Dirnen die Überweisung ins Arbeitshaus aus.

In diesen wenigen Bestimmungen kommt zwar der Gedanke zum Ausdruck, daß die Jugendlichen wegen ihrer Straftaten infolge ihrer mangelhaften Entwicklung weniger verantwortlich zu machen sind und daß gegen ihre strafbaren Handlungen weniger auf Vergeltungsmaßregeln als auf Erziehung hingewirkt werden muß. Im ganzen aber wird doch der Jugendliche wie der Erwachsene behandelt, und das entspricht meist seiner noch nicht abgeschlossenen geistigen und sittlichen Entwicklung nicht.

Noch weniger als das materielle Strafrecht wird das formelle dem Gesichtspunkt der Stellung des Jugendlichen als gemindert zurechnungsfähig gerecht. Die wenigen

Bestimmungen weisen eine willkürliche Prinzipienlosigkeit auf, indem zwischen dem 16., 18. und 21. Lebensjahr abgewechselt wird.

Die Notwendigkeit der Abänderung des Jugendstrafrechts und des Verfahrens wurde schon lange anerkannt. Besondere Verdienste gebühren hierbei der „Internationalen kriminalistischen Vereinigung". Als Ergebnis der Beratungen dieser sind die in den siebziger Jahren erschienenen Zwangserziehungsgesetze anzusehen, die schon mehr neben der Strafe den Erziehungsgedanken hervorkehren. Auch das BGB. hebt den Erziehungsgedanken mehr hervor, indem es dem Vormundschaftsrichter weitergehende Erziehungsrechte gibt als die bisherigen Landesrechte.

Inzwischen wurden die Reformbestrebungen auf dem Gebiete der rein strafrechtlichen Behandlung überall fortgesetzt. Erwähnt seien besonders die Verhandlungen der Juristentage von 1902 und 1904. Dort wurden diese Fragen, die jetzt gesetzlich festgelegt sind, eingehend erörtert. Auch die Justizverwaltungen beschäftigten sich damit, wovon die Preußische Ministerialverordnung von 1902 ein Beispiel gibt. Aber erst durch das Bekanntwerden der amerikanischen Einrichtungen, so besonders durch das bedeutende Buch von Dr. Bärenreiter ist die sogenannte Jugendgerichtsbewegung in fast allen europäischen Staaten in Fluß gekommen. Das System der „Probation officers" (Schutzaufsichten), die Idee, daß es zur richtigen Bewertung der Straftaten eines Eingehens auf die jugendliche Psyche bedarf, fand allgemeine Beachtung. Man war sich klar, daß hierbei der ordentliche Strafrichter nicht genügen konnte, daß er zum mindesten der Unterstützung bedurfte, um der schwierigen Frage gerecht zu werden, ob im einzelnen Falle Strafe oder Erziehung angebracht sei.

Die amerikanischen Einrichtungen wurden von deutschen Rechtslehrern und Juristen an Ort und Stelle studiert; diese veröffentlichten ihre Erfahrungen. Unter diesen Eindrücken unterbreitete Amtsgerichtsrat Köhne im Jahre 1905 der Berliner „Juristischen Gesellschaft" Vorschläge für die Einrichtung von Jugendgerichten im Rahmen des bestehenden Rechts, durch die die Vorschläge des amerikanischen Systems nach Deutschland verpflanzt werden sollten. Köhne glaubte, den Mißständen in den großen Städten zu einem großen Teil schon durch die Geschäftsverteilung abhelfen zu können, indem die Funktionen des Straf- und des Vormundschaftsrichters in die Hand derselben Person gelegt würden. Außer den von Köhne angeregten Gedanken wurde besonders der Nachbehandlung der Jugendlichen nach der Verurteilung Aufmerksamkeit geschenkt. Neben anderen Theoretikern und Praktikern hat besonders Professor Freudenthal in Frankfurt für die Jugendgerichte durch Wort und Schrift geworben. Nach einem von ihm am 2. November 1907 gehaltenen Vortrag über Jugendgerichte erfolgte die Proklamierung des in Frankfurt a. M. am 1. Januar 1908 errichteten ersten deutschen Jugendgerichts. Zu gleicher Zeit fanden Erwägungen darüber in Köln, Berlin und Stuttgart statt, und es folgten schnell eine Reihe anderer Großstädte aller Bundesstaaten. Die Regierungen förderten sie durch Ministerialerlasse.

Schon im Herbst 1908 entstand das Bedürfnis, unter den einzelnen Landesjustizbehörden einen Austausch der Erfahrungen, die man inzwischen gemacht, herbeizuführen. Es wurde von der „Deutschen Zentrale für Jugendfürsorge" am 15. bis 17. März 1909 der erste deutsche Jugendgerichtstag nach Charlottenburg einberufen, zu dem Richter, Staatsanwälte und Verwaltungsbeamte delegiert wurden.

Im Herbst 1909 wurde der Entwurf eines Abänderungsgesetzes zum Gerichtsverfassungsgesetz und einer neuen Strafprozeßordnung bekannt gegeben, die bereits einen großen Teil der im Verwaltungswege getroffenen Anordnungen gesetzlich festlegten und das Ziel der Verfechter der Jugendgerichtsbewegung verwirklichen sollten. Auf dem zweiten Jugendgerichtstag in München im Oktober 1910 wurde dieser Entwurf erörtert, im allgemeinen gebilligt, aber doch eine Reihe von Abänderungsvorschlägen gemacht, die bei der Beratung der Entwürfe in den Kommissionen und im Plenum des Reichstags vorgebracht und zum Teil erörtert wurden. Leider wurden die Hoffnungen durch den Fall der Gesetze im Reichstag vereitelt; immerhin bieten sie schätzenswertes Material. Auf dem dritten Jugendgerichtstag in Frankfurt a. M. im Oktober 1912 wurde allseits der lebhafte Wunsch ausgesprochen, die Bestimmungen über das Verfahren gegen Jugendliche aus dem gefallenen Entwurf herauszulösen und als besonderes Gesetz einzubringen. Diesem Wunsche ist die Regierung durch den Entwurf von 1912 nachgekommen. Als das Hauptziel bezeichnet die Begründung, den Jugendlichen möglichst lange vor den mit einem Strafverfahren verbundenen Schäden zu bewahren. Diesem Gedanken wurden die §§ 3—5 gerecht. Hier wurde aber in der Durchbrechung des Legalitätsprinzips in das materielle Strafrecht eingegriffen. Von den Sonderbestimmungen ist besonders zu erwähnen, daß die Landesjustizverwaltungen besondere Abteilungen für Jugendliche bei den Amtsgerichten bilden können (§ 2), daß die Schöffen bei diesen Abteilungen besonders qualifiziert sein sollen. Es wurden eingehende Bestimmungen über das Strafverfahren getroffen (§§ 6—8), die Untersuchungshaft eingeschränkt und durch andere Maßnahmen ersetzt (§ 10). Für die Hauptverhandlung wurden Sonderbestimmungen getroffen (§ 12) und schließlich die Zuständigkeit der Schöffenrichter erheblich erweitert (§ 14).

Bei der ersten Lesung im Reichstag wurde der Entwurf im allgemeinen begrüßt, aber schon von verschiedenen Seiten die Durchbrechung des Legalitätsprinzips für bedenklich gehalten; gleichwohl hat die Kommission des Reichstags ihn nicht nur angenommen, sondern eine Reihe anderer materieller Bestimmungen in das Gesetz hineingebracht. Vor allem ist hier die Hinaufrückung des absoluten Strafmündigkeitsalters auf das 14. Lebensjahr zu erwähnen (§ 13a). Ferner wurde die Bestimmung wegen Einstellung und Freispruch mangels erforderlicher Einsicht abgeändert (§ 13b). Von besonderer Wichtigkeit ist die Vorschrift, daß die Staatsanwaltschaft, das Gericht und die Vormundschaftsbehörde vor ihren Entschließungen Ermittlungen über körperliche und geistige Eigenart des Jugendlichen, über bisherige Führung und Lebensverhältnisse anzustellen haben, und sich hierbei der Mitwirkung von Vereinen und Behörden bedienen sollen, die sich der Jugendhilfe und -fürsorge gewidmet haben (§ 5b). Wird hierbei auch nur das wenigstens bei den Jugendgerichtsabteilungen wirklich geübte Verfahren gesetzlich festgelegt, so wurde man doch dem von diesen Organisationen erstrebten Wunsche gerecht und damit die Notwendigkeit gegeben, diese Organisationen, wo sie bestehen, allgemein hinzuzuziehen und wo sie nicht bestehen ins Leben zu rufen (Jugendgerichtshilfe).

Nach den Kommissionsberatungen traten viele Anfechter, z. B. Binding, aber noch mehr die Befürworter des Entwurfs hervor. Aber teils wegen der großen Gegnerschaft, noch mehr wohl, weil es die Geschäftslage des Reichstags nicht mehr zuließ, ist das Gesetz vor Schließung im Mai 1914 nicht mehr zur Verabschiedung gekommen. Die Kriegszeit mit ihren anderen umfangreichen Aufgaben brachte es mit sich, daß es nicht wieder vorgelegt wurde. Gleichwohl kam die Jugendgerichtsbewegung in der Presse nicht zur Ruhe. Auch in der Praxis wurde durch den Erlaß einer Reihe von Notverordnungen (Rauch-, Trinkverbot, Sparerlasse) dem Gedanken Rechnung getragen, daß die Regelung der Behandlung jugendlicher Rechtsbrecher eine Notwendigkeit sei. In der Kriegstagung der deutschen Jugendgerichtshilfe wurde auf Anordnung des inzwischen leider heimgegangenen Strafrechtslehrers Geheimrat Liszt ein Ausschuß für Jugendgerichte und Jugendgerichtshilfe gegründet, der wertvolle Arbeit geleistet hat. So richtete er im Jahre 1917 eine Eingabe an die Reichsjustizverwaltung zur Einbringung eines neuen Jugendgerichtsgesetzes.

Bei der Beratung des Etats der Reichsjustizverwaltung im Reichstage am 13. und 14. Mai 1918 wurde von einer Anzahl von Rednern die Frage des Jugendgerichtsgesetzes im Zusammenhang mit der zunehmenden Kriminalität besonders der Jugendlichen zur Sprache gebracht. Der Staatssekretär der Justiz erkannte an, daß die strafrechtliche Behandlung Jugendlicher eines der wichtigsten Kapitel der Strafrechtsfrage, ja der rechtspolitischen Maßnahmen überhaupt sei, daß die Regierung, nachdem ihr Entwurf im Jahre 1913 nicht verabschiedet sei, zwar aus eigener Initiative einen Entwurf nicht einbringen könne, daß aber, wenn der Reichstag zu erkennen gäbe, daß er die Materie gesondert geregelt zu wissen wünsche, die verbündeten Regierungen ihre Mitwirkung nicht versagen würden. Im Jahre 1920 wurde im Anschluß an den Entwurf eines **Gesetzes zur Abänderung des Gerichtsverfassungsgesetzes** und eines solchen über den Rechtsgang in Strafsachen ein neuer Jugendgerichtsgesetzentwurf eingebracht. Dieser unterscheidet sich von dem von 1912 dadurch, daß er nicht nur Abänderungen des Verfahrens, sondern auch solche des materiellen Strafrechts bringt. Diese Änderungen waren zwar zum größten Teil schon durch die Reichstagskommission in den alten Entwurf hineingearbeitet. Die Einbringung mit den beiden anderen Gesetzentwürfen brachte es aber mit sich, daß der Jugendgerichtsgesetzentwurf von der Verabschiedung der beiden anderen Gesetzentwürfe abhängig war. Der Entwurf wurde eingehend auf dem Jugendgerichtstag in Jena im September 1920 beraten. Bemängelt wurde besonders, daß er nicht konform mit dem gleichzeitig eingebrachten Entwurf des Jugendwohlfahrtsgesetzes sei. Im allgemeinen fand er die Billigung, weil er den Erziehungsgedanken mehr zum Ausdruck brachte. Es wurden dort in einer Entschließung folgende Wünsche geäußert: 1. bei der Übereinstimmung zwischen Jugendrichter und Staatsanwalt ist von Erhebung einer Anklage und Durchführung eines Strafverfahrens abzusehen; 2. die Stellung einer Bewährungsfrist ist in jedem Abschnitt des Verfahrens zu ermöglichen, vor Erhebung der Anklage, bei Urteilserlaß und nach Fällung des Urteils; 3. Erziehungsmaßnahmen, insbesondere Fürsorgeerziehung, sind nicht durch Strafurteil anzuordnen; 4. es ist anzustreben, daß Strafverfahren an Orten des gewöhnlichen Aufenthalts des Jugendlichen zur Durchführung kommen und, daß die vormundschaftsgerichtlichen Befugnisse möglichst frühzeitig auf den Jugendrichter übergehen, mindestens mit der zu fordernden richterlichen Vernehmung.

Der Entwurf wurde im Reichsrat nach Scheitern der beiden anderen Gesetze umgearbeitet, auch auf Grund des inzwischen verabschiedeten JWG. umgestaltet und erst im Jahre 1922 gelangte der jetzige Entwurf in den Reichstag. Er wurde nach der ersten Lesung einem Ausschuß überwiesen, dem eine Reihe von Abänderungsanträgen zuging. Die Beratung ging hier aber so schnell von statten, daß die zweite Lesung im Plenum bereits am 27. Januar 1923 stattfinden konnte. Mit wenigen Änderungen wurde das Gesetz in zweiter und dritter Lesung verabschiedet. Die §§ 1 und 45 Abs. 1 treten mit der Verkündung, das ganze Gesetz am 1. Juli in Kraft (§ 43).

Jugendgerichtsgesetz.

Vom 16. Februar 1923 (RGBl. Teil I S. 135).

Vorbemerkungen.

Das Gesetz zerfällt in drei Abschnitte; der I., §§ 1—16, enthält im wesentlichen materiell rechtliche Vorschriften; der II., §§ 17—42, ordnet die Verfassung des Jugendgerichts und hebt die Punkte hervor, in denen sich das Verfahren gegen Jugendliche von dem allgemeinen Strafverfahren unterscheidet; der III., §§ 43—51, bringt Übergangsbestimmungen und Änderungen einiger anderer Gesetze.

Von dem Entwurf von 1912 unterscheidet er sich im wesentlichen durch die Hineinarbeitung der materiellen Strafbestimmungen, von dem von 1920 dadurch, daß er in Verbindung mit dem inzwischen verabschiedeten JWG. gebracht ist und daß einerseits wieder die Bestimmung der alten StPO. unter mannigfacher Abweichung, anderseits die Anregungen des Jenaer Jugendgerichtstages und des Reichsrats hineingearbeitet worden sind. In materieller Beziehung führt das Gesetz die Erhöhung der Altersgrenze auf das 14. Lebensjahr ein, indem es die weitere Ausdehnung auf das 16., ja 18. Jahr ablehnt. An der Grenze des 18. Lebensjahrs als bedingtem Strafmündigkeitsalter wird festgehalten. Bei Personen, die zwischen dem 14. und 18. Lebensjahr strafrechtlich verfolgt werden, hat das Gericht die Wahl, ob es Strafe oder Erziehungsmaßnahmen anordnen will (§ 5). Gestraft soll nur werden, wenn der Jugendliche zur Zeit der Begehung der Tat nach seiner geistigen und sittlichen Entwicklung fähig war, das Ungesetzliche seiner Tat zu erkennen und seinen Willen danach zu bestimmen. Das Gesetz vertritt mit der Strafrechtskommission und dem Entwurf von 1912 die Auffassung, daß das Erfordernis des Unterscheidungsvermögens zwar nicht als wertlos zu streichen, aber so auszugestalten ist, daß Bedenken dagegen beseitigt werden. Die fehlende Einsichtsfähigkeit soll also nicht schlechthin, sondern nur dann die Strafe ausschließen, wenn sie in einer noch nicht abgeschlossenen oder gehemmten Entwicklung, in mangelnder seelischer Reife ihren Grund hat; und neben dem Verstandesmangel soll auch ein Mangel in der Willensbildung, soweit er auf mangelnder Reife beruht, zum Ausschluß der Strafbarkeit führen (Begründung § 10).

Ergibt sich diese mangelnde Einsichts- und Willensfähigkeit, so darf die Staatsanwaltschaft mit Zustimmung des Jugendrichters das Verfahren einstellen. Die weiteren Maßnahmen sind Sache des letzteren. Zeigt sich der Mangel erst im Hauptverfahren, so wird der Jugendliche freigesprochen. Das Jugendgericht kann aber, wenn Erziehungsmaßnahmen notwendig sind, diese anordnen. Wenn nicht schon die Erörterung der Einsichtsfrage ergibt, daß keine Klage zu erheben ist, so hat die Staatsanwaltschaft zu prüfen, ob die Strafverfolgung nicht aus einem anderen Grunde zwecklos ist. Das kann der Fall sein, wenn bereits eine Erziehungsmaßnahme angeordnet ist und weitere nicht erforderlich erscheinen, oder es liegt ein besonders leichter Fall vor, in dem nach § 9 von Strafe abgesehen werden kann. Auch hier kann mit Zustimmung des Jugendrichters von Erhebung der Klage abgesehen werden und nach Erhebung der Anklage das Verfahren eingestellt werden (§ 30 Abs. 2). Wird die Einsichts- und Willensfähigkeit bejaht, so ist nicht zu fragen, wie ist zu strafen, sondern, was kann geschehen, damit der Jugendliche nicht wieder strauchelt, damit er vom falschen Wege abgebracht und auf dem rechten Wege gehalten wird. Das Gericht steht dem Jugendlichen nicht mehr als Strafgericht, sondern als Erziehungsgericht gegenüber. Es hat, wenn Erziehungsmaßnahmen ausreichend sind, überhaupt von Strafe abzusehen (§ 6). Genügen diese nicht, so ist neben ihnen Strafe zu verhängen. Bedarf es indessen besonderer Erziehungsmaßnahmen nicht, so ist allein auf Strafe zu erkennen oder in besonders leichten Fällen überhaupt von Strafe abzusehen (§ 9 Abs. 4).

Die zulässigen Erziehungsmaßnahmen sind in § 7 gegeben. Neben diesen kann die Reichsregierung mit Zustimmung des Reichsrats noch andere für zulässig erklären. Die Voraussetzungen für die Anordnung der SchA. und der Fe. bestimmen sich nach dem RJWG. (§ 7 Abs. 3). Das Jugendgericht hat im allgemeinen die Erziehungsmaßnahmen selbst anzuordnen, kann sie aber auch dem Vormundschaftsgericht überlassen. Die Fe. darf das Jugendgericht nur anordnen, wenn es auch außerhalb des Verfahrens in erster Instanz zu ihrer Anordnung befugt ist. In der Praxis wird die letzte Bestimmung selten Bedeutung haben, da das Jugendgericht meist auch Vormundschaftsgericht sein wird. Ist das aber nicht der Fall, und will das Jugendgericht die Erziehungsmaßnahmen nicht anwenden, so hat es sich auf den Ausspruch zu beschränken, daß Erziehungsmaßnahmen notwendig sind. Das ordentliche Vormundschaftsgericht ist dann an diesen Ausspruch gebunden. Es kann aber selbst die Wahl treffen (§ 5 Abs. 3 S. 2). Wie nach dem RJWG. vorläufige Fe. notwendig ist (§ 67), so gestattet auch das JGG. dem Jugendrichter vorläufige Anordnungen über Erziehung und Unterbringung (§ 8).

Die Strafmittel werden in § 9 erschöpfend aufgezählt. Der Entwurf hatte dem Richter möglichste Bewegungsfreiheit gegeben; der Ausschuß des Reichstags hat indessen die Bestimmungen des § 57 StGB. wiederhergestellt mit der Abänderung, daß das Höchstmaß der Gefängnisstrafe, die an Stelle der Todes- oder lebenslänglichen Zuchthausstrafe tritt, auf 10 Jahre und ebenso an Stelle der lebenslänglichen Festungshaft solche von 10 Jahren festgesetzt wird. Abgelehnt wurde ein Antrag, der gegenüber Jugendlichen an Stelle einer nicht beizutreibenden Geldstrafe eine Ersatzfreiheitsstrafe ausschließt, da dadurch die Geldstrafe als Strafmittel jede Bedeutung verlieren würde. Im Wege der Zwangsvollstreckung ist diese nur in seltenen Fällen zu erlangen. Es muß daher dafür gesorgt werden, daß die Jugendlichen sich freiwillig zur Zahlung entschließen; und gerade in der ratenweisen Zahlung der Geldstrafe ist ein bedeutendes Erziehungsmittel zu erblicken. Um aber ein solches zu sein, ist der Druck der Vollstreckung der Ersatzfreiheitsstrafe notwendig.

Der Verweis ist abgeschafft. Er unterscheidet sich von dem Erziehungsmittel der Verwarnung nur insofern, als er rückfallwirkend ist. Daß diese schon oft als außerordentlich hart empfundene Folge der Verweisstrafe beseitigt ist, ist sehr erfreulich. Liegt der Fall so leicht, daß selbst die geringste Geldstrafe noch zu hart erscheint, so kann, wie schon erwähnt, von Strafe abgesehen werden. Die verhängte Strafe soll in den Dienst der Erziehung gestellt werden. Während in dem bisherigen Verfahren die Aussetzung der Vollstreckung unter Gewährung einer Bewährungsfrist unabhängig vom Urteil durch Gerichtsbeschluß erging, soll die Strafe jetzt im Urteil selbst ausgesetzt werden (§ 10). Damit sich das Gericht in jedem Fall mit der Frage der Aussetzung befaßt, muß es sich in der Urteilsbegründung darüber aussprechen, wenn die Strafaussetzung abgelehnt oder die Aussetzung vorbehalten ist. Die Aussetzung soll insbesondere dann erfolgen, wenn die sofortige Vollstreckung die angeordneten Erziehungsmaßnahmen gefährden würde. Entsprechend dieser Bestimmung soll Strafe gegen Fe.zöglinge nur nach Anhörung der Fe.behörde vollstreckt werden (§ 35). Das entspricht dem bereits im Verwaltungswege angeordneten und geübten Verfahren. Sobald eine Ersatzfreiheitsstrafe vollstreckt werden kann, hat das Gericht eine besondere Entscheidung zu treffen, ob nicht Strafaussetzung angezeigt erscheint (§ 14). Wie erwähnt, ist die Geldstrafe als besonders gutes Erziehungsmittel erprobt. Bereits in § 5 des Gesetzes vom 21. Dezember 1921 sind über die Teilzahlungen Bestimmungen getroffen. Neben diesem Gesetz, das den Gerichten die Befugnis gewährt, statt einer ausschließlich möglichen Freiheitsstrafe auf Geldstrafe zu erkennen (§ 3), und die Vollstreckung einer Ersatzfreiheitsstrafe zu untersagen (§ 8), verliert aber die bedingte Strafaussetzung auch bei Jugendlichen nicht ihre Bedeutung, da die Bestimmungen des erwähnten Gesetzes sich nur auf Vergehen und Freiheitsstrafen von weniger als 3 Monaten beschränken.

Die Beschränkung der Strafaussetzung auf das Urteil kann zu Härten führen, wenn Tatsachen, die sie begründet erscheinen lassen, erst nachträglich bekannt werden. Hier den Jugendlichen auf den Gnadenweg zu verweisen, wäre zweckwidrig. Das Gesetz gestattet daher (§ 11) die nachträgliche Aussetzung, auch wenn sie im Urteil abgelehnt und mit der Vollstreckung bereits begonnen ist. Letztere Bestimmung ist durch § 23 StGB. über die vorläufige

Entlassung nicht entbehrlich, da diese nur für längere Freiheitsstrafe berechnet und an die Verbüßung eines erheblichen Teils der Strafe geknüpft ist. Sie gestattet auch nicht, eine über die Strafdauer hinausgehende Probezeit zu gewähren.

Die Probezeit ist auf mindestens zwei, höchstens fünf Jahre bemessen. Ist sie auf kürzer als fünf Jahre festgesetzt, so kann sie auf diese Zeit verlängert werden (§ 12). Eine Überwachung des Verurteilten liegt dem Jugendgericht ob. Bietet die Führung zu Bedenken Anlaß, verletzt der Verurteilte z. B. hartnäckig die ihm auferlegten Pflichten, so kann die Probezeit verlängert und auferlegte Pflichten und Beschränkungen verschärft und äußerstenfalls die Strafe vollstreckt werden. Um die Überwachung durchzuführen, bedarf der Jugendrichter Hilfskräfte; diese soll ihm in erster Linie das Jugendamt gewähren (§ 12 Abs. 5). Die Überwachung war bei dem bisherigen Verfahren der Strafaussetzung nur darauf beschränkt, daß der Jugendliche verpflichtet war, seinen Aufenthaltswechsel dem Gericht anzuzeigen. Im übrigen waren nur gegen Ende der Bewährungsfrist Ermittlungen vorgeschrieben. Allerdings geht man dort, wo straf- und vormundschaftsrichterliche Tätigkeit bei einem Richter vereinigt ist, in der Praxis schon jetzt darüber hinaus. Es ist längst als wertvoll erkannt, daß dem Jugendlichen während der Bewährungsfrist ein Halt gegeben werden muß. Die Eltern und gesetzlichen Vertreter bieten oft nicht die Sicherheit dafür, daß sie solchen Halt gewähren. So sind von den Gerichten schon jetzt zahlreiche Schutzaufsichten zum Zwecke der Überwachung bestellt worden. Diese Überwachung macht das Gesetz nun zur Pflicht. Wenn auch nach Möglichkeit das Jugendamt hierzu berufen ist, so wird nichts im Wege stehen, die bewährten Hilfskräfte weiter mit dieser Überwachung und den Ermittlungen zu betreuen. Dazu bietet auch mit Inkrafttreten des RJWG. § 11 die Möglichkeit, nach dem das Jugendamt gewisse Aufgaben seiner Zuständigkeit Ausschüssen usw. übertragen kann. Es muß nur eine Verbindung zwischen diesen sogenannten Jugendgerichtshilfen und dem Jugendamt eintreten, da letzteres für sachgemäße Erledigung der ihm durch das Gesetz übertragenen Aufgaben verantwortlich ist.

Eingehende Bestimmungen trifft das Gesetz noch darüber, wie es zu halten ist, wenn der Jugendliche von neuem verurteilt wird (§ 13), über die Vollstreckung der Ersatzfreiheitsstrafe (§ 14) und über den Erlaß der Strafe (§ 15). Die Vorschriften über den Strafvollzug betonen, daß durch diesen die Erziehung gefördert werden soll (§ 16).

Die wesentliche Bestimmung über das Verfahren gegen Jugendliche ist die Überweisung aller Straftaten Jugendlicher an die Jugendgerichte (Schöffengerichte). Würde die Straftat nach den allgemeinen Zuständigkeitsvorschriften zur Zuständigkeit des Schwurgerichts oder Reichsgerichts gehören, so ist das Jugendgericht mit zwei Richtern und zwei Schöffen zu besetzen.

Während für die Anwendung der materiellen Vorschriften (§§ 1—16) die Zeit der Tat entscheidend ist, sollen von dem Jugendgericht grundsätzlich nur solche Personen abgeurteilt werden, die zur Zeit der Erhebung der Anklage das 18. Lebensjahr noch nicht vollendet haben. Ausnahmsweise soll aber die Staatsanwaltschaft auch für ältere Beschuldigte die Zuständigkeit des Jugendgerichts und damit die Anwendung der besonderen Verfahrensvorschriften dadurch begründen können, daß die Anklage vor dem Jugendgericht erhoben wird; doch darf der Beschuldigte zur Zeit der Erhebung der Anklage das 21. Lebensjahr noch nicht vollendet haben. Die Staatsanwaltschaft wird von dieser Befugnis dann Gebrauch machen, wenn die Straftat kurz vor Vollendung des 18. Lebensjahrs begangen ist, und noch Erziehungsmaßnahmen angezeigt erscheinen. Ist die Zuständigkeit des Jugendgerichts einmal begründet, so bleibt sie, auch wenn der Jugendliche inzwischen das 21. Lebensjahr überschritten hat (§ 18). Da es indessen unzweckmäßig wäre, ein Strafverfahren gegen jemand, der vor dem 18. Lebensjahre angeklagt, dann flüchtig geworden und erst nach Jahren zur Aburteilung kommt, in der nunmehr nicht mehr passenden Form durchzuführen, so ist dem Gericht gestattet (§ 18 Abs. 2) die Sache zum ordentlichen Verfahren zu verweisen, wenn der Angeklagte inzwischen das 21. Lebensjahr vollendet hat.

Das Verfahren vor dem Jugendgericht richtet sich im allgemeinen nach den Bestimmungen der StPO. über das vor den Schöffengerichten, doch sind verschiedene Abänderungen zur Förderung des Erziehungsgedankens gegeben. Erwähnt ist schon, daß Jugendrichter und Vormundschaftsrichter möglichst dieselbe Person sein sollen. Die näheren Bestimmungen trifft die oberste Landesbehörde. Es wird sich nicht vermeiden lassen, daß die Strafsachen, die früher zur Zuständigkeit der Strafkammer gehörten, ebenso wie die Funktion des sogenannten „großen Jugendgerichts" für mehrere Gerichtsbezirke einem Gericht übertragen werden. Kann hier auch nicht der zuständige Vormundschaftsrichter als Jugendrichter tätig sein, so liegt doch in der Person des Jugendrichters die Gewähr, daß das Erziehungsinteresse mehr gewahrt wird, als es bisher bei den Verfahren vor ben Strafkammern der Fall war.

Bereits in den Verordnungen der Landesbehörden war angeordnet worden, daß Strafsachen gegen Jugendliche von denen gegen Erwachsene möglichst getrennt werden sollen. Diese Anordnung ist aber vielfach nicht durchgeführt. Jetzt trifft das Gesetz, und zwar noch schärfer als es der Entwurf getan, die Bestimmung, daß Jugendsachen mit Strafsachen gegen Erwachsene nicht verbunden werden sollen. Nur wenn ohne Nachteil für die Wahrheitsermittlung und die Einheitlichkeit der Beurteilung — was selten der Fall sein wird — der Jugendliche aus dem Verfahren gegen Erwachsene nicht herausgelöst werden kann, muß ersterer im ordentlichen Verfahren abgeurteilt werden. Daß der Erwachsene dem Jugendverfahren unterworfen wird, erscheint nicht angängig. Jedenfalls ist zu erwarten, daß die häufigen Diebstahlsfälle Jugendlicher, die dem ordentlichen Gericht deshalb überwiesen werden, weil ein erwachsener Hehler mit angeklagt ist, nunmehr verschwinden.

Dem Erziehungsinteresse entspricht es, daß für das Jugendgericht besonders qualifizierte Schöffen bestellt werden. Der Entwurf hatte daher vorgeschlagen, daß Jugendschöffen auf Vorschlag des Jugendamts von einer von der Landesbehörde zu bestimmenden Stelle ernannt werden sollten. Im Ausschuß wurde indessen ein Antrag angenommen, sie auf Vorschlag des Jugendamts von dem nach § 40 GVG. vorgesehenen Ausschuß auszuwählen und in eine besondere Liste aufzunehmen. Das Wesentlichste wird sein, daß das Jugendamt geeignete Schöffen vorschlägt; dann ist es unerheblich, ob sie aus dieser Zahl ernannt oder vom Ausschuß gewählt werden. Überhaupt wird die Auswahl der Jugendschöffen nur von Bedeutung sein, wo Jugendsachen in einigermaßen erheblicher Zahl vorkommen. Finden bei einem Gericht im Jahre nicht einmal

10 Jugendsitzungen statt, so ist der obersten Landesbehörde nachgelassen, von der Bestellung besonderer Jugendschöffen abzusehen (§ 20 Abs. 2). Sind nicht besondere Jugendgerichte bestellt, sollen die Verhandlungen gegen Jugendliche von denen Erwachsener so getrennt werden, daß eine Berührung dieser mit den Jugendlichen vermieden wird (§ 33).

Daß mit der Bearbeitung der Jugendsachen tunlichst ein Beamter bei der Staatsanwaltschaft beauftragt wird, wird schon jetzt in der Praxis wohl allgemein beachtet.

Von besonderer Bedeutung ist die Mitwirkung der Organe der Jugendgerichtshilfe bei dem Verfahren. Obgleich dieses sich nach den weiteren Bestimmungen von selbst versteht, ist diese Bestimmung noch besonders aufgenommen (§ 22). Schon jetzt ist durch Verwaltungsvorschriften angeordnet, daß die Lebensverhältnisse des Beschuldigten sowie die zur Beurteilung seiner körperlichen und sittlichen Eigenart dienenden Umstände vorher zu erforschen sind. Zu diesem Zweck haben sich überall in den Großstädten und vielfach auch in kleineren Orten Jugendgerichtshilfen meist aus freiwilligen Helfern gebildet. Das Gesetz ordnet diese Ermittlungen in § 3 Abs. 1 an. Um dem Jugendlichen durch die öffentliche Erörterung seines Straffalls keine Nachteile zu bereiten, ist die Verhandlung vor dem erkennenden Gericht einschließlich der Verkündung der Entscheidung nicht öffentlich. Nur erwachsene Personen, die an dem Jugendlichen oder an seiner Tat ein Interesse haben, müssen oder können zugelassen werden. Dazu gehört, was noch besonders vom Ausschuß eingefügt worden ist, die zur Ausübung der Schutzaufsicht bestellte Person (§ 23).

Untersuchungshaft soll nur in äußersten Fällen gegen einen Jugendlichen vollzogen werden. Es sind besondere

Vorkehrungen zu treffen, um den seelischen Druck der Untersuchungshaft zu erleichtern. Die Bestimmungen lehnen sich an § 10 der Beschlüsse der Reichstagskommission zur Vorlage von 1912 an. Dem Jugendrichter und dem Vormundschaftsrichter muß die Staatsanwaltschaft von dem Erlaß des Haftbefehls Kenntnis geben. Nicht zu vollziehen ist sie, wenn sie durch Maßnahmen nach § 8 (Unterbringung in ein Heim, Fe. usw.) zu vermeiden ist. Die Entscheidung über die Vollziehung der Untersuchungshaft hat das zuständige Jugendgericht, in dringenden Fällen das Jugendgericht, in dessen Bezirk sie vollzogen werden soll. Wird zur Abwendung der Untersuchungshaft eine Unterbringung nach § 8 angeordnet, so gehören die Kosten dieser Unterbringung zu den Kosten des Verfahrens. Sie sind aus der Staatskasse zu bestreiten, wenn der Beschuldigte nicht zu den Kosten verurteilt wird oder sie von ihm nicht beigetrieben werden können (Begründung zu § 26 S. 20).

Die Verteidigung ist notwendig, wenn die Straftat nach den allgemeinen Vorschriften zu der Zuständigkeit des Reichs- oder Schwurgerichts gehört. Wird also ein Verfahren vor dem großen Jugendgericht, vor dem diese Sachen verhandelt werden, anhängig, so ist die Verteidigung notwendig. Die StPO. enthält ferner die Bestimmung, daß Jugendliche, die taub oder stumm sind, oder das 16. Lebensjahr nicht vollendet haben, sowie wenn eine Tat, die nicht nur wegen Rückfalls ein Verbrechen ist, den Gegenstand der Untersuchung bildet und der Jugendliche oder sein gesetzlicher Vertreter die Zuordnung eines Verteidigers beantragen, ein solcher bestellt werden muß. Diese Bestimmung ist überflüssig geworden, da die Strafkammer in erster Instanz nicht mehr gegen Jugendliche allein verhandelt. Die Bestellung eines Beistandes ist nur in dem Ausnahmsfalle des § 81 StPO. notwendig, wenn es sich um die Unterbringung des Angeklagten in eine Anstalt zur Beobachtung des Geisteszustandes handelt. Es soll aber in allen anderen Fällen dem Jugendlichen ein Verteidiger bestellt werden, insbesondere wenn die Sachlage verwickelt ist (§ 29 Abs. 2). Statt des Verteidigers und auch neben ihm ist die Bestellung eines Beistandes zulässig, und zwar in jeder Lage des Verfahrens. Das Jugendamt muß auf sein Verlangen sogar zum Beistand bestellt werden, wohingegen der gesetzliche Vertreter nur ausnahmsweise dafür ausersehen werden soll. Der Beistand hat die Rechte des Verteidigers. Seine Tätigkeit wird sich aber nicht darin erschöpfen, daß er die Rechte des Jugendlichen im Strafverfahren wahrnimmt, sondern er soll die Vertrauensperson werden, die ihm besonders nach Abschluß des Verfahrens weiterhilft. Wird eine Schutzaufsicht angeordnet, so wird in der Regel der Beistand die Schutzaufsicht übernehmen. Überhaupt wird der Beistand, wie ja auch die Hineinziehung des Jugendamts ergibt, aus den in der Jugendfürsorge erfahrenen und zur Verfügung stehenden Personen gewählt werden.

Wenn der gesetzliche Vertreter in der Regel auch nicht zum Beistand bestellt werden soll, so gibt das Gesetz ihm doch weitergehende Rechte, als sie § 149 StPO. gewährte. Er darf bei allen Amtshandlungen gegen den Beschuldigten, auch im Vorverfahren zugegen sein. Die Entscheidungen, die dem Jugendlichen bekannt zu machen sind (Urteile, Strafverfügungen, Strafentscheide, Anklageschrift, wenn sie dem Jugendlichen mitgeteilt werden muß) sind auch dem gesetzlichen Vertreter bekanntzugeben. Auch hierin hat sich das Gesetz den Beschlüssen der Reichstagskommission zum Entwurf von 1912 angeschlossen. Der gesetzliche Vertreter kann auch wie bisher für den Beschuldigten einen Verteidiger wählen, Rechtsmittel einlegen und Antrag auf Wiederaufnahme des Verfahrens stellen (§ 137 Abs. 2, § 340, § 405 StPO.).

Unstatthaft ist gegen den Beschuldigten das Privatklageverfahren sowie das vereinfachte Verfahren nach § 211 StPO. Strafbefehl und Strafverfügung sind zwar zulässig, aber auf Geldstrafe und Einziehung beschränkt (§§ 39, 40). Die Ersatzfreiheitsstrafe ist auch bei polizeilichen Verfügungen vom Jugendrichter festzusetzen und dabei zu prüfen, ob nicht Aussetzung angezeigt erscheint (§§ 14, 15). Besondere Bestimmungen sind getroffen, um die mit der Jugendfürsorge befaßten Stellen sämtlich in Beziehung zu halten!

Zu eingehenden Erörterungen bei der Beratung des Gesetzes im Plenum des Reichstags ist es noch über die Fassung des § 42 gekommen, in dem die Stellung des Jugendamts zu der Jugendgerichtshilfe, soweit sie von privaten Organen betrieben wird, geregelt wird. Der Entwurf überließ es den Landesregierungen, die Rechte und Pflichten, die das Gesetz dem Jugendamt zuweist, Vereinigungen zu übertragen, die sich mit der Jugendfürsorge befassen. Diese Vereinigungen sollten ihre Tätigkeit im Benehmen mit dem Jugendamt ausführen. Der Ausschuß nahm nach dem Antrag des Berichterstatters eine Fassung an, nach der nicht die Landesregierungen die Entscheidung darüber haben sollten, sondern machte die Jugendämter obligatorisch zur zuständigen Instanz. Den Landesregierungen sollte nur die Möglichkeit gegeben werden, über das Zusammenwirken der Jugendämter mit diesen Vereinigungen Vorschriften zu erlassen, wobei noch ausdrücklich auf § 6 RJWG. hingewiesen wird, der die

Zusammenarbeit des Jugendamts mit den freiwilligen Vereinigungen regelt. Diese Fassung wurde im Plenum stark angegriffen. Man wollte die Tätigkeit der Jugendgerichtshilfe, die bisher im wesentlichen besonders in Bayern von freiwilligen Organisationen geübt ist, nicht reichsgesetzlich der Leitung des Jugendamts unterstellen, von dem man in manchen Orten politische Einflüsse befürchtete. Der Antrag, die Regierungsvorlage wieder herzustellen, wurde indessen mit geringer Mehrheit abgelehnt. Fallengelassen ist die Bezugnahme auf § 6 RJWG. Das RJWG. legt nämlich die Aufgabenkreise nicht nur in § 6, sondern auch in § 11 fest. Nach letzterem kann es die Vereinigungen der Jugendhilfen mit gewissen Aufgaben betrauen. Es kann also die ganze Jugendgerichtshilfe solchen Vereinigungen übertragen. Das wäre nach Ansicht eines Redners nicht möglich gewesen, wenn das Gesetz die Bezugnahme auf § 6, nicht aber auf § 11 in § 42 enthalten hätte. Nach der jetzigen Fassung haben also die Jugendämter die Befugnis, entweder selbst die Jugendgerichtshilfe zu betreiben und die freiwillige Tätigkeit zur Mitarbeit heranzuziehen (§ 6) oder das Jugendamt kann die Ausübung freiwilligen Organisationen zur selbständigen Tätigkeit übertragen (§ 11). Es ist zu wünschen, daß die Befürchtungen, die bei der Beratung wegen der Ausschaltung der freiwilligen Vereinigungen geltend gemacht wurden, nicht eintreten mögen, denn gerade auf diesem Gebiete ist die freiwillige Tätigkeit außerordentlich wertvoll.

Im dritten Abschnitt sind Übergangs- und Ausführungsbestimmungen (§§ 43, 44, 45, 51). Ferner sind verschiedene Bestimmungen, die mit dem JGG. nicht vereinbar sind, aufgehoben (§§ 47, 48, 49, 50).

Erläuterungen.

Erster Abschnitt.

§ 1. Ein Jugendlicher[1] im Sinne dieses Gesetzes ist, wer über vierzehn[2], aber noch nicht achtzehn Jahre alt ist[3, 4].

[1] Durch die Begriffsbestimmung des Jugendlichen im Sinne dieses Gesetzes wird die Fassung der weiteren Vorschriften vereinfacht. Jedoch erfährt die Bestimmung des Jugendlichen in den 3 Stadien des Verfahrens eine verschiedene Abgrenzung, je nachdem er zur Zeit der Begehung der Tat, während des Strafverfahrens und während des Strafvollzugs das 14. Lebensjahr vollendet, das 18. aber noch nicht erreicht hat.

[2] Der Tag der Geburt wird bei der Berechnung des Lebensalters mitgerechnet (§ 187 Abs. 2 BGB.), so daß das 14. Lebensjahr mit dem Ablauf des dem Jahrestage der Geburt vorhergehenden Tages vollendet wird.

[3] Unter 14 Jahre alte Personen nennt der Vorentwurf zum Strafgesetzbuch „Kinder" (§ 9 Abs. 1 Ziff. 1). Sie gelten als nicht zurechnungsfähig. Nach § 10 des Entwurfs zum StGB. von 1919 ist strafbar nur, wer schuldhaft handelt, wer den Tatbestand einer strafbaren Handlung vorsätzlich oder fahrlässig verwirklicht und zur Zeit der Tat zurechnungsfähig ist.

[4] Die Bedeutung der Strafunmündigkeit ist im geltenden Recht strittig. Das Reichsgericht sieht in ihr in ständiger Praxis einen persönlichen Strafausschließungsgrund (RG. 53, 86, 143 ff.). In der Wissenschaft herrscht die Meinung vor, daß es sich um einen Schuldausschließungsgrund handelt. Letzterer Ansicht schließt sich der Entwurf von 1919 an, indem er bestimmt, daß das Kind als nicht zurechnungsfähig gilt (Entwurf § 129).

§ 2. Wer eine mit Strafe bedrohte Handlung begeht, ehe er vierzehn Jahre[1] alt geworden ist, ist nicht strafbar[2, 3].

[1] Die auf dem Jenaer Jugendgerichtstag 1920 vielfach erhobene Forderung, die Strafmündigkeit auf das 16. oder gar 18. Lebensjahr heraufzusetzen, hat das Gesetz nicht angenommen. Gegenüber der besonders von Noppel und Klumcker (Zentralblatt 12, S. 57) vertretenen Ansicht, daß bis zum 18. Lebensjahre nur Erziehungsmaßnahmen angezeigt erscheinen, wurde von Polligkeit und anderen betont, daß im Alter von 14 bis 18 Jahren Rechtsübertretungen vorkommen, für welche die Erziehungsmittel nichts an die Hand geben. In solchen Fällen muß Strafe eintreten, allerdings unter den in §§ 3 ff. gegebenen Kautelen.

[2] § 55 S. 2 und 3 StGB. geben die Möglichkeit, für die Strafunmündigen Erziehungsmaßnahmen anzuwenden, die der Vormundschaftsrichter nach Feststellung der Verfehlungen durch ihn anordnet. Dieser Paragraph ist entbehrlich geworden, nachdem das RJWG. die Fe. geregelt hat. § 55 StGB. ist daher durch § 47 des Gesetzes aufgehoben.

[3] § 3 tritt mit der Verkündung des Gesetzes in Kraft (§ 43 S. 1).

§ 3. Ein Jugendlicher, der eine mit Strafe bedrohte Handlung begeht, ist nicht strafbar, wenn er zur Zeit der Tat nach seiner geistigen oder sittlichen Entwicklung unfähig war[1], das Ungesetzliche der Tat einzusehen oder seinen Willen dieser Einsicht gemäß zu bestimmen[2, 3, 4, 5].

[1] Im Gegensatz zu § 56 StGB., der bei Jugendlichen die zur Erkenntnis der Strafbarkeit der Handlung erforderliche Einsicht verlangte, wird hier die geistige und sittliche Entwicklung gefordert, um das Ungesetzliche der Tat einzusehen und seinen Willen dieser Einsicht gemäß zu bestimmen. Das Gesetz folgt damit dem § 130 des Entwurfs von 1919. Die bisherige Voraussetzung setzt die Einsichtsfähigkeit nicht zu dem Entwicklungszustande in Beziehung. Der Mangel der Ein-

sichtsfähigkeit darf nicht schlechthin, sondern nur dann zum Ausschluß der Verantwortlichkeit führen, wenn er die Folge zurückgebliebener Entwicklung oder einer geistigen oder sittlichen Unreife ist. Anderseits darf die besondere Unzurechnungsfähigkeit nicht auf das Fehlen der Einsichtsfähigkeit beschränkt bleiben. Sehr häufig wird die geistige oder sittliche Unreife gerade darin ihren Ausdruck finden, daß der Jugendliche, obwohl er weiß, daß er Unrecht tut, doch dem Anreiz zu diesem Tun nicht widerstehen kann (Denkschrift zum Entwurf StGB. 1919, S. 110).

[2] Die Bestimmung enthält einen von den Praktikern erfüllten Wunsch (zu vgl. die Leitsätze der Frankfurter Tagung von 1917). Kohlrausch in seinem Referat auf dem Jenaer Jugendgerichtstag (Verhandlung S. 8) bezweifelt allerdings, daß sich in der Praxis viel ändert. Jedenfalls kann der Richter dadurch den Mängeln, die sich bei der Entwicklung des Jugendlichen auf dem Gebiet der Ausbildung des Willens zeigen, viel gerechter werden; z. B. daß ein Kind nicht stehlen darf, lernt es mit 6 Jahren; es weiß auch, daß es bestraft wird. Gleichwohl wird es noch in viel späterem Alter mangels geistiger und sittlicher Reife dem Anreiz zu stehlen, nicht widerstehen können. Liegen diese Voraussetzungen vor, so ist es nicht strafbar.

[3] Der Entwurf enthielt die Fassung „nach dem Grade“, der Ausschuß hat diese Worte gestrichen.

[4] Nach der zurzeit herrschenden Auffassung ist die Prüfung der Frage, ob das Unterscheidungsvermögen zur Zeit der Tat vorgelegen hat, in erster Linie Sache der Staatsanwaltschaft, die auch das Verfahren einzustellen hat, wenn sie es verneint. § 32 Abs. 1 bestimmt, daß die Einstellung nur mit Zustimmung des Jugendrichters zu erfolgen hat.

[5] Bei Freisprechung auf Grund des § 3, wenn erforderlich, Erziehungsmaßnahmen nach § 5 Abs. 3.

§ 4. Die Strafbarkeit des Anstifters und Gehilfen, des Begünstigers und Hehlers wird durch die Vorschriften der §§ 2, 3 nicht berührt[1].

[1] Damit wird die Streitfrage entschieden, ob jemand, der einen Unmündigen oder einen Jugendlichen, dem das Unterscheidungsvermögen fehlt, zu einer Straftat anstiftet oder ihm dabei Hilfe leistet, bestraft werden kann. Dasselbe trifft zu bei dem Begünstiger und Hehler. Es wird damit der Regelung dieser Frage nach dem StGEntwurf von 1919 gefolgt (§§ 28, 29, 383 Abs. 2). Es kommt also nicht darauf an, ob der Anstifter, Begünstiger oder Hehler gewußt hat, daß der Angestiftete usw. strafunmündig oder nicht im Besitz des Unterscheidungsvermögens gewesen oder ob ihm das unbekannt geblieben ist (Begr. S. 10).

§ 5. Hat ein Jugendlicher eine mit Strafe bedrohte Handlung begangen, so hat das Gericht zu prüfen, ob Erziehungsmaßregeln erforderlich sind[1].

Hält das Gericht Erziehungsmaßregeln[2] für erforderlich, so hat es entweder selbst[3] die Erziehungsmaßregel[4] anzuordnen oder auszusprechen, daß Erziehungsmaßregeln erforderlich sind, ihre Auswahl und Anordnung aber dem Vormundschaftsgericht überlassen[5] bleibt. Das Vormundschaftsgericht muß alsdann eine Erziehungsmaßregel anordnen. Die Fürsorgeerziehung soll das Gericht nur dann selbst anordnen[6], wenn in erster Instanz die Zuständig- keit dafür auch außerhalb des Strafverfahrens begründet ist[7, 8].

Die vorstehenden Bestimmungen finden auch Anwendung, wenn das Gericht den Täter nach § 3 freispricht[9].

[1] Hier wird der bereits im Entwurf von 1912 vertretene Gedanke fortgeführt. Bei Verfehlungen Jugendlicher soll das Hauptgewicht auf Erziehungsmaßnahmen gelegt werden.

[2] Im Entwurf wird als Ziel der Erziehungsmaßnahmen bezeichnet: den Täter an ein gesetzmäßiges Leben zu gewöhnen. Er folgt dabei den Ausführungen des Entwurfs zum StGB.

1919. Der Ausschuß und das Plenum waren der Ansicht, daß dieses mit der allgemeinen Wendung des Entwurfs nicht erreicht werden könnte und hat den Zusatz gestrichen. Jedenfalls ist zu berücksichtigen, worauf die Straftat zurückzuführen ist. Das Gericht muß in Betracht ziehen, ob die Erziehung durch eine bereits anderweit angeordnete Maßnahme oder auch ohne staatlichen Eingriff genügend gesichert ist. Auch der Gesichtspunkt wird nicht außerachtzulassen sein, ob der Jugendliche überhaupt noch einer erziehlichen Einwirkung zugänglich ist.

[8] Gegen die Bestimmung, daß das Jugendgericht selbst Erziehungsmaßnahmen ergreifen dürfe, sind starke Einwände erhoben worden, die auch noch im Ausschuß durch Anträge geltend gemacht wurden. Insbesondere beantragte man, die Anordnung und Auswahl der Erziehungsmaßnahmen ausschließlich dem Vormundschaftsrichter zu übertragen. Die Anträge wurden abgelehnt. Der Regierungsvertreter erklärte: „Die gegenwärtige Fassung hat im Reichsrat unter einem doppelten Zugeständnis obgesiegt. Das Strafgericht kann Auswahl und Anordnung der Erziehungsmaßnahmen überhaupt dem Vormundschaftsrichter überlassen, und es soll ihm die Anordnung überlassen, wenn das Gericht, bei dem das Jugendgericht zusammentritt, gleichzeitig auch als Vormundschaftsgericht die Fe. anordnen kann" (Begr. S. 11). Gleichgültig ist, ob die durch die Sollvorschrift des § 19 Abs. 2 geforderte persönliche Verbindung strafrichterlicher und vormundschaftsrichterlicher Tätigkeit gegeben ist. Es genügt Verbindung in derselben Behörde. Die Berufungskammer kann die Fe. anordnen, wenn jene Verbindung bei dem Gericht erster Instanz bestand. Die Bestimmung des § 5 Abs. 2 S. 3 wird deshalb nur für einen schmalen Bereich Geltung haben, so wenn trotz §§ 25, 49, 26 die örtliche und sachliche Zuständigkeit des Gerichts, bei dem das Strafverfahren schwebt, als Vormundschaftsgericht nicht gegeben wäre. Ferner wenn der Staatsgerichtshof zum Schutze der Republik als Strafgericht zuständig ist und endlich, wenn nach Landesrecht für die dem Vormundschaftsgericht ob-

waltenden Verrichtungen andere als gerichtliche Behörden zuständig sind (Art. 147 Abs. 1 EG. z. BGB.). So Radbruch, ZBl. XIV S. 52.

[4] Die im § 7 vorgesehenen Erziehungsmaßnahmen, die von der Reichsregierung noch ergänzt werden können. In Betracht kommen wird vor allem der Ersatz des Schadens, der sich schon jetzt als sehr erziehlich bewährt hat.

[5] Hält das Jugendgericht Erziehungsmaßnahmen zwar für erforderlich, ordnet sie aber nicht selbst an (z. B. wenn ihm nicht genügend Material vorliegt, um zu entscheiden, welche Erziehungsmaßnahmen angezeigt), so muß das Vormundschaftsgericht solche anordnen, hat aber seinerseits freie Auswahl.

[6] Das Jugendgericht wird oft nicht in der Lage sein, zu entscheiden, ob Fe. angezeigt (§§ 62, 63 RJWG.). Es darf sie nur anordnen, wenn es als Vormundschaftsgericht nach § 65 JWG. zuständig ist. In der Praxis wird das Jugendgericht sie also nur anordnen, wenn ihm bereits das nach § 65 RJWG. erforderliche Material vorliegt (Begr. S. 11).

[7] Die Bestimmungen des Abs. 2 beruhen auf einem Vermittlungsvorschlag. Die Bedenken, dem Jugendgericht Erziehungsmaßnahmen zuzubilligen, weil sie als Strafe angesehen würden, wurde damit widerlegt, daß das Jugendgericht Erziehungsgericht ist und deshalb seine Anordnungen nicht mit einem Makel belasten, dagegen die Zerreißung des Verfahrens und die Wiederholung von Ermittlungen und Beweiserhebungen oft vermeiden (Verhandlungen des Reichstages S. 9545).

[8] Die Frage, ob Erziehungsmaßnahmen notwendig sind, ebenso, ob das Jugendgericht diese selbst anordnet oder sie dem Vormundschaftsgericht überläßt, entscheidet sich nach der absoluten Mehrheit, da es sich nicht um die Schuldfrage handelt. Entschließt sich das Gericht, die Erziehungsmaßnahmen selbst anzuordnen und bilden sich mehr als zwei Meinungen, so finden die Vorschriften des § 198 Abs. 3 StPO. Anwendung. Von Bedeutung ist dieses besonders beim großen Jugendgericht (§ 17 Abs. 1 S. 2).

[9] Stellt sich in der Hauptverhandlung heraus, daß nach § 3 freizusprechen ist, so schließt das die Anordnung von Erziehungsmaßnahmen nicht aus. Gerade, wenn das Unterscheidungsvermögen zu verneinen ist, können Erziehungsmaßnahmen angebracht und notwendig sein (Begr. S. 10).

§ 6. Hält das Gericht Erziehungsmaßregeln für ausreichend, so ist von Strafe abzusehen.

[1] Es können also 1. Strafe allein, 2. Strafe und Erziehungsmaßnahmen, 3. Erziehungsmaßnahmen allein getroffen werden. 4. Bei Vergehen und Übertretungen kann das Gericht in besonders leichten Fällen von Strafe überhaupt absehen (§ 9 Abs. 4). Letzteres bedeutet Schuldigerklärung unter Straffreisprechung. Ähnliche Bestimmungen sieht bereits das geltende Strafrecht bei der Retorsion vor (§§ 199, 233 StGB.). Entsprechend ist daher auch die Kostenfrage in § 41 geordnet.

§ 7. Als Erziehungsmaßregeln sind zulässig[1, 2, 3, 5]:

1. **Verwarnung[4],**
2. **Überweisung in die Zucht der Erziehungsberechtigten oder der Schule[7],**
3. **Auferlegung besonderer Verpflichtungen[8],**
4. **Unterbringung[9],**
5. **Schutzaufsicht[10, 11],**
6. **Fürsorgeerziehung[12].**

Die Reichsregierung kann mit Zustimmung des Reichsrats auch andere Erziehungsmaßregeln für zulässig erklären.

Die Voraussetzungen[6], die Ausführung und Aufhebung sowie das Erlöschen der Schutzaufsicht und der Fürsorgeerziehung bestimmen sich nach dem Reichsgesetze für Jugendwohlfahrt. Für die anderen Erziehungsmaßregeln bestimmt das Erforderliche die Reichsregierung mit Zustimmung des Reichsrats; sie dürfen auch nach

Vollendung des achtzehnten Lebensjahrs bis zum Eintritt der Volljährigkeit ausgeführt werden.

[1] Während der Entwurf sich damit begnügte, Anordnung der Erziehung und Art der Unterbringung als Erziehungsmaßnahmen festzusetzen und als Beispiel Ermahnung, Überweisung an die Schule, Schutzaufsicht und FE. anführt, hat das Gesetz bestimmte Arten von Erziehungsmaßnahmen festgelegt. Die zulässigen sind erschöpfend aufgezählt (Verh. des Reichst. S. 9545). Allerdings können durch Übereinstimmung der Reichsregierung mit Reichsrat noch andere für zulässig erachtet werden (Abs. 2).

[2] Die Erziehungsmaßnahmen decken sich mit den nach §§ 1666, 1838 BGB. zulässigen Anordnungen.

[3] Die Festlegung zulässiger Erziehungsmaßnahmen wurde im Ausschuß beantragt, um klarzustellen, daß körperliche Züchtigung nicht angeordnet werden dürfe.

[4] Verwarnung hat Ähnlichkeit mit dem Verweise, der bisher als Strafe erkannt werde, als solche aber entgegen dem Entwurf zum StGB. von 1919 fallen gelassen ist. Die Verwarnung kann sowohl nach der Hauptverhandlung wie später erfolgen. Die bisherige Voraussetzung des Verweises, daß er erst nach Rechtskraft erteilt werden konnte, daher gleichzeitig Vollstreckung des Urteils enthielt, fällt weg.

[5] Zu vgl. über Erziehungsmaßnahmen Denkschrift über Entwurf StGB. 1919, S. 119 ff.

[6] Die auf dem Jenaer Jugendgerichtstag vermißte Verbindung zwischen JGG. und JWG. ist in dem neuen Entwurf hergestellt. Das JGG. trifft für die Anordnung der Schutzaufsicht und FE. keine besonderen Bestimmungen, sondern stellt nur klar, daß sie sich in ihrer Durchführung nach dem JWG. bestimmen, JGG. also nur eine nähere Zuständigkeit für ihre Anordnung begründet (§ 36 Abs. 1 S. 2).

[7] Während Überweisung in die Familie nach § 56 Abs. 2 StGB. nur die Verneinung der Überweisungsnotwendigkeit in eine Anstalt bedeutet, hat die Überweisung in die Zucht des

Erziehungsberechtigten oder der Schule die positive Bedeutung der Notwendigkeit einer besonders sorgfältigen pädagogischen Behandlung. Neben diesen Hinweisen stehen die Möglichkeiten der §§ 1666, 1838 BGB., §§ 56, 62 JWG. Erziehungsberechtigt ist auch der Lehrherr (§ 127 RGO.). Schule ist auch die Fort bildungsschule (Radbruch, Zentralbl. XIV, S. 252).

Unter Auferlegung besonderer Verpflichtungen sind Wiedergutmachen des Schadens, Geldbuße, Anzeige von Aufenthaltsveränderungen, Einschränkung oder Enthaltung von Alkohol und Tabak, Nachweis fester Beschäftigung zu erwähnen. Sie finden ihre Grenzen, soweit sie dem Grundgedanken der Reichsverfassung Art. 36 widersprechen. Daher unzulässig die Aufgabe, sich einer bestimmten Religionsgemeinschaft anzuschließen (Begr. S. 11). Radbruch hält für zweifelhaft die Auflage, sich an einen Mäßigkeitsverein anzuschließen (Zentralbl. XIV, S. 52). Wegen Art. 129 Abs. 1 RV. Die Auferlegung besonderer Verpflichtungen ist auch im Rahmen des Strafverfahrens vorgesehen (§ 12 Abs. 2).

[9] Die Unterbringung tritt ein, wenn sie ohne besondere pädagogische Behandlung nötig und ohne Zwang möglich ist, wenn also lediglich die Entfernung aus der Umgebung erforderlich ist. Da aber ein über 14 Jahre alter Jugendlicher durch den Aufenthalt in der schlechten Umgebung meist angekränkelt sein wird, wird die alleinige anderweitige Unterbringung ohne Überwachung selten genügen.

[10] Die Schutzaufsicht ist hier im Gegensatz zum JWG. (§§ 56, 58, 61) auch heilend. Sie ist im JGG. möglich 1. als Erziehungsmaßnahme, 2. als reine Erziehungsmaßnahme, 3. als Erziehungs- und Aufsichtsmaßnahme. In letzterer Hinsicht finden die Bestimmungen des JWG. Anwendung (zu vgl. Anm. zu § 12).

[11] Schutzaufsicht und FE. als Erziehungsmaßnahmen enden mit der Volljährigkeit, während sie als Erziehungsaufsicht bei Strafaussetzung über die Volljährigkeit hinaus während der Dauer der Bewährungsfrist andauern können (§ 12 Abs. 2).

[12] FE. bestimmt sich nach §§ 62, 63, 69–76 JWG. (Übergangsbestimmungen Abs. 2 II).

§ 8. Vor dem Urteil kann das Gericht[1] vorläufige Anordnungen[2] über die Erziehung und Unterbringung treffen[3, 4, 5]. Vor der Entscheidung ist das Jugendamt zu hören[6]. Von der Anhörung kann abgesehen werden, wenn sie wegen Gefahr im Verzug untunlich ist; in diesem Falle ist das Jugendamt nachträglich zu hören.

Im Urteil hat sich das Gericht darüber auszusprechen, ob die vorläufige Anordnung wegfallen oder bis zur endgültigen Entscheidung über die Anordnung einer Erziehungsmaßregel bestehen bleiben soll[7, 8].

[1] Auch durch den Vorsitzenden im vorbereitenden Verfahren.

[2] Im Gegensatz zur Strafe, die ihrem Wesen nach nicht vorläufig angeordnet werden kann, ist dies bei den Erziehungsmaßnahmen zulässig. Es wäre nicht zu verantworten, einen Jugendlichen, der durch einen sofortigen Eingriff gerettet werden kann, in den ihn gefährdenden Verhältnissen zu lassen, weil das Verfahren noch nicht bis zum Urteil gediehen ist. Entsprechend § 27 JWG. wird das Jugendgericht ermächtigt, schon vor der endgültigen Entscheidung vorläufige Maßnahmen über Erziehung und Unterbringung zu treffen. Die Entscheidung kann auf Antrag oder von Amts wegen außerhalb und innerhalb des Verfahrens ergehen (Begr. S. 12).

[3] In Betracht kommen werden besonders Anordnungen zur Abwendung der Untersuchungshaft (§ 28 Abs. 1 S. 1). Ist Jugendrichter zugleich Vormundschaftsrichter, so wird er oft vorläufige FE. anordnen (§ 67 JWG.).

[4] Der Umfang, in dem die Prozeßbeteiligten und der gesetzliche Vertreter zu hören sind, bestimmt sich nach § 33 StPO. und § 30 JGG. Da die Entscheidung im Strafverfahren ergeht, kann sie mit der einfachen Beschwerde (§ 346 StPO.) angefochten werden. Zu berücksichtigen ist § 347 StPO.

[5] Über die Art der Ausführung der vorläufigen Anordnungen wenn sie eine die Staatskasse belastende Unterbringung enthalten, werden noch Anordnungen der Landesbehörden ergehen müssen.

[6] Das Jugendamt ist zu hören (§§ 57, 65 Abs. 2 JWG.). Ist bei Gefahr im Verzuge von der Anhörung abgesehen, so ist ihm nachträglich Gelegenheit zur Äußerung zu geben. Dieser Zusatz ist im Ausschuß gemacht, um dem Jugendamt das Beschwerderecht zu erhalten.

[7] Die Regelung hat Bedeutung für die Fälle, in denen das Gericht es nicht für angemessen erachtet, eine als erforderlich erkannte Erziehungsmaßnahme selbst auszuwählen oder FE. angebracht ist, das Jugendgericht aber durch § 5 Abs. 2 behindert ist, diese anzuordnen. Auch dann kann die Aufrechterhaltung der vorläufigen Anordnung in Betracht kommen, wenn die die Erziehungsmaßnahme anordnende Entscheidung nicht alsbald in Wirksamkeit gesetzt werden kann, weil sie von irgendeiner Seite angefochten ist (§ 8 Abs. 2).

[8] Die Befugnis des § 8 ist dem Jugendgericht nur aushilfsweise gegeben. In erster Linie wird es Sache des Vormundschaftsgerichts sein, sobald es gemäß § 27 von dem Strafverfahren Kenntnis erhalten hat, das Notwendige zu veranlassen. Durch die organische Verbindung zwischen Jugendgericht und Vormundschaftsgericht, auf die das Gesetz aufbaut, wird erzielt werden, daß die Maßnahmen der beiden Stellen nicht durchkreuzt, sondern ergänzt werden (Begr. § 8 Abs. 3).

§ 9. Hat ein Jugendlicher eine mit Strafe bedrohte Handlung begangen, so gelten für die Strafbemessung folgende Vorschriften:

Statt[1] auf Todesstrafe oder auf lebenslanges Zuchthaus ist auf Gefängnis von einem bis zu zehn[2] Jahren, statt auf lebenslange Festungshaft ist auf Festungshaft von einem bis zu zehn Jahren zu erkennen[3, 4, 5].

Sind andere Strafen angedroht, so ist die Strafe zwischen dem gesetzlichen Mindestbetrage der anzuwendenden Strafart und der Hälfte des Höchstbetrags der angedrohten Strafe zu bestimmen. Ist Zuchthausstrafe angedroht, so tritt an ihre Stelle Gefängnisstrafe.

Ist die Tat ein Vergehen oder eine Übertretung, so kann in besonders leichten Fällen von Strafe abgesehen werden[6, 7].

Auf Verlust der bürgerlichen Ehrenrechte überhaupt oder einzelner bürgerlicher Ehrenrechte, auf Überweisung an die Landespolizeibehörde sowie auf Zulässigkeit von Polizeiaufsicht darf nicht erkannt werden.

[1] Entsprechend dem geltenden Gesetz (§ 57 StGB.) werden Todesstrafe, Zuchthausstrafe, lebenslängliche Festungshaft, Ehrenstrafe und Polizeiaufsicht als Strafmittel ausgeschlossen. Hinzugefügt ist die Unzulässigkeit der Überweisung an die Landespolizeibehörde (§ 362 StGB.). Letztere Bestimmung war schon hinsichtlich der jugendlichen Dirnen durch die Novelle von 1912 z. StGB. eingeschränkt, indem diese einer Erziehungs- oder Besserungsanstalt überwiesen werden sollen. Das Arbeitshaus, in dem gewerbsmäßige Bettler und Landstreicher in Gemeinschaftshaft gehalten werden, eignet sich nicht für Jugendliche.

[2] Nicht mehr Mindeststrafe 3 und Höchststrafe 15 Jahre (§ 57 Ziff. 1 StGB.). Es braucht, wenn Zuchthausstrafe angedroht ist, nicht die Mindeststrafe von einem Jahre erkannt werden, sondern Gefängnisstrafe von einem Tage ist zulässig.

Der Entwurf hatte an Stelle der Todesstrafe und lebenslänglichen Zuchthausstrafe 15 Jahre Gefängnis, an Stelle der lebenslänglichen Festungshaft 15 Jahre festgesetzt und an Stelle zeitlicher Zuchthausstrafe Gefängnisstrafe von 1 Tag bis zur Höchstdauer der angedrohten Zuchthausstrafe zugelassen. **Bei** anderen Strafen sollte auf **das angedrohte Höchstmaß der Strafe** nicht erkannt werden und auf das gesetzliche Mindestmaß auch dann herabgegangen werden können, wenn ein Mindestmaß angedroht ist. Der Ausschuß hat die Vorschriften des bisherigen Rechts auf die zeitliche Bemessung der Strafe für Jugendliche unter den in Anm. 2 angegebenen Beschränkungen wieder hergestellt, und diese Fassung ist trotz Widerspruchs der Regierung Gesetz geworden.

[4] Weitere Milderungsmöglichkeiten nach § 3 GeldstrG. vom 21. Dezember 1921.

[5] Ein Antrag, die Ersatzfreiheitsstrafe an Stelle einer nicht beizutreibenden Geldstrafe auszuschließen, wurde abgelehnt, da bereits durch die §§ 7 und 8 GeldstrG. die erforderlichen Vorkehrungen getroffen sind (Reichstagsverh. 9546).

[6] Die ausschließlich mit Haft bedrohten Übertretungen des § 361 StGB. werden bei Jugendlichen überhaupt kaum zur Bestrafung führen, da ihre Begehung geradezu ein deutliches Zeichen mangelhafter Erziehung ist.

[7] Verweis ist als Strafe fortgefallen. Die als Erziehungsmaßnahme zulässige Verwarnung hat nicht die Nachteile, die der Verweis als Vorstrafe hatte. Liegt der Fall so, daß die geringste Geldstrafe zu hart erscheint, so kann von Strafe überhaupt abgesehen werden, jedoch nur, wenn es sich um Vergehen und Übertretungen handelt, also nicht bei Verbrechen; aber auch in Fällen, in denen Erziehungsmaßnahmen nicht für erforderlich und ausreichend gelten (§§ 5 und 6). Liegt ein Verbrechen vor, so werden in der Regel Erziehungsmaßnahmen notwendig sein.

§ 10. **Das Gericht kann die Vollstreckung einer Freiheitsstrafe im Urteil[4] aussetzen[1, 2], damit der Verurteilte sich durch gute Führung während einer Probezeit Straferlaß verdienen kann. Dies soll insbesondere dann geschehen, wenn der sofortige Strafvollzug eine Erziehungsmaßregel gefährden würde[3].**

Wird[5] die Vollstreckung der Strafe nicht ausgesetzt,

so müssen die Urteilsgründe sich darüber aussprechen, ob die Strafe vollstreckt oder die Entscheidung über die Aussetzung vorbehalten werden soll[6].

[1] Die bedingte Strafaussetzung soll bei jeder Freiheitsstrafe gewährt werden können, die gegen jemand verhängt wird, der zur Zeit der Tat das 18. Lebensjahr noch nicht vollendet hat. Sie ist auch dann nicht ausgeschlossen, wenn Täter bereits bestraft oder sogar Freiheitsstrafe erlitten hat. Den Gerichten wird das Vertrauen entgegengebracht, daß sie das Mittel der bedingten Strafaussetzung sachgemäß zum Wohl der gefährdeten Jugend anwenden und sich sowohl von übertriebener Strenge als unbegründeter Nachsicht fern halten (Begr. Abs. 1).

[2] Nur Strafaussetzung, nicht bedingter Straferlaß. Die Strafe fällt nach dem günstigen Ablauf der Bewährungsfrist nicht einfach fort, sondern muß ausdrücklich erlassen werden.

[3] Sie soll besonders dann angeordnet werden, wenn Erziehungsmaßnahmen durch den sofortigen Strafvollzug gefährdet werden (§ 37).

[4] Die Strafaussetzung soll grundsätzlich im Urteil erfolgen im Gegensatz zu dem bisherigen Verfahren, das unabhängig vom Urteil geschah. Dadurch wird dem Gedanken Rechnung getragen, daß sie ihrem Wesen nach zur Strafbemessung gehört. Auch nach § 3 Ges. vom 21. Dezember 1921 ist die Frage, ob der Strafzweck durch Geldstrafe erreicht wird und statt der an sich verwirkten Freiheitsstrafe auf Geldstrafe erkannt wird, im Urteil zu entscheiden. Dadurch wird Staatsanwaltschaft und Gericht genötigt, sich von vornherein über die Persönlichkeit und die Lebensverhältnisse des Täters genau zu unterrichten. Diese zu ermöglichen ist Aufgabe der bereits bestehenden und weiter auszubauenden Jugendgerichtshilfen (§ 3 Ziff. 5 JWG.).

[5] **Der zweite Absatz ist vom Reichstag auf eine Entschließung** der Zentrale für Jugendfürsorge beschlossen. Den Jugend-

gerichten wird die Möglichkeit gegeben, sich bei Erlaß des Urteils die Entscheidung vorzubehalten, ob sie die Vollstreckung aussetzen wollen. Das muß im Urteil ausgesprochen werden. Insofern wird das bisherige Verfahren abgeändert. Nach den preußischen Verfügungen des JustMin. vom 19. Oktober 1920, JMBl. 564; 19. Juni 1921, JMBl. 369; 15. Juni 1921, JMBl. 349 muß das erkennende Gericht bei Festsetzung einer Freiheitsstrafe von Amts wegen prüfen, ob Anlaß zur Strafaussetzung gegeben ist. Die Entscheidung erfolgt jedoch durch Beschluß außerhalb des Urteils. Bei Jugendlichen muß aber auch im Falle der Verneinung ein Beschluß ergehen.

[6] Die Strafaussetzung unter Auferlegung einer Buße nennt das Gesetz nicht. Es dürfte aber nichts im Wege stehen, in Fällen, in denen die Auferlegung einer Geldstrafe nicht genügt, neben der Freiheitsstrafe, die ausgesetzt wird, eine Buße aufzuerlegen, wenn der Verurteilte nach seinen Einkommensverhältnissen zu ihrer Zahlung imstande ist (PMinVerf. vom 19. Oktober 1920, JMBl. S. 564). Zum mindesten kann eine solche Auflage als Erziehungsmaßnahme gemäß § 7 Ziff. 3 erfolgen.

§ 11. Werden nach Erlaß des Urteils Umstände bekannt, die eine Aussetzung der Vollstreckung[1] der erkannten Freiheitsstrafe angezeigt erscheinen lassen[3], so kann die Vollstreckung nachträglich[2] ausgesetzt werden. Die Strafaussetzung wird nicht dadurch ausgeschlossen, daß im Urteil die Aussetzung abgelehnt oder mit der Vollstreckung der Strafe bereits begonnen worden ist.

[1] Durch den Jugendrichter.

[2] Die Strafvollstreckung kann nachträglich ausgesetzt werden. Eine solche Aussetzung wird weder dadurch ausgeschlossen, daß das erkennende Gericht sie bereits abgelehnt hat, noch dadurch, daß mit der Vollstreckung bereits begonnen ist. Durch die Möglichkeit der vorläufigen Entlassung nach §§ 23 ff. StGB. wird die bedingte Strafaussetzung in den letztgenannten Fällen

nicht entbehrlich. Die vorläufige Entlassung ist nur für längere Strafen berechnet und daher an die Verbüßung eines verhältnismäßig erheblichen Teils der Strafe geknüpft; vor allem gestattet sie nicht eine über die Strafdauer hinausgehende Probezeit zu bestimmen (Begr. zu § 11).

[3] D. h. wenn im Urteil ausdrücklich ausgesprochen ist, daß die Strafe vollstreckt werden soll.

§ 12. Die Probezeit ist mindestens auf zwei[1] und höchstens auf fünf Jahre zu bemessen. Ist sie auf weniger als auf fünf Jahre bemessen, so kann sie nachträglich[3] bis auf fünf Jahre verlängert werden.

Dem Verurteilten können für die Dauer der Probezeit, und zwar auch über den Eintritt der Volljährigkeit[4] hinaus, besondere Pflichten[2] auferlegt, auch kann er unter Schutzaufsicht gestellt werden. Die Anordnungen können auch nachträglich getroffen oder geändert werden[9]. Für die Ausführung der Schutzaufsicht gelten die Vorschriften des Reichsgesetzes für Jugendwohlfahrt; für die Zeit nach erreichter Volljährigkeit gelten sie entsprechend.

Während der Probezeit ruht die Verjährung der Strafvollstreckung.

Führt sich der Verurteilte während der Probezeit schlecht[8], so kann die Vollstreckung der Strafe angeordnet werden[5]. Das gleiche gilt, wenn nachträglich Umstände bekannt werden, die, wenn sie bereits zur Zeit der Aussetzung der Strafe bekannt gewesen wären, bei Würdigung des Wesens der Aussetzung zur Versagung dieser Vergünstigung geführt haben würden.

Zu den Ermittlungen über die Führung des Verurteilten während der Probezeit ist das Jugendamt nach Möglichkeit zuzuziehen[6].

[1] Zu vgl. § 5 PrMinVerf. vom 19. Oktober 1920 (JMBl.

S. 564). Bei dieser ist die Probezeit in der Regel auf 3 Jahre, in leichteren Fällen auf 2 Jahre festgesetzt und kann nachträglich auf 5 Jahre verlängert werden.

² Neben der Bewährungsfrist kann das Gericht in den Fällen des § 11 dem Verurteilten besondere Pflichten auferlegen (zu vgl. § 3 der MinVerf.). Das Gesetz nennt die Pflichten im einzelnen nicht, erwähnt nur die Schutzaufsicht. In der Begründung werden erwähnt: Enthaltsamkeit von geistigen Getränken, Anschluß an einen Mäßigkeitsverein, Anzeige von Aufenthaltsveränderungen, Übernahme und Nachweis einer festen Beschäftigung, Ersatz des angerichteten Schadens (zu vgl. § 7 Anm. 8 JGG. und §§ 56 ff. JWG. und Anm. dazu).

³ Wenn ein Helferbericht über die persönlichen und häuslichen Verhältnisse in der Hauptverhandlung noch nicht vorliegt, wird das erkennende Gericht selten in der Lage sein, die notwendigen Maßnahmen schon anzuordnen. Sie können daher nachträglich getroffen werden.

⁴ Zu vgl. § 7 und Anm. 10 dazu. Nach erreichter Großjährigkeit gehen die Aufgaben auf den Richter über, zu dessen Obliegenheiten die weitere Behandlung der Strafaussetzung gehört, d. h. auf den Jugendrichter. § 36 Abs. 1 S. 2 in Verbindung mit § 12 Abs. 2 S. 3 und § 7 Abs. 3 S. 1 stellen die Zuständigkeit klar. Die Entscheidung darüber, ob Schutzaufsicht als erziehliche Aufsichtsmaßnahme vor Ablauf der Probezeit aufgehoben werden kann, steht dem Jugendrichter zu (§ 34 in Verb. mit § 12 Abs. 2). Hier handelt es sich um eine Frage der Strafvollstreckung. Daß aus der verschiedenen Kompetenz des Jugendgerichts und Vormundschaftsgerichts sich Schwierigkeiten ergeben, ist nicht zu besorgen, da bei Durchführung des Grundgedankens des Gesetzes Vormundschaftsrichter und Jugendrichter in der Regel dieselbe Person sein werden (Begr. § 12 Abs. 2).

⁵ Aus der Bestimmung des Abs. 4 ist zu folgern, daß eine Überwachung des Jugendlichen während der Strafe stattfindet.

(Nach dem bisherigen Verfahren bei der bedingten Strafaussetzung fand eine solche im Verfahren der Strafvollstreckung nicht statt, sondern sie konnte nur auf vormundschaftsgerichtlichem Wege erfolgen.) Bietet die Führung zu Bedenken Anlaß, so kann das Jugendgericht a) Probezeit verlängern, b) die an den Verurteilten gestellten Forderungen verschärfen, c) die Strafe vollstrecken. Das gleiche gilt, wenn nachträglich Umstände bekannt werden, die, wenn sie zur Zeit der Gewährung der Strafaussetzung bekannt gewesen wären, zu ihrer Verneinung geführt hätten.

[6] Daß das Jugendamt vor allen Entscheidungen mitwirkt, ergibt sich aus § 3 Ziff. 9 JWG., es ist aber durch den im Ausschuß gemachten Abs. 5 auch zu den Ermittlungen über die Führung heranzuziehen. Hat das Jugendamt die Befugnisse der Jugendgerichtshilfe gemäß § 11 freiwilligen Vereinigungen übertragen, so sind diese mit den Ermittlungen zu beauftragen.

[7] Ist gegen Fürsorgezöglinge Strafe zu vollstrecken, so ist die Erziehungsbehörde zu hören (§ 37). Das entspricht dem bisherigen Verfahren.

[8] Begehung einer neuen Straftat nicht erforderlich, aber auch nicht genügend für die Annahme schlechter Führung.

[9] Auch neue Verpflichtungen oder Schutzaufsicht können nachträglich angeordnet werden.

§ 13[1]. Wird der Verurteilte, bevor über seine Bewährung entschieden ist, von neuem zu Strafe verurteilt[2], so bestimmt das Gericht in dem neuen Urteil, ob die frühere Strafe vollstreckt werden oder ausgesetzt bleiben soll. Die neue Strafe kann auch dann ausgesetzt werden, wenn der Verurteilte, als er die neue Tat beging, nicht mehr jugendlich war[4].

Lautet das neue Urteil auf Freiheitsstrafe, so darf der Wegfall oder die Fortdauer der früheren Strafaussetzung nur bestimmt werden, wenn die gleiche Entscheidung auch für die neue Strafe ergeht[3].

Ordnet das Gericht an, daß die frühere Strafe ausgesetzt bleibt, so kann es bestimmen, daß die alte Probezeit nicht vor der neuen abläuft. Es kann auch eine der im § 12 Abs. 2 vorgesehenen Anordnungen treffen oder eine nach dieser Vorschrift getroffene Anordnung ändern[5].

Hat das Gericht in dem neuen Urteil nicht bestimmt, ob die frühere Strafe vollstreckt werden oder ausgesetzt bleiben soll, so wird darüber nachträglich entschieden[7]; dabei kann die Entscheidung über die Aussetzung der neuen Strafe geändert werden[6].

Das Gericht kann sich, falls es nicht auf Freiheitsstrafe erkennt, der Entscheidung darüber enthalten, ob die frühere Strafe vollstreckt werden oder ausgesetzt bleiben soll, in diesem Falle gilt § 12 Abs. 4[8].

Ist die frühere Strafe nicht ausgesetzt worden, so kann die Aussetzung in dem neuen Urteil nachträglich bewilligt (§ 11) werden. Die Abs. 2, 4 gelten entsprechend[9].

Als Urteil im Sinne vorstehender Bestimmungen gilt auch der Strafbefehl.

[1] § 13 bezieht sich auf den Fall, daß Gesamtstrafe nicht gebildet ist. Abs. 1—5 setzen voraus, daß die frühere Strafe ausgesetzt war, während Abs. 6 den Fall im Auge hat, daß für die frühere Strafe keine Aussetzung bewilligt war (Begr. zu § 13).

[2] Wird der Jugendliche erneut verurteilt und ist eine Gesamtstrafe festzusetzen (§ 79 StGB.), so wird die erste Strafaussetzung gegenstandslos und es ist von neuem über diese zu entscheiden.

[3] Verurteilung während der Probezeit kann als Beweis schlechter Führung nur gelten, wenn die Straftat während der Probezeit begangen ist. Die Frage, ob Verurteilter einer

Strafaussetzung würdig ist, wird aber auch dann in ein neues Licht gerückt, wenn sich herausstellt, daß er vor dem ersten Urteil oder auch nach diesem, aber vor Beginn der Probezeit eine andere Straftat begangen hat. Nach § 34 in Verbindung mit § 12 Abs. 4 würde der Jugendrichter, der zu der ersten Strafe erkannt hat, auch über Vollstreckung der ersten Strafe zu entscheiden haben. Da dies unzweckmäßig ist, hat das Gericht, das zu der zweiten Strafe verurteilt hat, darüber zu entscheiden, ob die erste Strafe ausgesetzt bleiben oder vollstreckt werden soll, jedoch nur dann, wenn es selbst auf Strafe erkennt. Spricht es frei oder ordnet es Erziehungsmaßnahmen an, so bleibt es bei den Anordnungen des § 34. Ebenso kann, wenn die erste Strafe schon erlassen oder ihre Vollstreckung angeordnet ist, diese Entscheidung von dem zweiten Gericht nicht mehr abgeändert werden. (Begr. S. 15.)

[4] Daß die neue Strafe auch ausgesetzt werden kann, wenn der Verurteilte nicht mehr jugendlich ist, ist nach preußischem Recht selbstverständlich, da die Gerichte auf Grund der MinErl. vom 12. August 1920, 25. Mai 1921, 29. Juni 1921 (JMBl. S. 564, 349, 370) allgemein die Befugnis zur Bewilligung der Aussetzung von Freiheitsstrafen haben.

[5] Erkennt das Gericht der zweiten Tat auf Geldstrafe, so hat es freie Hand, wie es sich zur ersten Strafaussetzung stellen will. Erkennt es auf Freiheitsstrafe, so muß es einheitlich über beide Straffälle entscheiden. Will es die erste Strafaussetzung bestehen lassen, so muß es im zweiten Falle ebenfalls Strafaussetzung beschließen (Begr. Abs. 4).

[6] Das Gericht der zweiten Tat hat hinsichtlich der ersten Straftat die Befugnisse des Gerichts der ersten Tat gemäß § 12 Abs. 1 S. 2, Abs. 2 S. 2, in Verbindung mit § 34. Der Ausschuß hatte in erster Lesung beschlossen, das Gericht der zweiten Tat solle die Probezeit für die erste Tat nur um die neue Probezeit verlängern dürfen. Gegenüber den von der Regierung erhobenen Bedenken, daß dies zu unnötigen Härten

führen könne, einigte man sich auf die jetzige Fassung (Reichstagsverh. 9546, 262. Sitzung).

[7] Weiß das zweite Gericht zur Zeit der Verurteilung nichts von der ersten Verurteilung und nimmt deshalb zu dieser keine Stellung, so ist zwar dem Jugendgericht gestattet, gemäß §§ 34, 12 Abs. 4 die Entscheidung nachzuholen; Bedenken ergeben sich aber insofern, als die vom zweiten Richter über die Aussetzung der neuen Strafe getroffene Entscheidung präjudiziell ist, deshalb bestimmt Abs. 4, daß bei einer solchen nachträglichen Entscheidung der Beschluß über die Aussetzung der neuen Strafe geändert werden darf (Begr. Abs. 4, letzter Satz). Ob der Richter der ersten oder der zweiten Tat zu entscheiden hat, sagt das Gesetz nicht. Nach der Begründung scheint es der erste Richter sein zu sollen. Zweckmäßig wird es aber der zweite sein (so auch Radbruch aaO. S. 254).

[8] Erkennt das zweite Gericht nicht auf Freiheitsstrafe, greift der Grundsatz des Abs. 2 nicht Platz. Das Gericht der zweiten Tat soll deshalb, wenn es dies z. B. wegen der Geringfügigkeit der Tat für angemessen erachtet, sich der Entscheidung über die frühere Strafaussetzung enthalten dürfen. Diese steht dann nach § 34 in Verbindung mit § 12 Abs. 4 dem ersten Richter als Vollstreckungsrichter der ersten Tat zu

[9] Ist die erste Strafe nicht ausgesetzt, der zweite Richter will sie aber aussetzen, so kann er die erste Strafe nachträglich aussetzen. Macht er hiervon keinen Gebrauch, so soll dem Vollstreckungsrichter der ersten Strafe die ihm nach §§ 34, 21 zustehende Entscheidung nicht dadurch unmöglich gemacht werden, daß der zweite Richter auf Freiheitsstrafe erkannt und diese nicht ausgesetzt hat. Deshalb wird die Vorschrift des Abs. 4 für entsprechend anwendbar erklärt, so daß der Vollstreckungsrichter die Entscheidung des zweiten Richters über die Aussetzung der zweiten Strafe abändern kann.

§ 14. Ist auf Geldstrafe erkannt[1] worden, so ist, sobald die Ersatzfreiheitsstrafe vollstreckt werden kann,

darüber zu entscheiden, ob die Vollstreckung der Ersatzfreiheitsstrafe[4] ausgesetzt werden soll[2, 3]. § 11 Satz 2 und die §§ 12 und 13 gelten entsprechend[5].

[1] Durch Urteil oder Strafbefehl, Strafverfügung oder Strafbescheid!

[2] Die Möglichkeit der Gewährung der Strafaussetzung von Geldstrafe ist im Gesetz nicht gegeben. Nach § 5 des Ges. vom 21. Dezember 1921 (RGBl. 1604) können für die Abtragung von Geldstrafen Fristen und Teilzahlungen schon im Urteil gewährt werden. Würde daneben noch Strafaufschub mit Aussicht auf Straferlaß gewährt, so müßte die Verhängung von Geldstrafe eindruckslos bleiben.

[3] Bei Geldstrafen liegt häufig gerade in dem Zwang, sie zu zahlen und sich deshalb gewisse Entbehrungen aufzuerlegen, ein wesentlicher erziehlicher Wert. In der Praxis ist schon vor Erlaß des Geldstrafengesetzes durch Gewährung von Teilzahlungen eine Einwirkung auf den Jugendlichen und den Erzieher zur pünktlichen Einhaltung der Zahlungsfristen mit Erfolg versucht worden.

[4] Die Vollstreckung der Ersatzfreiheitsstrafe ist zwar durch die §§ 7, 8 des GStrGes. wesentlich gemildert, die Frage der Aussetzung aber nicht bedeutungslos geworden. Die Vollstreckung der Ersatzfreiheitsstrafe gemäß § 8 GStrG. zu untersagen, dazu wird sich das Gericht schwer entschließen, dagegen wird es von der Strafaussetzung nicht selten Gebrauch machen. Die Entscheidung hat der Jugendrichter in der Strafinstanz gemäß § 34, also nicht schon im Urteil, sondern erst nach Erfolg- oder Aussichtslosigkeit der Vollstreckung. Sie ergeht, sobald die Ersatzfreiheitsstrafe vollstreckt werden kann, d. h. sobald der Versuch, sie beizutreiben, erfolglos geblieben oder mit Sicherheit vorauszusehen ist, daß die Geldstrafe aus dem beweglichen Vermögen des Verurteilten nicht beigetrieben werden kann (§ 6 Abs. 2 GStrG.).

[5] Zu vgl. auch § 10 der allgem. Verf. vom 19. Oktober 1920

in der Fassung der allgem. V. vom 15. Juni 1921, 19. Juni 1921.

[6] Bei Bewährung ist mit der Ersatzstrafe auch die Geldstrafe selbst zu erlassen (§ 15 Abs. 1 „Die Strafe").

§ 15. Nach Ablauf der Probezeit wird die Strafe erlassen, wenn sich der Verurteilte bewährt hat[1, 2].

Hat der Verurteilte sich nicht bewährt[6, 7], so wird die Vollstreckung der Strafe angeordnet[3–5].

[1] Bei Ablauf der Probezeit ist zu prüfen, ob der Verurteilte sich durch gute Führung Straferlaß verdient hat. Der Entwurf schrieb ebenso wie die PrMinVerf. Ermittlungen vor. Bei der Beratung des Gesetzes wurde beantragt, statt bedingter Strafaussetzung bedingten Straferlaß eintreten zu lassen, um den Verurteilten davor zu bewahren, am Schluß der Bewährungszeit sein ganzes Leben nach irgendwelchen Verfehlungen durchforscht zu sehen. Die Bedenken wurden von dem Regierungsvertreter für übertrieben gehalten, da der Jugendrichter den Verurteilten während der ganzen Bewährungsfrist im Auge behält, besonders eingehende Prüfungen am Schluß der Bewährungsfrist daher verhältnismäßig selten sein würden. Der bedingte Straferlaß könne aber zu unerwünschten Folgerungen führen, wenn vor Schluß der Bewährungsfrist ein neues Strafverfahren anhängig würde, und weder der erste von dem neuen, noch der zweite Richter von den früheren Strafverfahren Kenntnis erhalte. Da müßte bei Straferlaß automatisch Erlaß der Strafe eintreten. Bedenken wurden auch gegen die zu langen Schlußprüfungen erhoben. Deshalb wurde im Ausschuß eine Fassung angenommen, die den Erlaß bei Ablauf der Bewährungsfrist von selbst eintreten lassen wollte. Im Plenum wurde aber auf Antrag Warmuth die Fassung des Entwurfs wiederhergestellt (zu vgl. RtgsVerh. 9546, 9950). Die Strafe muß also ausdrücklich erlassen werden.

[2] Die Ermittlungen, falls solche für notwendig erachtet

werden, müssen so rechtzeitig erfolgen, daß mit Ablauf der Bewährungsfrist der Erlaß der Strafe verfügt werden kann.

[3] Die Entscheidung trifft der Jugendrichter (§ 34).

[4] Ist eine frühere Strafaussetzung gemäß § 13 aufrechterhalten, so entscheidet der für die frühere Strafe als Vollstreckungsrichter zuständige Jugendrichter. An die Beurteilung des Gerichts der zweiten Tat ist er insoweit gebunden, als er die Bewährung nicht lediglich wegen der zweiten Tat verneinen darf, wenn das Gericht der zweiten Tat die erste Strafaussetzung aufrecht erhalten hat (Begr.).

[5] Wie sich der Jugendrichter Gewißheit darüber verschafft, ob sich der Verurteilte bewährt hat, unterliegt seinem Ermessen; auf die Mitwirkung des Jugendamts weist § 34 letzter Satz hin.

[6] Hat sich der Verurteilte nicht bewährt, so kann die Strafe entweder vollstreckt oder eine weitere Bewährungsfrist gemäß § 12 Abs. 2 gewährt werden, vorausgesetzt, daß sie noch nicht fünf Jahre läuft.

[7] „Bewährt", wenn er sich nicht schlecht führt (§ 12 Abs. 4 S. 1).

§ 16. Der Strafvollzug gegen einen Jugendlichen ist so zu bewirken, daß seine Erziehung gefördert wird[1].

Beim Vollzuge der Freiheitsstrafen werden Jugendliche von erwachsenen Gefangenen vollständig getrennt gehalten.

Freiheitsstrafen von einem Monat oder mehr sollen in besonderen, ausschließlich für Jugendliche bestimmten Anstalten oder Abteilungen von Anstalten vollstreckt werden[2].

Verbüßt ein Jugendlicher in einer besonderen Anstalt oder in einer besonderen Abteilung einer Anstalt eine Freiheitsstrafe, so kann er mit Genehmigung der Aufsichtsbehörde bis zur Vollendung des einundzwanzigsten Lebensjahrs in der Anstalt oder in der Abteilung verbleiben.

Das Weitere über den Strafvollzug bestimmt die Reichsregierung mit Zustimmung des Reichsrats; dabei ist auf eine Mitwirkung des Jugendamts[5] bei dem Strafvollzuge Bedacht zu nehmen[4].

[1] Der Entwurf enthielt in Abs. 1 den Zusatz: „unter Wahrung des Ernstes der Strafe". Diese Worte sind im Ausschuß gestrichen, da sie nur den Sinn haben könnten: „unter Wahrung des Vergeltungszwecks", denn eine ernste Sache sei die Erziehung auch. Der Vergeltungszweck soll aber aus dem Jugendstrafrecht herausgelassen werden. Der Antrag im Plenum, die Regierungsvorlage wiederherzustellen, wurde deshalb abgelehnt (Reichstagsverh. 9950).

[2] Ähnlich schon § 57 Abs. 1 StGB.

[3] Der Strafvollzug soll unter Förderung des Erziehungszwecks bewirkt werden. Die Vorschriften des § 16 entsprechen im wesentlichen den Beschlüssen des Unterausschusses, des von der Zentrale für Jugendfürsorge eingesetzten Ausschusses für Jugendgerichte und Jugendgerichtshilfe vom 14. September 1920 (zu vgl. S. 75 Verh. des 5. deutschen Jugendgerichtstages 1920).

[4] Auf dem 5. deutschen Jugendgerichtstag wurde ein Leitsatz aufgenommen, nachdem die Gefängnisstrafe in jeder Beziehung erzieherisch ausgestaltet werden soll. Ausbildung in Handfertigkeit und Körpergewandtheit sowie Fortbildungsunterricht seien vorzuschreiben. Das Gesetz enthält keine derartigen Vorschriften, überläßt die Anordnungen dem Strafvollzugsgesetz.

[5] Auch hier ist die Mitwirkung des Jugendamts vorgesehen (§ 3 Ziff. 5 JWG.).

II. Abschnitt.

§ 17. Straftaten von Personen, die zur Zeit der Erhebung der Anklage jugendlich sind[1], gehören zur Zuständigkeit[2] der Jugendgerichte. Jugendgerichte sind die

Schöffengerichte[3]. Würde die Straftat nach den allgemeinen Vorschriften zur Zuständigkeit des Reichsgerichts oder der Schwurgerichte gehören, so besteht das Jugendgericht aus zwei Richtern und drei Schöffen[3].

Für Personen, die zur Zeit der Tat jugendlich waren, zur Zeit der Erhebung der Anklage aber nicht mehr jugendlich, jedoch noch jünger als einundzwanzig Jahre sind, kann die Staatsanwaltschaft die Zuständigkeit des Jugendgerichts dadurch begründen, daß sie bei ihm Anklage erhebt[6, 7, 8].

[1] Jugendlich zu vgl. § 1.

[2] Die Anwendung der materiellen Vorschriften – ob Erziehungsmaßnahmen neben oder an Stelle der Strafe treten, ob Strafe nach § 9 zu mildern, ob Vollstreckung ausgesetzt werden kann §§ 10ff. – richtet sich danach, wie alt Täter zur Zeit der Tat war. Für die Zuständigkeit des Jugendgerichts ist hingegen die Zeit der Erhebung der Anklage maßgebend.

[3] Mit den in §§ 20ff. vorgeschriebenen Abweichungen. Jugendgericht besteht der Regel nach aus einem Richter und zwei Schöffen.

[4] Großes Jugendgericht, vom Reichsrat eingesetzt. Auch in ihm braucht nur ein Schöffe ein Mann zu sein (§ 26 GVG.).

[5] Grundsätzlich wird dem Jugendgericht die Behandlung solcher Personen zugewiesen, die zur Zeit der Erhebung der Anklage jugendlich sind. Die Staatsanwaltschaft kann aber die Zuständigkeit der Jugendgerichte auch gegen ältere Personen herbeiführen, wenn sie zur Zeit der Erhebung der Anklage über 18, jedoch nicht über 21 Jahre alt sind. Von dieser Möglichkeit wird vor allem dann Gebrauch gemacht werden, wenn die Tat vor Vollendung des 18. Lebensjahres begangen ist und die Staatsanwaltschaft der Auffassung ist, daß noch Erziehungsmaßnahmen in Frage kommen.

[6] Jugendsachen sollen vor andere Gerichte als die Jugendgerichte auch in höheren Instanzen nur im Wege der Verbindung

mit Anklagen gegen Erwachsene kommen können. Sie sollen aber nicht verbunden werden (§ 26 Abs. 2). Ausnahmen reichs- und staatsrechtlich zugelassene Sondergerichte (Ges. zum Schutz der Republik vom 21. Juli 1922). Dagegen sollen nach Begr. S. 17 Wuchersachen nicht vor die Wuchergerichte, sondern die Jugendgerichte kommen.

[7] Ist die Zuständigkeit einmal begründet, bleibt sie bestehen, auch wenn der Angeklagte während der Dauer des Verfahrens das 18. oder 21. Lebensjahr vollendet (siehe § 18).

[8] Ein Schöffengericht ist für Jugendliche niemals unzuständig, auch wenn die Vorschriften der §§ 20, 19 Abs. 2 nicht befolgt sind. Ist die Sache vor das ordentliche Schöffengericht gekommen, liegt keine sachliche Unzuständigkeit vor. Dagegen kann umgekehrt das Jugendgericht keine Erwachsenen aburteilen außer in den vorerwähnten Ausnahmefällen.

§ 18. Soweit nicht in diesem Gesetz[1] Abweichendes bestimmt ist, gelten für die Sachen, die zur Zuständigkeit der Jugendgerichte gehören (Jugendsachen) die Vorschriften des Gerichtsverfassungsgesetzes und der Strafprozeßordnung[2, 4, 5].

Vollendet der Angeschuldigte während der Dauer des Verfahrens das einundzwanzigste Lebensjahr, so kann das Gericht die Sache zum ordentlichen Verfahren verweisen[3]. Ist das Gericht im ordentlichen Verfahren nicht zuständig, so ist die Sache nach § 207 Abs. 2 der Strafprozeßordnung dem Landgerichte zur Entscheidung vorzulegen oder nach den §§ 270, 369 Abs. 3 der Strafprozeßordnung an das zuständige Gericht zu verweisen[6].

[1] §§ 21 ff.

[2] Jugendgerichte sind Schöffengerichte. Die Landesjustizverwaltung kann gemäß § 57 a GVG. für die Bezirke mehrerer Amtsgerichte die Aufgabe einem Jugendgericht ganz oder teilweise übertragen.

Gegen die Entscheidung der Jugendgerichte sind die gleichen Rechtsmittel gegeben, wie gegen die der Schöffengerichte, gleichgültig, ob es in der Besetzung von zwei Richtern und drei Schöffen tagt (Begr. S. 17).

[3] Überschreitet die Sache nach den allgemeinen Bestimmungen die Zuständigkeit der Schöffengerichte und ist das Hauptverfahren noch nicht eröffnet, so hat das Jugendgericht nach § 207 Abs. 2 StPO. die Akten der Strafkammer zur Entscheidung vorzulegen. Wird Verweisung in der Hauptverhandlung ausgesprochen, so hat das mit der Sache befaßte Gericht, falls seine Zuständigkeit im ordentlichen Verfahren nicht gegeben ist, die Sache gleichfalls gemäß § 270 StPO. an das zuständige höhere Gericht zu überweisen. Das Revisionsgericht kann die Sache nicht zum ordentlichen Verfahren verweisen; hebt es das Urteil aber auf, so kann das Gericht, an das die Sache zurückverwiesen ist, sie zum ordentlichen Verfahren verweisen (Begr. S. 17).

[4] Der Vorbehalt des § 3 Abs. 3 EG. z. StPO. für Forst- und Feld-Rügesachen zugunsten des Landesrechts gilt auch für das Jugendgericht (Begr. § 17).

[5] Die Bestimmung des § 2 EG. z. StPO. findet auch auf Jugendgerichte Anwendung. Es kann also landesgesetzlich ein anderes Verfahren vorgeschrieben werden. In welchem Verhältnis die Zuständigkeit des Jugendgerichts zu der der reichs- und landesrechtlichen Sondergerichte steht, ist in jedem Fall zu prüfen. Gegenüber den Wuchergerichten, der Verordnung über Sondergerichte gegen Schleichhandel und Preistreibereien (Verordnung v. 27. November 1919 RGBl. 1909) geht die Zuständigkeit des Jugendgerichts vor. Das Gegenteil ist der Fall für die Zuständigkeit des zum Schutze der Republik eingerichteten Staatsgerichtshof (Ges. v. 21. Juli 1922 RGBl. S. 580 Begr. S. 17) zu vgl. auch Anm. 6 zu § 17.

[6] Es erscheint unzweckmäßig, ein Strafverfahren gegen jemand, der als Jugendlicher flüchtig geworden und nach Jahren wieder ergriffen ist, in der Form des Jugendstraf-

verfahrens durchzuführen, weil die Anklage schon erhoben war, als er noch jugendlich war. Deshalb ist die Sache zum ordentlichen Verfahren zu verweisen, wenn der Angeklagte während des Verfahrens das 21. Lebensjahr vollendet hat. Ist das Schöffengericht zuständig, wird der Prozeß in der Lage fortgesetzt, in der er sich zur Zeit der Überweisung befindet. Wird Verweisung in der Berufungsinstanz beschlossen und ist die Strafkammer selbst in erster Instanz zuständig, so hat sie gemäß § 369 Abs. 3 als Gericht erster Instanz zu entscheiden.

§ 19. Der Vorsitzende des Jugendgerichts (Jugendrichter) hat auch die Amtshandlungen vorzunehmen, die nach der Strafprozeßordnung der Amtsrichter zu erledigen hat[1].

Ist ein Amtsgericht mit mehreren Richtern besetzt, so sollen[2] die Geschäfte des Jugendrichters und des Vormundschaftsrichters demselben Richter übertragen werden[3, 6]. Das Nähere bestimmt die oberste Landesbehörde[4].

Jugendsachen sollen besonderen Strafkammern zugewiesen werden[5].

[1] Schon in der PrMinVerf. vom 1. Juni 1908 (JMBl. 287) und in Anordnungen anderer Bundesstaaten war anempfohlen, daß die Vernehmung Jugendlicher im Vorverfahren möglichst nicht von der Polizei, sondern durch den Richter erfolgen soll. Läßt sich dies auch nicht allgemein durchführen, so wird der Jugendrichter schon jetzt häufiger als bisher auch bei einfachem Sachverhalt um Vernehmung ersucht. Dabei lernt er den Jugendlichen kennen und kann sogleich Stellung zu eventuellen Erziehungsmaßregeln nehmen. Zweckmäßig wird eine Abschrift des Protokolls über die Vernehmung geeignetenfalls zu anzulegenden Familienrechtsakten genommen, zu denen dann weitere die Erziehung betreffende Vorgänge kommen. Von den Strafakten werden die Erziehungsvorgänge zweckmäßig

getrennt, da erstere oft dem Jugendgericht lange entzogen sind (Rechtsmittel, neues Strafverfahren). Jetzt in Preußen zu vergleichen AV. d. Justizministers vom 20. Juni 1923 (JMBl. Nr. 25) zu III 5.

[2] Wo nicht gemäß Art. 147 Abs. 1 EG. z. BGB. landesgesetzlich andere Behörden als die Gerichte die Vormundschaftssachen bearbeiten (Mecklenburg, Hamburg usw.).

[3] Entsprechend der Grundauffassung, daß das Jugendgericht Erziehungsgericht ist, sollen die Funktionen des Straf- und Vormundschaftsrichters möglichst in einer Hand vereinigt sein. Es entspricht das den bereits seit dem Jahre 1908 in fast allen Bundesstaaten getroffenen Anordnungen, nach denen auf diese Weise bereits in den meisten größeren Städten solche Gerichte geschaffen sind (zu vgl. die Ergebnisse der Rundfrage der Zentrale für Jugendfürsorge 1912, Anlage 4 zum Bericht der 13. Kommission des Reichstags, 13. Legislaturperiode Nr. 1054, S. 151 ff.). Das Gesetz überläßt die weitere Ausgestaltung der obersten Landesbehörde. Es ist nicht zweckmäßig, solche Einzelbestimmungen in das Gesetz aufzunehmen, die ihrem Wesen nach in die Geschäftsverteilungspläne der einzelnen Gerichte gehören. In Preußen zu vgl. JMV. vom 20. Juni 1923, I 2.

[4] Nach Art. 147 Abs. 1 EG. z. BGB. kann Landesgesetzgebung die vormundschaftsgerichtlichen Geschäfte anderen Behörden als den gerichtlichen übertragen (zu vgl. Anm. 2). Das Gesetz nimmt dieses in Kauf. Es handelt sich um ein verhältnismäßig kleines Gebiet des Reichs. Es würde sich nicht rechtfertigen lassen, derartige landesrechtlich auf besonderen Rechtsgewohnheiten beruhende Regelungen, die sich in der Bevölkerung eingelebt und bewährt haben, wegen der gegenüber allen bevormundeten Jugendlichen verhältnismäßig geringen Zahl straffällig Gewordener die Anerkennung zu versagen (Begr. S. 17).

[5] In der Berufungsinstanz sollen Jugendsachen besonderen Strafkammern überwiesen werden. Auch hier haben die Landes-

behörden bereits Anordnungen getroffen (PrMinVerf. vom 1. Juni 1908, II, 2; Bayerische StaatsMinVerf. vom 8. Juli 1910, JMinBl. S. 650; Sachsen 20. Oktober 1908, JMinBl. S. 85 III usw.). Bei kleinen Landgerichten sind die Verhandlungen gegen Jugendliche soweit als möglich wenigstens zeitlich zu trennen.

[6] Zu vgl. §§ 25, 40.

§ 20. Die Schöffen (Jugendschöffen) werden auf Vorschlag[1] des Jugendamts für die Dauer eines Geschäftsjahrs von dem im § 40 des Gerichtsverfassungsgesetzes vorgesehenen Ausschuß gewählt und in eine besondere Jahresliste aufgenommen. Es sind soviel Schöffen[2] zu wählen, daß jeder Hauptschöffe zu höchstens zehn ordentlichen Sitzungstagen herangezogen wird[3–5].

Die oberste Landesbehörde kann bestimmen, daß von der Ernennung besonderer Jugendschöffen abzusehen ist, wenn anzunehmen ist, daß ein Jugendgericht weniger als zehn Sitzungen jährlich abhalten wird[6].

[1] Der Entwurf hatte vorgeschlagen, daß die Jugendschöffen auf Vorschlag des Jugendamtes von der Justizbehörde ernannt werden, da die Auswahl durch den Ausschuß mit dem Vorschlagsrecht unvereinbar sei (Begr. zu § 20). Auch in den Verhandlungen des Reichstags wurde von dem Regierungsvertreter geltend gemacht, daß eine Stelle nicht entbehrt werden könne, die darüber entscheidet wenn Ausschuß und Jugendamt sich über die Personen nicht einigen können. Gleichwohl ist die Bestimmung in der jetzigen Fassung aufgenommen. § 40 GVG. findet also auch bei der Auswahl der Jugendschöffen Anwendung. Die Schöffen werden aber nicht aus der Urliste entnommen (§ 36 GVG.), sondern vom Jugendamt vorgeschlagen. Auch sind sie in eine besondere Jahresliste einzustellen. Da die Schöffen nicht wie nach § 43 GVG. zu fünf, sondern zu zehn Sitzungen herangezogen werden können, ist ihre Zahl erheblich geringer.

[2] Gemäß § 42 GVG. ist die erforderliche Zahl der Hilfsschöffen auch auszuwählen.

[3] Im übrigen finden die Bestimmungen des GVG. Anwendung. Die Zuziehung von Frauen ist danach ohne weiteres statthaft. Ist das Jugendgericht mit zwei Schöffen besetzt, muß einer ein Mann sein. Der nach § 17 Abs. 1 Satz 3 zuzuziehende dritte Schöffe kann sowohl Mann als Frau sein.

[4] Zu vergleichen PrMinVerf. vom 20. Juni 1923, I, 2.

[5] Die Verteilung der Schöffen auf die einzelnen Sitzungen erfolgt nach § 43 GVG.

[6] In kleineren Orten wird die Ernennung besonderer Jugendschöffen bisweilen undurchführbar sein. Deshalb kann die oberste Landesbehörde bestimmen, daß von Ernennung besonderer Jugendschöffen abgesehen werden kann, wenn voraussichtlich weniger als zehn Sitzungen im Jahr stattfinden. Hier hat das ordentliche Schöffengericht die Funktionen des Jugendgerichts wahrzunehmen. Für die dem großen Jugendgericht zugewiesenen Sachen hätte der Ausschuß eine besondere Jahresliste dritter Schöffen auszuwählen, sofern nicht diese Sachen gemäß § 57a GVG. an ein anderes Jugendgericht verwiesen werden.

§ 21. Die Bearbeitung der Jugendsachen ist bei jeder Staatsanwaltschaft tunlichst in den Händen bestimmter Beamter zu vereinigen.

Schon die Verfügungen der verschiedenen Länder (vgl. Anm. 5 zu § 19) empfehlen, die Jugendsachen von bestimmten Beamten bearbeiten zu lassen. In Bayern wird empfohlen, sie einem Beamten zu übertragen, der als Vormundschafts- und Jugendrichter tätig gewesen ist. Es erscheint wünschenswert, wenn ein Beamter gewählt wird, der diesen Zweigen der Tätigkeit ein besonderes Interesse entgegenbringt. Das ist besonders bei den Beamten der Staatsanwaltschaft wichtig, da gerade diese für die sachgemäße Anwendung des Gesetzes wirken können, besonders im Vorverfahren, das in den Händen dieser Behörden liegt. In der Praxis hat bereits die sachgemäße Auswahl des Staatsanwalts sehr zur Förderung der eigenartigen Behandlung der Strafsachen Jugendlicher beigetragen. Es muß diesem zur Pflicht gemacht werden, mit den Organisationen, die die Jugendgerichtshilfe betreiben oder dem Jugendamt engstens zusammenzuarbeiten. Gerade durch letzteren wird, ohne daß es besonderer Bestimmungen bedürfte, im Wege der Vereinbarung viel gefördert.

§ 22. In allen Abschnitten des Verfahrens in Jugendsachen sollen die Organe der Jugendgerichtshilfe zur Mitarbeit herangezogen werden.

Zu vgl. § 3 Ziff. 4 JWG. und Begr. dazu. Bereits durch die Nachfrage der Zentrale für Jugendfürsorge ist festgestellt, daß besonders im Vorverfahren schon bei 176 Gerichten durch öffentliche und private Organisationen Ermittlungen angestellt sind. Diese Zahl ist inzwischen erheblich gewachsen und besonders durch Einrichtung der Kreiswohlfahrtsämter auch bei kleineren Gerichten in Angriff genommen. Dadurch, daß aber die Jugendgerichtshilfe nach dem JWG. dem Jugendamt zur Pflichtaufgabe gemacht ist, sei es, daß es selbst sie bearbeitet oder gemäß § 11 besonderen Ausschüssen oder Organisationen der freien Liebestätigkeit überträgt, ist zu erwarten, daß überall im Strafverfahren gegen Jugendliche eine intensive Mitarbeit erfolgt. Sie ist äußerst bedeutungsvoll für die Erreichung der durch das Gesetz erstrebten Ziele. Wie die Arbeit organisiert wird, bleibt örtlicher Regelung vorbehalten. Gewicht wird darauf zu legen sein, daß gut arbeitende Organisationen erhalten bleiben. Das Jugendamt ist in folgenden Fällen heranzuziehen: Vorschlag von Jugendschöffen (§ 20 Abs. 1), Ermittlungen (§ 31 Abs. 1 S. 1), Verkehr mit den Verhafteten (§ 28 Abs. 3), Bestellung eines Beistandes (§ 29 Abs. 3 S. 3), Zutritt zu nicht öffentlichen Hauptverhandlungen (§ 23 Abs. 3), Worterteilung in der Hauptverhandlung (§ 31 Abs. 3), Ermittlung über Führung in der Probezeit (§ 12 Abs. 4), Mitwirkung im Strafvollzug (§ 16 Abs. 5), Mitteilung und Anhörung (§§ 8, 27, 31 Abs. 3 S. 2, § 32 Abs. 1, § 34 S. 2, § 40 Abs. 3 S. 2). Die Übergangsbestimmung Art. 3 EG. z. JWG. wird gegenstandslos.

§ 23. Die Verhandlung vor dem erkennenden Gericht einschließlich der Verkündung der Entscheidungen ist nicht öffentlich[1].

Dem gesetzlichen Vertreter des Angeklagten, dem Verletzten und seinem gesetzlichen Vertreter[2] sowie dem Jugendamt ist der Zutritt zu gestatten. Erwachsenen Angehörigen (§ 52 Abs. 2 des Strafgesetzbuchs) des Angeklagten und, falls der Jugendliche unter Schutzaufsicht steht[3], der bestellten Aufsichtsperson[4], ferner den Vertretern von Vereinigungen, die sich mit der Jugendfürsorge beschäftigen, soll in der Regel, anderen Personen kann der Zutritt gestattet werden.

Beamte der Justizverwaltung, welche die Dienstaufsicht führen, sind zur Anwesenheit berechtigt[5].

[1] Abänderung des § 170 StGG. § 11 des Entwurfs von 1912 ermächtigte die Gerichte, die Öffentlichkeit auszuschließen. Daß das Gesetz die Verhandlung einschließlich der Verkündung des Urteils für nicht öffentlich erklärt, ist sehr zu begrüßen. Die Schäden, die das öffentliche Verfahren bei Jugendlichen verursacht, sind allgemein anerkannt.

[2] Die Zulassung des gesetzlichen Vertreters, erwachsener Angehöriger, und zwar der in § 52 StGB. erwähnten, sowie der Schutzaufsichtsperson und der Vertreter der Jugendfürsorge erscheint billig, ebenso des Verletzten, obgleich dieser in der Regel als Zeuge vernommen werden wird. Der Ausschuß hat ihre Zulassung nur als Regelfall bestimmt, sie haben daher keinen Anspruch auf Zulassung. Es ist nicht ausgeschlossen, daß die genannten Personen, wenn sie sich den sitzungspolizei-

lichen Anordnungen des Vorsitzenden nicht fügen oder als Zeugen vernommen werden sollen, zum dauernden oder vorübergehenden Verlassen des Sitzungszimmers genötigt werden können (§ 58 StPO., § 178 GVG.).

[3] Helfer § 58 JWG.

[4] § 11 JWG., § 42 JGG.

[5] So auch § 176 Abs. 3 GVG.

§ 24. Für das große Jugendgericht (§ 17 Abs. 1, Satz 3) gelten folgende besondere Vorschriften.

Die Schöffen stimmen vor den Richtern. Über die Ausschließung oder Ablehnung eines richterlichen Mitglieds entscheidet die Strafkammer, über die Ausschließung oder Ablehnung eines Schöffen der Vorsitzende. Das Protokoll über die Hauptverhandlung unterschreibt im Falle der Behinderung des Vorsitzenden für ihn das andere richterliche Mitglied[2].

[1] Das große Jugendgericht ist mit zwei beamteten Richtern und drei Schöffen besetzt (zu vgl. § 17 Abs. 1 S. 3 und § 20).

[2] Die Vorschrift soll eine Reihe von Zweifelsfragen klären, die sich bei Anwendung des GVG. und der StPO. auf einen derartigen, dem Reichsrecht bisher unbekannten Gerichtskörper beziehen. Die Vorschriften des § 27 Abs. 2 GVG. und § 31 Abs. 2 S. 1, § 271 Abs. 2 StPO. gelten, soweit sie nicht durch vorstehende Bestimmungen abgeändert werden.

§ 25. Für Jugendsachen ist auch das Jugendgericht örtlich zuständig, in dessen Bezirk die vormundschaftsgerichtliche Zuständigkeit[1, 3] für den Beschuldigten begründet ist oder sich der Angeschuldigte zur Zeit der Erhebung der Anklage aufhält[2].

Sind mehrere Jugendgerichte örtlich zuständig, so soll die Anklage bei einem der nach Abs. 1 zuständigen erhoben werden, wenn nicht besondere Gründe die Erhebung

der Anklage[4] bei einem anderen Jugendgerichte rechtfertigen[5-10].

[1] Die Bestimmung erstrebt eine organische Verbindung von Vormundschaftsgericht und Jugendgericht (§ 19 Abs. 2).

[2] Neben den Gerichtsständen der StPO. a) der begangenen Tat (§ 7), b) des Wohnsitzes und Aufenthalts (§ 8), c) der Ergreifung (§ 9) wird das Gericht, in dessen Bezirk die vormundschaftsgerichtliche Zuständigkeit begründet ist und das, in dessen Bezirk Beschuldigter sich zur Zeit der Erhebung der Anklage aufhält, bestimmt. Letztere beiden Gerichtsstände sollen, wenn nicht besondere Gründe vorliegen, ersteren vorgehen.

[3] Gerichtsstand der vormundschaftsgerichtlichen Zuständigkeit wird in der Regel der des § 8 StPO. sein. Wird eine vormundschaftsgerichtliche Tätigkeit bereits ausgeübt, so ist das Jugendgericht zuständig, in dessen Bezirk sie ausgeübt wird. Die Prüfung der Frage, ob sie mit Recht ausgeübt wird, steht dem Jugendrichter nicht zu. Wird noch keine vormundschaftsgerichtliche Tätigkeit ausgeübt, so ist das Gericht zuständig, in dessen Bezirk sie ausgeübt werden könnte (§§ 36 ff. FreiwGerichtsbarkeitsGes., Begr. S. 18).

[4] Hält sich der Jugendliche außerhalb des Gerichts zu Anm. 3 auf, und zwar so, daß dieses die derzeitigen Lebensverhältnisse und die Gefährdung des Jugendlichen schwer beurteilen kann, tritt wahlweise der Gerichtsstand des Aufenthalts zur Zeit der Erhebung der Klage ein.

[5] Die Staatsanwaltschaft hat die Wahl zwischen diesen beiden Gerichtsständen, dagegen gehen sie den allgemeinen Gerichtsständen der §§ 7—9 StPO. vor.

[6] Die Vorschriften der StPO. finden sonst Anwendung. Ist die gleiche Sache beim Gerichtsstand des Vormundschaftsgerichts und dem hiervon verschiedenen Gerichtsstand der begangenen Tat (§ 7) anhängig, verbleibt sie bei dem Gericht, das zuerst das Hauptverfahren eröffnet hat. Bei Kompetenzstreit wird das gemeinsame obere Gericht, wenn nicht besondere

Gründe die Erhebung der Anklage im Gerichtsstand der begangenen Tat rechtfertigen, die Sache dem Gericht der Vormundschaft zu übertragen haben (§ 12 Abs. 2 StPO. in Verbindung mit § 23 des Gesetzes, Begr. S. 18).

[8] Hat die Staatsanwaltschaft die Klage aus praktischen Gründen bei einem anderen Gericht als dem der Vormundschaft erhoben, so kann dieses nachträglich gemäß § 46 Freiw. GerichtsbarkGes., § 49 dieses Gesetzes Vormundschaftsgericht werden. Das Vormundschaftsgericht kann nämlich aus wichtigen Gründen die Vormundschaft an ein anderes Gericht abgeben. Als wichtiger Grund soll gelten, wenn der Minderjährige vor einem anderen Gericht angeklagt ist.

[9] Die Staatsanwaltschaft hat das Vormundschaftsgericht von Erhebung der Anklage zu benachrichtigen (§ 27). Gibt das Vormundschaftsgericht die Sache nicht von selbst ab, so wird Staatsanwaltschaft die Abgabe verlangen und geeignetenfalls die Entscheidung des gemeinsamen oberen Gerichts herbeiführen können (§ 46 Abs. 2 FreiwGerichtsbarkGes., Begr. S. 19).

[10] Von Bedeutung ist noch die Mitwirkung des Jugendamts (§§ 35, 39, 41 JWG.).

§ 26. Mehrere Sachen gegen denselben Beschuldigten sollen verbunden werden[1, 2].

Jugendsachen sollen mit Strafsachen gegen Erwachsene nicht verbunden werden; dies gilt insbesondere, wenn diese Strafsachen zur Zuständigkeit des Reichsgerichts[6] oder der Schwurgerichte gehören[3, 4].

Nach Erhebung der Anklage können bis zum Erlasse des Urteils erster Instanz Jugendsachen von Strafsachen gegen Erwachsene durch Gerichtsbeschluß getrennt[5] und an das Jugendgericht verwiesen werden[7—11].

[1] Strafsachen gegen denselben Beschuldigten können nicht nur (§§ 2 und 3 StPO.), sondern sollen miteinander ver-

bunden werden, um dem Gericht einen einheitlichen Überblick zu verschaffen, auch um das schädliche wiederholte Erscheinen vor Gericht zu vermeiden.

[2] Sind die Sachen bereits bei verschiedenen Gerichten anhängig und können sich diese nicht einigen, so entscheidet gemäß § 14 StPO. das gemeinschaftliche obere Gericht, ohne daß es eines Antrags der Staatsanwaltschaft bedarf (Begr. S. 19).

[3] Zur Durchführung der Vorschriften dienen die in § 27 vorgesehenen Mitteilungen.

[4] Der Entwurf bestimmte: „Strafsachen gegen Erwachsene sollen mit Jugendsachen nicht verbunden werden." Durch die neue Fassung soll die Notwendigkeit der Trennung der Jugendsachen nochmals hervorgehoben werden.

[5] Die Trennung der Jugendsachen von denen gegen Erwachsene ist vielfach schon im Verwaltungswege angeordnet worden. Diese Anordnung konnte bisher nur für die Staatsanwaltschaft Bedeutung haben. Das Gesetz weist auch die Gerichte an, von der Bestimmung der §§ 4, 13, 236 StPO. keinen Gebrauch zu machen, wenn dadurch Jugendsachen mit Strafsachen gegen Erwachsene verbunden werden.

[6] Die Trennung der zur Zuständigkeit des Reichsgerichts und der Schwurgerichte gehörigen Sachen ergibt ihre Behandlung nach § 17 Abs. 1 S. 3.

[7] Dem Verbindungsverbot entspricht das leichtere Trennungsrecht. Auch bei Aufhebung eines gemeinsamen Gerichtsstandes (§ 13 StPO.) kann das Gericht ohne Anhörung der Staatsanwaltschaft bis zum Erlaß des Urteils erster Instanz Jugendsachen von denen gegen Erwachsene trennen und an das Jugendgericht verweisen.

[8] In den seltenen Fällen, in denen eine Trennung unmöglich ist, muß der Jugendliche in dem für Erwachsene zuständigen Verfahren abgeurteilt werden. Dann findet § 298 StPO. Anwendung.

[9] Die im Erziehungsinteresse so notwendige Trennung

wird von der Staatsanwaltschaft noch sehr oft unterlassen. Aufgabe der vorgesetzten Behörde wird es sein, auf eine möglichst restlose Trennung hinzuwirken. Die gegen die Trennung vorgebrachten Bedenken z. B. mehrmalige Verhandlung bei Dieben und Hehlern kann gegenüber der notwenigen gesonderten Verhandlung gegen Jugendliche nicht in Betracht kommen.

[10] Ist Verbindung einer Jugendsache mit einer Strafsache gegen einen Erwachsenen unvermeidlich, so werden die besonderen Vorschriften über das Jugendstrafverfahren für die verbundenen Sachen insofern unanwendbar, als die Besonderheit die Rechtslage des Erwachsenen mit beeinflussen würde (z. B. §§ 23, 33 Abs. 1, nicht aber die §§ 30, 31, 33 Abs. 2). Genau so auch, wenn sie zur Zuständigkeit der Strafkammer gehören.

[11] Die Sache geht in der Lage, in der sie sich befindet, auf das Jugendgericht über.

§ 27. Die Staatsanwaltschaft hat dem Vormundschaftsgericht und dem Jugendamte Mitteilung zu machen[1], wenn gegen einen Jugendlichen die Voruntersuchung[2] beantragt oder Anklage wegen eines Verbrechens, eines Vergehens oder einer Übertretung gegen § 361 Nr. 3 bis 8 des Strafgesetzbuchs[3] erhoben wird, oder wenn die Staatsanwaltschaft es sonst für geboten erachtet[4]. Über den weiteren Gang des Verfahrens sind Vormundschaftsgericht und Jugendamt zu unterrichten[5]. Die oberste Landesbehörde kann weitergehende Vorschriften erlassen[6].

Das Vormundschaftsgericht und das Jugendamt haben der Staatsanwaltschaft Nachricht zu geben, wenn ihnen bekannt ist oder bekannt wird, daß gegen den Beschuldigten noch ein anderes Strafverfahren anhängig ist[7].

[1] Die wechselseitigen Mitteilungspflichten zwischen Staatsanwaltschaft, Vormundschaftsgericht und Jugendamt sollen

das Ziel des Gesetzes erreichen helfen, da die strafrechtliche und erziehliche Behandlung immer in der Hand desselben Richters liegt. Außerdem sollen sie dadurch, daß möglichst viele Stellen auf die Gefahr aufmerksam machen, in der der Jugendliche schwebt, die rechtzeitige Abwendung der Gefahr erleichtern.

[2] Voruntersuchung kommt nur in Betracht, wenn eine Trennung von Jugendsachen mit denen Erwachsener nicht anhängig ist.

[3] Die Mitteilung der Staatsanwaltschaft bezieht sich nicht auf alle Übertretungen, sondern nur auf solche, bei denen eine besondere Verwahrlosung anzunehmen ist. Eine weitere Mitteilung würde die Staatsanwaltschaft außerordentlich belasten und es dem Jugendgericht erheblich erschweren, die Sachen, die ein Einschreiten erfordern, auszusuchen.

[4] Die Pflicht der Staatsanwaltschaft entsteht mit Erhebung der Anklage. Frühere Mitteilung erscheint aus dem in Anm. 3 angegebenen Grunde nicht zweckmäßig, doch bleibt das der Staatsanwaltschaft überlassen; sie ist sogar dazu verpflichtet, geeignetenfalls auch schon früher oder in anderen Fällen Mitteilung zu machen.

[5] Soweit Vormundschaftsgericht und Jugendamt Mitteilung erhalten, sind sie auch weiter auf dem laufenden zu halten. Wo ein verständnisvolles Zusammenarbeiten zwischen Jugendgericht, Vormundschaftsgericht und Jugendgerichtshilfe schon stattfindet, bringen diese Bestimmungen nichts Neues. Die Vorschriften werden auch nicht helfen, wenn nicht die beteiligten Stellen von der Notwendigkeit solcher Mitteilungen überzeugt sind und die erforderlichen Vereinbarungen zu gegenseitigem Zusammenwirken treffen.

[6] Für Preußen ist die AV. vom 20. Juni 1923, I, 3 zu vergleichen.

[7] Die Vorschrift soll die Verbindung gemäß § 25 Abs. 1 und die in § 49 vorgesehene Abgabe der vormundschaftsgerichtichen Zuständigkeit an das Jugendgericht ermöglichen.

§ 28[1]. Untersuchungshaft[2] ist nur zu vollziehen, wenn ihr Zweck nicht durch andere Maßregeln, insbesondere durch eine Anordnung nach § 8 erreicht werden kann[6]. Darüber, ob die Untersuchungshaft zu vollziehen ist, sowie darüber, welche Maßregel an ihre Stelle tritt, entscheidet das Gericht, das den Haftbefehl erlassen hat[4, 5]; in dringenden Fällen kann der Jugendrichter, in dessen Bezirk die Untersuchungshaft vollzogen werden soll, die Entscheidung treffen[3, 7].

Muß ein Jugendlicher in der Untersuchungshaft mit anderen Gefangenen in einem Raume untergebracht werden, so ist Vorsorge zu treffen, daß er nicht sittlich gefährdet wird. Mit Erwachsenen darf ein Jugendlicher in einem Raume nur untergebracht werden, wenn dies durch seinen körperlichen oder geistigen Zustand geboten ist[8].

Dem Jugendamt und, falls der Verhaftete unter Schutzaufsicht steht, der bestellten Aufsichtsperson, ist der Verkehr mit dem Verhafteten in dem gleichen Umfang gestattet wie einem Verteidiger (§ 148 der Strafprozeßordnung)[9].

Ist vor Erhebung der öffentlichen Klage die Untersuchungshaft wegen eines Verbrechens angeordnet worden, das nicht schon nach dem § 27 Nr. 7a und 8 des Gerichtsverfassungsgesetzes zur Zuständigkeit der Schöffengerichte gehört, so kann der Jugendrichter auf Antrag der Staatsanwaltschaft die Haftfrist über die im § 126 der Strafprozeßordnung vorgesehene Dauer verlängern. Hat der Beschuldigte keinen Verteidiger, so ist ihm für das Verfahren über die Fortdauer der Haft ein Verteidiger zu bestellen. Verlängert der Jugendrichter die Haftfrist,

so bestimmt er zugleich, wann seine Entscheidung von neuem einzuholen ist[10].

[1] Die Bestimmungen lehnen sich an die Beschlüsse der Reichstagskommission zum Entwurf von 1912 an.

[2] Schon jetzt wird die Untersuchungshaft dort, wo die Jugendgerichte im Verwaltungswege eingerichtet sind, fast immer durch anderweite Unterbringungen (Unterbringung im Heim, vorläufige Unterbringung zur FE.) vermieden. Jetzt bietet § 8 dem Gericht im Einvernehmen mit dem Jugendamt die Möglichkeit der Unterbringung. Voraussetzung ist aber, daß die geeignete Unterbringungsmöglichkeit vorhanden ist; wenn daher überhaupt Festhaltung aus Sicherheitsgründen notwendig wird, wird die Untersuchungshaft vielfach angeordnet werden müssen. Erleichtert wird die Unterbringung allerdings dadurch, daß deren Kosten solche des Strafverfahrens sind (Anm. 6).

[3] Die über den Erlaß des Haftbefehls und auf die Untersuchungshaft bezüglichen Entscheidungen sind nach § 114 Abs. 3, § 35 StPO., § 28 des Gesetzes dem gesetzlichen Vertreter bekanntzugeben. Der Entwurf von 1912 traf hier besondere Bestimmungen.

[4] Auch daß die Fortdauer der Untersuchungshaft beschlossen ist.

[5] Dem Jugendamt und dem Vormundschaftsgericht, wenn letzteres nicht selbst als Jugendgericht zu entscheiden hat, hat die Staatsanwaltschaft Kenntnis zu geben.

[6] Wird zur Abwendung der Untersuchungshaft Unterbringung nach § 8 angeordnet, gehören die Kosten zu denen des Strafverfahrens, sind also von der Staatskasse zu bestreiten, wenn der Angeklagte nicht zu den Kosten des Verfahrens verurteilt wird oder diese von ihm beigetrieben werden können. Voraussetzung der Unterbringung nach § 8 ist aber, daß ein Haftbefehl erlassen ist.

[7] Daß über die Vollziehung des Haftbefehls, wenn dieser von einem anderen Gericht als dem, in dessen Bezirk der

Beschuldigte ergriffen wird, zunächst letzteres zu entscheiden hat, ergibt sich aus § 114 Abs. 3 StPO.

[8] Zu vgl. § 10 Abs. 3 der Kommissionsbeschlüsse von 1912. Es werden in dieser Beziehung genaue Bestimmungen von den Landesbehörden zu treffen sein.

[9] Die Untersuchungshaft kann zu einem wirksamen Erziehungsmittel werden, wenn dem Jugendlichen die Möglichkeit gegeben wird, sich auszusprechen zu jemandem, zu dem er Vertrauen hat und von diesem Ermahnungen und Belehrungen entgegennehmen kann. Daher ist die Zulassung des Verkehrs mit Jugendamt und Schutzaufsichtsperson in derselben Weise wie mit dem Verteidiger vorgesehen.

[10] Der vor Erhebung der öffentlichen Klage erlassene Haftbefehl muß nach § 126 StPO. aufgehoben werden, wenn nicht innerhalb vier Wochen die öffentliche Klage erhoben wird. Für schwere Straftaten reicht diese Zeit oft nicht aus, um die Ermittlungen bis zur Erhebung der Anklage abzuschließen. In solchen Fällen wird dem ordentlichen Verfahren die Voruntersuchung beantragt (§ 176 StPO.). Im Jugendgerichtsverfahren ist das nicht möglich, da Jugendgericht Schöffengericht ist, bei diesem aber nach § 176 Abs. 3 Voruntersuchung unzulässig ist. Deshalb wird der Jugendrichter ermächtigt, erforderlichenfalls die Untersuchungshaft über die Frist des § 126 StPO. auf Antrag der Staatsanwaltschaft zu verlängern. Zulässig ist dies aber nur bei Verbrechen, sofern diese nicht schon nach § 27 Nr. 7 a, § 28 GVG. zur Zuständigkeit der Schöffengerichte gehören. In diesen Fällen treten zwei Garantien für den Beschuldigten ein: a) es muß ihm ein Verteidiger bestellt werden, gleichgültig, ob der Jugendrichter den Antrag für begründet hält oder nicht; b) das Gericht muß bei Verlängerung des Haftbefehls den Zeitpunkt bestimmen, bei dem seine Entscheidung über letztere Verlängerung von neuem einzuholen ist.

§ 29. In den vor dem großen Jugendgerichte (§ 17 Abs. 1 Satz 3) zu verhandelnden Sachen hat der Jugend-

richter dem Angeschuldigten, der keinen Verteidiger hat, einen Verteidiger zu bestellen [1], sobald die im § 199 der Strafprozeßordnung vorgeschriebene Aufforderung stattgefunden hat.

Auch in anderen Fällen [2] soll dem Beschuldigten, der keinen Verteidiger hat, ein Verteidiger bestellt werden, wenn dies aus besonderen Gründen, namentlich bei verwickelter Sach- oder Rechtslage, angemessen erscheint [3].

Das Gericht kann dem Beschuldigten in allen Fällen und in jeder Lage des Verfahrens einen Beistand [4] bestellen; im Falle des Abs. 2 kann an Stelle des Verteidigers ein Beistand bestellt werden. Den Beistand bestellt der Vorsitzende, im vorbereitenden Verfahren der Jugendrichter. Das Jugendamt ist auf sein Verlangen zum Beistand zu bestellen; der gesetzliche Vertreter soll nur ausnahmsweise [5] zum Beistand bestellt werden [6]. Der Beistand hat die Rechte eines Verteidigers [7, 8].

[1] Die Vorschrift des § 140 StPO. über die notwendige Verteidigung findet auf das Jugendgerichtsverfahren, abgesehen von § 81 Abs. 2 (Beobachtung des Geisteszustandes) keine Anwendung, da die Jugendgerichte Schöffengerichte sind. Deshalb ist bei den vor großen Jugendgerichten anhängigen Sachen nach der Aufforderung gemäß § 199 StPO. ein Verteidiger vom Jugendrichter zu bestellen.

Da nach § 199 StPO. in der Fassung des Entlastungsgesetzes vom 11. März 1921 die Anklage dem Angeschuldigten auch in Schöffensachen mitzuteilen ist, wenn ein Verbrechen Gegenstand der Untersuchung bildet, so ist das stets der Fall, wenn die Sache vor dem großen Jugendgericht anhängig ist.

[2] In anderen Sachen kann ein Verteidiger bestellt werden, wenn dies aus besonderen Gründen, namentlich bei verwickelter Sach- oder Rechtslage angemessen erscheint. Ebenso § 163 **Entwurf des Gesetzes über Rechtsgang in Strafsachen**

von 1919. Der Zeitpunkt der Bestellung ist freigelassen, sie kann also schon im Vorverfahren, aber auch in höherer Instanz erfolgen.

[3] Neben dem Sollverteidiger wird für die Bestimmung des § 141 StPO. wenig Raum sein. Ausgeschlossen ist die Bestellung nicht (Begr. § 27 Abs. 3 Schluß).

[4] Da der Jugendliche nicht selten mehr eines gesetzlichen Zuspruchs als eines juristischen Rats bedarf, kann ihm neben oder an Stelle des Verteidigers ein Beistand bestellt werden. Dieser hat die Rechte des Verteidigers (Entwurf sagt „rechtliche Stellung").

[5] Der gesetzliche Vertreter soll in der Regel nicht zum Beistand bestellt werden, da er häufig der moralisch Schuldigere ist. Dagegen muß das Jugendamt auf sein Verlangen zum Beistand bestellt werden. Im übrigen wird eine Persönlichkeit der Jugendgerichtshilfe zu wählen sein.

[6] Die Tätigkeit des Beistandes soll sich nicht darin erschöpfen, dem Jugendlichen im Strafverfahren zur Seite zu stehen, er soll Vertrauensperson werden, die dem Jugendlichen nach Erledigung des Strafverfahrens weiter hilft, ihn während einer Schutzaufsicht oder einer bewilligten Strafaussetzung überwacht und auf der rechten Bahn hält (Begr. Abs. 4 § 27).

[7] In den Fällen der notwendigen Verteidigung darf der Beistand nur neben dem Verteidiger bestellt werden.

[8] Der Beistand hat die Rechte des Verteidigers, auch kann er in gleicher Weise wie dieser Akten einsehen, mit dem Verhafteten verkehren, bei Beweisaufnahmen anwesend sein, Fragen an Zeugen und Sachverständige richten, in der Hauptverhandlung Ausführungen machen, Rechtsmittel einlegen usw. Dieselbe Person, die im Strafverfahren Beistand ist, wird in der Regel nach dem Urteil als Helfer bei der Schutzaufsicht weiter tätig sein (Begr. S. 21). Die Bestimmung des § 149 Abs. 2 StPO. ist für gesetzliche Vertreter Jugendlicher ohne Bedeutung, da jetzt § 23 Abs. 2 die Zulassung zur Hauptverhandlung, § 30 Abs. 1 das Recht auf Anhörung begründet

und ihre Eigenschaft im Sinne der StPO. durch diese Rechte erschöpft wird (Radbruch, Zentralbl. S. 259, Begr. auch Anm. 1 zu § 30). Es gibt künftig einen Beistand im Sinne der StPO. § 149 Abs. 2 und einen solchen im Sinne des JGG. mit den Rechten eines Verteidigers. Beistand hat nicht die Pflichten, sondern die Rechte, da seine Aufgabe, das erzieherisch Richtige für den Jugendlichen zu erreichen, nicht immer mit den Pflichten des Verteidigers zusammenfällt, nämlich das prozessual Günstige zu erreichen.

§ 30[1, 2]. **Die Rechte des Beschuldigten zur Anwesenheit bei Amtshandlungen, auf Gehör und zur Vorlegung von Fragen stehen auch dem gesetzlichen Vertreter zu. Entscheidungen, die dem Beschuldigten bekanntzumachen sind, insbesondere Urteile, sollen auch dem gesetzlichen Vertreter bekanntgemacht werden**[3]**; das gleiche gilt von Strafverfügungen und Strafbescheiden. In den Fällen, in denen dem Angeschuldigten die Anklageschrift mitzuteilen ist, soll sie auch dem gesetzlichen Vertreter mitgeteilt werden. Ort und Zeit der Hauptverhandlung sollen dem gesetzlichen Vertreter rechtzeitig bekanntgemacht werden**[4, 5].

[1] Nach § 149 StPO. ist Vater, Adoptivvater oder Vormund des minderjährigen Angeklagten als Beistand in der Hauptverhandlung zuzulassen und auf Verlangen zu hören. Im Vorverfahren unterliegt die Zulassung richterlichem Ermessen. Diese Rechte werden hier erweitert. Durch die Zulassung des gesetzlichen Vertreters im Vorverfahren wird die Klärung des Sachverhalts gefördert; das Gericht erlangt auch dadurch frühzeitig die für seine weiteren Entschließungen unter Umständen entscheidende Kenntnis der Persönlichkeit des gesetzlichen Vertreters (Begr. zu § 29).

[2] Die Bestimmungen entsprechen § 9 des Entwurfs von 1912 wie sie von der Kommission gebilligt sind.

[3] Entscheidungen sollen dem gesetzlichen Vertreter auch dann

bekanntgemacht werden, wenn sie dem Jugendlichen schon bekanntgemacht sind, also müssen Urteile, die in Abwesenheit des Jugendlichen ergehen, auch dem gesetzlichen Vertreter zugestellt werden, aber auch solche, die dem Angeklagten verkündet werden, wenn der gesetzliche Vertreter nicht erschienen ist (§ 35 StPO., Begr. zu § 28 Abs. 3). In dem bisherigen Verfahren ist der gesetzliche Vertreter auf die Mitteilung vom Termin oft nicht erschienen. Wenn sich das jetzt, wo er geladen wird, nicht ändert, entstehen durch die Zustellung des nicht erschienenen gesetzlichen Vertreters erhebliche Kosten, die mit der Zweckmäßigkeit der Zustellung oft nicht im Einklang stehen. Es ist sehr fraglich, ob die in der Begründung vertretene Ansicht sich bewähren wird.

[4] Während der gesetzliche Vertreter jetzt zufolge Verwaltungsanordnung Nachricht vom Termin erhält, ist er künftig zu laden.

[5] Weitere Rechte des gesetzlichen Vertreters bleiben bestehen (Auswahl des Verteidigers, StPO. § 137 Abs. 2; Selbsteinlegung von Rechtsmitteln § 340; Antrag auf Wiederaufnahme des Verfahrens § 405).

§ 31. Bei den Ermittlungen sind möglichst frühzeitig die Lebensverhältnisse des Beschuldigten sowie alle Umstände zu erforschen[1], welche zur Beurteilung seiner körperlichen und geistigen Eigenart dienen können. In geeigneten Fällen soll eine ärztliche Untersuchung des Beschuldigten herbeigeführt werden[2].

Die Eltern[3] des Beschuldigten sind, wenn es ohne erhebliche Schwierigkeiten geschehen kann, zu hören. In der Hauptverhandlung wird ihnen auf ihr Verlangen das Wort erteilt; ein Fragerecht steht ihnen nicht zu.

Zur Erforschung der im Abs 1 bezeichneten Umstände ist das Jugendamt[4] nach Möglichkeit zuzuziehen[6]. Ort und Zeit der Hauptverhandlung sind ihm bekanntzumachen.

In der Hauptverhandlung wird ihm auf Verlangen das Wort erteilt; ein Fragerecht steht ihm nicht zu.

Bei[5] Fürsorgezöglingen ist der Fürsorgeerziehungsbehörde Gelegenheit zur Äußerung zu geben.

[1] Die Erforschung der persönlichen Verhältnisse des Jugendlichen im vorbereitenden Verfahren erfolgt schon jetzt infolge Anordnung der Landesjustizverwaltungen ziemlich allgemein (Preußen allgem. Verf. vom 1. Juni 1908, Bayern 8. Juni 1910 III, 2; Sachsen 20. Oktober 1908 I; Württemberg 23. Januar 1911 II usw.). Jetzt wird diese vom Gesetz verlangt. Die Ersuchen sind nach Inkrafttreten des JWG. an das Jugendamt zu richten, dem nach § 3 Ziff. 5 selbst diese Aufgabe zufällt.

[2] Die ärztliche Untersuchung ist immer anzuordnen, wenn die Voraussetzungen des § 51 StrGB. vorliegen können, aber sie kann auch stattfinden, wenn Zurechnungsfähigkeit außer Frage steht.

[3] Die Eltern sind, wenn es ohne erhebliche Schwierigkeiten geschehen kann, zu hören, auch wenn ihnen nicht die Sorge für die Person zusteht. In der Hauptverhandlung ist ihnen auf Verlangen das Wort zu gestatten; Fragerecht steht ihnen nicht zu.

[4] Das Jugendamt wird in weitem Maße am Strafverfahren beteiligt (Anm. 1). Es ist ihm Ort und Zeit der Hauptverhandlung bekanntzugeben. Dem anwesenden Vertreter ist auf Verlangen das Wort zu erteilen, dagegen steht ihm ein Fragerecht nicht zu, da das Jugendamt bei der Aufklärung des Sachverhalts nicht mitzuwirken hat.

[5] Absatz 4 entspricht schon jetzt getroffenen landesrechtlichen Verwaltungsbestimmungen.

[6] „Zuzuziehen" will zum Ausdruck bringen, daß Einsetzung und Leitung der Ermittlungstätigkeit den für den Prozeß verantwortlichen Stellen — Staatsanwaltschaft und Jugendgericht — verbleibt (Radbruch aaO. S. 260).

§ 32. Die Staatsanwaltschaft kann auf Grund des § 3 das Verfahren nur mit Zustimmung des Jugendrichters einstellen[1]; vorher soll tunlichst das Jugendamt gehört werden.

Mit Zustimmung des Jugendrichters kann die Staatsanwaltschaft von der Erhebung der Klage absehen[2], wenn bereits eine Erziehungsmaßregel angeordnet worden ist und weitere Maßnahmen nicht erforderlich sind, oder wenn anzunehmen ist, daß das Gericht nach § 9 Abs. 4 von Strafe absehen wird. Ist die Klage bereits erhoben, so kann das Gericht mit Zustimmung der Staatsanwaltschaft die Einstellung des Verfahrens beschließen[3].

Die Verfügung der Staatsanwaltschaft (Abs. 1, Abs. 2 Satz 1) und der Beschluß des Gerichts (Abs. 2 Satz 2) sind auch dem Vormundschaftsgericht und dem Jugendamte sowie dem bekanntzumachen[4], der den Antrag auf Erhebung der öffentlichen Klage gestellt hat. Gegen den Beschluß des Gerichts steht der Staatsanwaltschaft kein Rechtsmittel[6], dem Beschuldigten und dem Antragsteller, wenn er zugleich der Verletzte ist, die sofortige Beschwerde zu[5, 7].

Ist das Verfahren durch einen nicht mehr anfechtbaren Beschluß des Gerichts eingestellt worden, so kann die Klage nur auf Grund neuer Tatsachen oder Beweismittel wieder erworben werden[8].

[1] Liegen die Voraussetzungen des § 3 vor, so kann die Staatsanwaltschaft mit Zustimmung des Jugendgerichts einstellen. In der Praxis wurde hier bisher verschieden verfahren. Gewöhnlich ersuchte die Staatsanwaltschaft das Gericht, wenn die Einsichtsfrage zweifelhaft war, um Vernehmung des Jugendlichen und gutachtliche Äußerung. So wird in Zweifelsfällen auch jetzt verfahren werden müssen. Da aber die Entscheidung der Frage, ob die Voraussetzungen des § 3 vorliegen,

eine eingehende Erforschung des Jugendlichen bedingt, so soll vor der Entscheidung auch das Jugendamt gehört werden. In anderen Fällen kann die Staatsanwaltschaft selbständig einstellen (§ 168 Abs. 2 StPO.).

[2] Ob bezüglich des Jugendlichen überhaupt etwas zu veranlassen ist und was mit ihm geschehen soll, wird sich in der Regel erst nach vollständiger Durchführung des Verfahrens übersehen lassen. Anderseits sind Fälle denkbar, auch abgesehen vom Vorliegen von Zweifeln der Einsichts- und Willensfähigkeit, wo schon die Vorermittlungen eine Beantwortung der Frage gestatten, daß kein Anlaß zu Maßnahmen oder weiteren Maßnahmen vorliegt. Hier aus formellen Gründen das Verfahren durchzuführen, würde dem Wesen eines Erziehungsverfahrens wenig entsprechen. Abs. 2 gestattet daher der Staatsanwaltschaft, von Erhebung der Klage abzusehen: 1. wenn bereits eine Erziehungsmaßregel angeordnet ist und weitere nicht erforderlich sind, 2. wenn anzunehmen ist, daß das Gericht den Fall als besonders leicht ansieht und gemäß § 9 Abs. 4 von Strafe abgesehen wird.

[3] War die Klage schon erhoben, so kann das Gericht mit Zustimmung der Staatsanwaltschaft das Verfahren aus den zu Anm. 2 angegebenen Gründen einstellen, unter Umständen auch in der Berufungsinstanz (Begr.).

[4] Für die spätere Beurteilung des Jugendlichen kann es von Bedeutung sein, ob bereits gegen ihn ein Strafverfahren anhängig war. Deshalb sind die Entscheidungen Abs. 1, Abs. 2 S. 1 und Abs. 2 S. 2 dem Vormundschaftsgericht und dem Jugendamt bekanntzugeben.

[5] Gemäß § 169 StPO. hat derjenige, der die Strafanzeige erstattet, Anspruch auf Bescheid seitens der Staatsanwaltschaft unter Angabe der Gründe, wenn die öffentliche Klage nicht erhoben oder das Verfahren eingestellt wird. Deshalb gibt ihm Abs. 3, wenn er der Verletzte ist, auch bei Einstellung des Verfahrens durch das Gericht die sofortige Beschwerde. Gegen den Einstellungsbescheid der Staatsanwalt-

schaft hat er nur die Aufsichtsbeschwerde, nicht den Rechtsbehelf des § 170, da die Zustimmung des Jugendgerichts die Staatsanwaltschaft von der Verpflichtung zur Erhebung der öffentlichen Anklage entbindet (Begr. Abs. 4 zu § 30).

[6] Der Staatsanwaltschaft steht ein Beschwerderecht gegen den ablehnenden Bescheid des Gerichts nicht zu.

[7] Der Beschuldigte kann ein Interesse an der Durchführung des Verfahrens haben, z. B. wenn er behauptet, unschuldig zu sein. Deshalb hat auch er die sofortige Beschwerde gegen den Einstellungsbeschluß. Dagegen hat er gegen den Einstellungsbescheid der Staatsanwaltschaft keinen Rechtsbehelf.

[8] Entspricht § 210 StPO.

§ 33. Hauptverhandlungen in Jugendsachen[1] sollen von anderen Hauptverhandlungen derart gesondert werden, daß eine Berührung des Angeklagten mit erwachsenen Angeklagten vermieden wird.

Ist von einzelnen Erörterungen[2] ein nachteiliger Einfluß auf den Angeklagten zu befürchten, so kann das Gericht anordnen, daß der Angeklagte für die Dauer der Erörterungen das Sitzungszimmer verläßt. Sobald der Angeklagte wieder vorgelassen ist, soll ihn der Vorsitzende über den wesentlichen Inhalt des inzwischen Verhandelten unterrichten[3].

[1] Wenn kein besonderes Jugendgericht besteht, sollen Jugendsachen von denen Erwachsener so gesondert werden, daß die Berührung vermieden wird. Es werden daher die Jugendsachen zweckmäßig an den Anfang oder Schluß der Sitzung gelegt, damit eine zeitliche und räumliche Trennung stattfindet.

[2] Oft müssen Angelegenheiten in der Verhandlung erörtert werden, die einen erziehungswidrigen Einfluß auf den jugendlichen Angeklagten ausüben, z. B. Beweisaufnahmen über seinen geistigen Zustand, über die persönlichen Verhältnisse der Familienmitglieder, besonders der Eltern, in sittlicher Be-

ziehung, Erörterungen über die Tat, wenn es sich um ein dem Jugendlichen zur Last gelegtes Sittlichkeitsverbrechen handelt. Hier gestattet Abs. 2 entgegen der Vorschrift des § 230 StPO., daß der Angeklagte während der Dauer dieser Erörterungen aus dem Sitzungszimmer entfernt wird. Auch Schlußvorträge der Staatsanwaltschaft und der Verteidigung fallen unter den Begriff dieser Erörterungen (Begr.). Der Vorsitzende hat ihn dabei nach Wiederzulassung über das Verhandelte zu unterrichten, und zwar nach freiem Ermessen. Die Mitteilung darf nicht so weit gehen, daß der mit der Entfernung erstrebte Zweck vereitelt wird.

[3] Zu vgl. § 246 Abs. 1 S. 2 StPO.

§ 34. Der Jugendrichter entscheidet[1] über die Aussetzung der Ersatzfreiheitsstrafe[2], die nachträgliche Aussetzung[3] und die Fortdauer der Aussetzung[4] sowie über die Bewährung[5] und trifft die Entscheidungen, die während einer Probezeit ergehen[6]. Vor der Entscheidung ist, wenn dies ohne Verzögerung geschehen kann, auch das Jugendamt zu hören[7].

[1] Für die Entscheidungen, die nach Erlaß des Urteils über die bedingte Strafvollstreckung zu treffen sind, entscheidet das Jugendgericht, d. h. der Vorsitzende des Gerichts, das in erster Instanz erkannt hat.

[2] § 14.

[3] §§ 11, 13 Abs. 4 und 6.

[4] § 13 Abs. 4, 5.

[5] § 15.

[6] § 12 Abs. 1 S. 2, Abs. 2 S. 2, Abs. 4 und § 13 Abs. 4, 5.

[7] Die Entscheidungen sind der Sache nach solche in der Vollstreckungsinstanz. Wie sich aus § 18 Abs. 1, § 28 S. 1 in Verbindung mit § 494 Abs. 2 StPO. ergibt, sind vor Erlaß Staatsanwaltschaft, Verurteilter und gesetzlicher Vertreter zu hören, dazu kommt nach Satz 2 noch die Anhörung des Jugendamtes, jedoch nur soweit als der Verurteilte minderjährig ist.

§ 35. Ein Urteil, in dem eine Erziehungsmaßregel[1] angeordnet worden ist, kann nicht deshalb angefochten werden[2], weil eine andere oder eine weitere Erziehungsmaßregel hätte angeordnet werden sollen, oder weil die Auswahl und Anordnung der Erziehungsmaßregel dem Vormundschaftsgericht überlassen worden ist[3, 4]. Die Vorschrift gilt nicht, wenn die Fürsorgeerziehung angeordnet worden ist.

Gegen Entscheidungen, die eine Strafaussetzung betreffen (§§ 10 bis 15), findet, wenn sie für sich allein angefochten werden, die sofortige Beschwerde statt[5, 6]; das gleiche gilt, wenn ein Urteil nur deshalb angefochten wird, weil die Vollstreckung der Strafe nicht ausgesetzt worden ist[7]. Die Entscheidungen über die Dauer der Probezeit, die für ihre Dauer getroffenen besonderen Anordnungen (§ 12 Abs. 2) sowie die Entscheidung, daß sich das Gericht einer Entscheidung über die Fortdauer der Strafaussetzung enthalte (§ 13 Abs. 5), sind nicht anfechtbar[8].

[1] Urteile, die Erziehungsmaßnahmen anordnen (§ 5 Abs. 2), sind ebenso anfechtbar wie Strafurteile. Das gilt unbeschränkt, wenn auf FE. erkannt ist. Wird auf eine andere Erziehungsmaßnahme erkannt, so ist die Anfechtung nicht zulässig, wenn eine andere oder weitere Erziehungsmaßnahme hätte angeordnet werden sollen, oder weil die Anordnung dem Vormundschaftsgericht überlassen ist. Diese Bestimmung ist deshalb getroffen, weil die Erziehungsmaßnahme häufig an Wert verliert, wenn sie erst längere Zeit nach der Anordnung in die Tat umgesetzt wird (Begr.).

[2] Ein Urteil, das eine nach § 8 getroffene Maßnahme einstweilen aufrecht erhält, ist wegen dieser Anordnung deshalb nicht anfechtbar, weil die Maßnahme mit der Rechtskraft des Urteils die Wirksamkeit verliert (Begr. Abs. 1 zu § 33).

[3] Ein Urteil, das Erziehungsmaßnahmen enthält, kann nicht mit der Begründung angefochten werden, es hätte auf Strafe erkannt werden müssen (Begr.).

[4] Ein in vollem Umfange angefochtenes Urteil ist auch auf die Frage der Strafaussetzung selbständig zu prüfen. Änderungen zum Nachteil des Angeklagten sind, wenn es nur von diesem oder zu seinen Gunsten angefochten wird, unzulässig (reformatio in péius).

[5] Wird nur die Entscheidung über Strafaussetzung angefochten, kann dieses nur mit sofortiger Beschwerde geschehen, gleichgültig, ob die Strafaussetzung durch Beschluß oder Urteil angeordnet ist (§§ 10—15).

[6] Zulässigkeit der sofortigen Beschwerde setzt voraus, daß das Urteil sonst bestehen bleibt. Sie wird daher gegenstandslos, wenn die Staatsanwaltschaft gegen das Urteil mit Erfolg Berufung einlegt.

[7] Stellt sich in der Hauptverhandlung vor dem Berufungsgericht heraus, daß nur die Entscheidung über die bedingte Strafaussetzung angefochten werden soll, so ist die Berufung nicht als unzulässig zu verwerfen, sondern sie ist als sofortige Beschwerde zu behandeln, da ein Irrtum in der Bezeichnung des zulässigen Rechtsmittels unschädlich ist (§ 342 StPO.).

[8] Der Anfechtung entzogen ist a) die Dauer der Probezeit, gleichgültig, ob es sich um die zuerst angeordnete oder eine verlängerte handelt; b) die für die Dauer der Probezeit getroffene Anordnung (§ 12 Abs. 2); c) die Entscheidung des Gerichts der zweiten Tat, daß es sich der Entscheidung über die Fortdauer der Strafaussetzung enthalten (§ 13 Abs. 5). Maßgebend sind hier die gleichen Erwägungen wie bei den Erziehungsmaßnahmen (Begr. Anm. 1).

§ 36. **Die Strafvollstreckung steht dem Jugendrichter zu**[1]**. Das gleiche gilt von der Ausführung einer Erziehungsmaßregel, die das Gericht angeordnet hat, sofern**

es sich nicht um Fürsorgeerziehung oder um Schutzaufsicht über einen Minderjährigen handelt[2].

Gegen die Entscheidungen[4, 5] des Jugendrichters findet sofortige Beschwerde nach den Vorschriften der Strafprozeßordnung statt[3, 6].

1 Die Vorschrift entspricht dem § 483 Abs. 3 StPO. Von der dort gegebenen Befugnis ist fast in allen Ländern Gebrauch gemacht (Preußen JMinVerf. v. 14. 8. 79, JMBl. S. 237). Sie ist aber deshalb von besonderer Bedeutung, weil es mit dem Grundgedanken des Gesetzes unvereinbar wäre, wenn die Strafvollstreckung auf Grund des Gesetzes vom 11. März 1921, Art. 6, RGBl. 229 einem Gerichtsschreiber, Amtsanwalt oder Sekretär übertragen würde (zu vgl. die Ausführungen von Hoffmann, Zentralbl. XIV, S. 233 ff.). Dieser vertritt mit Recht die Ansicht, daß alle in das erzieherische Gebiet fallende Entscheidungen dem Richter überlassen bleiben müssen, der daher auch das Strafvollstreckungsverfahren nicht völlig außer Sicht verlieren darf. Die Einziehung der Geldstrafe und die formelle Verfügung über Vollstreckung der Freiheitsstrafe kann anderen Stellen übertragen werden.

2 Vom Vormundschaftsrichter angeordnete Erziehungsmaßnahmen (§ 5 Abs. 2 S. 2), die Ausführung der Schutzaufsicht und FE. über Minderjährige (§ 12 Abs. 2 und Anm. 4 dort) auch dann, wenn er sie nicht angeordnet hat, werden von diesem ausgeführt. Erziehungsmaßnahmen, die das erkennende Gericht angeordnet hat (außer FE. und Schutzaufsicht über Minderjährige) werden von letzterem ausgeführt. Praktisch wird diese Unterscheidung nur wenig Bedeutung haben, weil Vormundschaftsrichter und Jugendrichter in der Regel dieselbe Person sein werden.

3 Gegen die Maßnahmen des Amtsrichters standen je nachdem, ob er als Strafvollstreckungsbehörde oder auf Grund des § 490 StPO. als Vollstreckungsgericht entschieden hat,

Aufsichtsbeschwerde oder Rechtsbeschwerde zu. Abs. 2 läßt in Anlehnung an § 447, § 448 Entwurf eines Gesetzes über den Rechtsgang in Strafsachen von 1919 nur sofortige Beschwerde nach § 353 StPO. zu.

[4] Unter Entscheidung ist jede Willenserklärung des Richters, durch die über einen Antrag befunden oder ein Streit geschlichtet wird, zu verstehen. Es fällt darunter auch die Ablehnung eines Strafaufschubgesuchs (Begr. Abs. 3).

[5] Gleichgültig, ob Strafvollstreckung oder Erziehungsmaßnahme.

[6] Vor der Entscheidung sind gemäß § 33 StPO. die Staatsanwaltschaft in den Fällen des § 490 und §§ 1, 5, 8 Gesetz vom 21. Dezember 1921 der Verurteilte und sein gesetzlicher Vertreter zu hören (§ 494 StPO., § 28 des Gesetzes).

§ 37. Gegen Fürsorgezöglinge sollen Freiheitsstrafen nur nach Anhörung der Fürsorgeerziehungsbehörde vollstreckt werden.

Zu vgl. Anm. 3 zu § 10.

§ 38. Privatklage[1] gegen einen Jugendlichen ist unzulässig[2]. Dies steht der Erhebung einer Widerklage nicht entgegen[6]. Wegen einer strafbaren Handlung, die nach den allgemeinen Vorschriften im Wege der Privatklage[3] verfolgt werden könnte, wird gegen einen Jugendlichen die öffentliche Klage auch dann erhoben[4], wenn ein berechtigtes Interesse des Verletzten dies rechtfertigt.

§ 211 der Strafprozeßordnung findet gegenüber Jugendlichen keine Anwendung.

[1] Dagegen ist Nebenklage zulässig (Radbruch, Zentralbl. XIV, S. 261).

[2] Die Durchführung der Privatklage und das vereinfachte Verfahren nach § 211 StPO. gewähren keine erschöpfende Beurteilung des Jugendlichen. Sie sind deshalb unzulässig.

Es kann nicht dem Ermessen des einzelnen überlassen bleiben, wann er den Jugendlichen vor Gericht ziehen will (Begr. § 36 Abs. 1).

[3] Durch das Gesetz vom 11. März 1921, Art. 3 (RGBl. S. 231) können im Wege der Privatklage verfolgt werden a) Hausfriedensbruch im Falle des § 123 StrGB.; b) die Vergehen der Beleidigung in Fällen der §§ 185, 186, 187, 189 StrGB., wenn nicht eine der in § 197 bezeichneten politischen Körperschaften beleidigt ist; c) Vergehen der Körperverletzung in den Fällen der §§ 223, 223 a Abs. 1, 230 sofern nicht die Körperverletzung mit Übertretung einer Amts-, Berufs- oder Gewerbepflicht begangen ist; d) Bedrohung im Falle § 241; e) Verletzung fremder Geheimnisse § 299; f) Sachbeschädigung im Falle § 303; g) alle nach dem Gesetz über unlauteren Wettbewerb strafbaren Vergehen; h) alle Verletzungen des literarischen, künstlerischen und gewerblichen Urheberrechts, soweit sie als Vergehen strafbar sind.

[4] Der Ausschluß der Privatklage erfordert eine Erweiterung der Anklagepflicht der Staatsanwaltschaft. Die Erhebung der öffentlichen Klage darf deshalb nicht auf das Vorliegen eines öffentlichen Interesses beschränkt bleiben, es muß dem Wunsche des Verletzten auf Erhebung Rechnung getragen werden, wenn ein berechtigtes Interesse des Verletzten vorliegt.

[5] Gerade die Strafverfügungen wegen Bettelns, Landstreichens, Gewerbsunzucht verlangen eine besonders gründliche Betrachtung. Es wird hier oft zu prüfen sein, ob nicht die Voraussetzungen der §§ 3, 5, 6 vorliegen.

[6] Ist ein Jugendlicher selbst durch ein Vergehen, das mit Privatklage verfolgt werden kann, verletzt, so kann sein gesetzlicher Vertreter für ihn nach § 414 Abs. 3 StPO. Privatklage erheben. Hier wäre es unbillig, dem Angeklagten die Möglichkeit einer Privatklage abzuschneiden. Eine nach § 428 StPO. statthafte Widerklage ist deshalb nicht unzulässig, weil das Vergehen mit Rücksicht auf die Jugend des Täters nicht im Wege der Privatklage verfolgt werden könnte.

§ 39. In einem Strafbefehle[1] darf gegen einen Jugendlichen nur Geldstrafe, die an Stelle der Geldstrafe tretende Freiheitsstrafe sowie Einziehung ausgesprochen werden[2, 3].

[1] Grundsätzlich ist der Strafbefehl nicht ausgeschlossen, da es Fälle gibt, in denen das Unterscheidungsvermögen (§ 3) unbedeutlich vorliegt und keine Zweifel obwalten, daß die Strafe zu verhängen ist.

[2] Bereits nach § 447 Abs. 4 StPO. (in der Fassung des Entlastungsgesetzes) soll gegen Jugendliche nur Geldstrafe, die an ihre Stelle tretende Ersatzfreiheitsstrafe und Einziehung festgesetzt werden. Bei uneinbringlichen Geldstrafen kann nach §§ 14, 34 die Ersatzfreiheitsstrafe ausgesetzt werden. Nach § 8 des Geldstrafengesetzes kann der Jugendrichter die Vollstreckung untersagen (Begr. S. 23).

[3] Zur Festsetzung von Erziehungsmaßnahmen (§ 5) erscheint der Strafbefehl ungeeignet. Kommen erstere nach Ansicht der Staatsanwaltschaft in Betracht, so ist stets Anklage zu erheben.

§ 40. In einer Strafverfügung[1] darf gegen einen Jugendlichen nur Geldstrafe und Einziehung festgesetzt werden.

Darüber, wie die Geldstrafe in Haft umgewandelt werden soll, entscheidet auf Antrag der Polizeibehörde, welche die Strafe festgesetzt hat, der Jugendrichter, in dessen Bezirk ein Gerichtsstand für die Übertretung begründet gewesen wäre[2].

Die §§ 14 und 15 finden Anwendung[3]. Vor der Entscheidung sind der Jugendliche[5] und, wenn dies ohne Verzögerung geschehen kann, das Jugendamt[4] zu hören. Gegen den Beschluß steht der Polizeibehörde und dem Jugendlichen die sofortige Beschwerde[6] zu.

Ist eine durch Strafbescheid festgesetzte Geldstrafe in Freiheitsstrafe umzuwandeln, so finden die §§ 14 und 15 Anwendung[7—9].

[1] Nach § 459 StPO. und § 435 RAbgO. darf in einem Strafbescheide wegen Zuwiderhandlung gegen die Vorschriften über Erhebung öffentlicher Abgaben nur Geldstrafe und Einziehung festgesetzt werden. Das Gesetz dehnt diese Vorschriften auf alle polizeilichen Strafverfügungen aus (§§ 453 ff. StPO.). Es dürfen also weder Freiheitsstrafe noch Ersatzfreiheitsstrafe noch Erziehungsmaßregeln festgesetzt werden.

[2] Sollen die nicht beigetriebenen Geldstrafen in Haft umgewandelt werden, so hat die Polizeibehörde in Jugendsachen den Antrag beim Jugendgericht zu stellen (nicht wie nach § 463 StPO. bei der Staatsanwaltschaft), und zwar bei dem Jugendgericht, in dessen Bezirk ein Gerichtsstand für die Übertretung begründet wäre (§ 25).

[3] Bei der Festsetzung hat das Jugendgericht wie bei jeder anderen Ersatzfreiheitsstrafe (§§ 14, 15) zu prüfen, ob die Voraussetzungen der Strafaussetzung vorliegen. Bewilligt es diese und hat der Jugendliche sich bewährt, so hat es nicht nur die Ersatzfreiheitsstrafe, sondern auch die Geldstrafe zu erlassen.

[4] Entsprechend § 34.

[5] Auch den gesetzlichen Vertreter (§ 30 S. 1).

[6] Entsprechend § 35 Abs. 2 S. 1 (Begr. S. 22).

[7] Wird gegenüber einem Strafbescheid oder einer Strafverfügung gerichtliche Entscheidung beantragt (§§ 454 ff., 460 ff.), so finden von dem Zeitpunkt, in dem das Gericht damit befaßt ist, die Vorschriften über das gerichtliche Jugendstrafverfahren Anwendung. Das Gericht kann mit Zustimmung der Staatsanwaltschaft das Verfahren einstellen (§ 30 Abs. 2).

[8] Erziehungsmaßnahmen können im Strafbescheid oder der Strafverfügung nicht angeordnet werden. Vor dem Erlaß solcher ist daher von der Behörde zu prüfen, ob Erziehungsmaßnahmen nicht in Frage kommen und deshalb die Sache an die Staatsanwaltschaft abzugeben ist (Begr. § 38 Abs. 1).

[9] Sofortige Beschwerde § 463 Abs. 3 StPO., § 435 S. 4 RAbgO.

[1] Mit der Umwandlung ist zugleich Entscheidung über Strafaussetzung zu treffen (§ 14). Vorschriften über Anhörung Beteiligter (§ 34 StPO., § 435 RAbgO.); die Anhörung des Jugendlichen ist nicht vorgeschrieben.

§ 41. **Ein Angeklagter, gegen den gemäß §§ 6 und 9 Abs. 4 von Strafe abgesehen worden ist, steht für die Pflicht zur Tragung der Auslagen einem Angeklagten gleich, der zu Strafe verurteilt worden ist.**

[1] Wird ein Jugendlicher zwar für schuldig befunden, gemäß §§ 6 und 9 des Gesetzes aber von Strafe abgesehen, so entsteht keine Gebühr nicht. Da dem Angeklagten nur Kosten auferlegt werden können, wenn er zu Strafe verurteilt ist (§ 497 StPO.), würden nach § 499 so die Auslagen der Staatskasse zur Last fallen. Das erscheint unbillig, deshalb legt sie das Gesetz in diesem Falle dem Angeklagten auf. Ähnlich bereits § 500 StrPrO., der jedoch Kannvorschrift ist. Bei der Straffreierklärung nach §§ 199, 233 StrGB. entsteht eine Gebühr § 52 Abs. 3 GKG. in der Fassung v. 21. November 1922).

§ 42. **Die Jugendämter haben die Tätigkeit, die ihnen dieses Gesetz zuweist (Jugendgerichtshilfe), im Benehmen mit den Vereinigungen auszuüben[1], die sich mit der Jugendfürsorge beschäftigen. Über das Zusammenwirken der Jugendämter mit diesen Vereinigungen können die Landesregierungen nähere Vorschriften erlassen[2, 3].**

[1] Über die Fassung dieses Paragraphen entstand Streit noch im Plenum des Reichstags. Der Entwurf enthielt folgende vom Reichsrat eingefügte Fassung: „Die Landesregierungen können die Rechte und Pflichten, die dieses Gesetz den Jugendämtern zuweist (Jugendgerichtshilfe), Vereinigungen übertragen, die sich mit der Jugendfürsorge beschäftigen. Die

Vereinigungen haben ihre Tätigkeit im Benehmen mit dem Jugendamt auszuüben." Diese Fassung wird damit begründet, daß die Jugendgerichtshilfe gegenwärtig überwiegend von der freien Liebestätigkeit geübt wird. Grundsätzlich wird sie entsprechend dem JWG. den Jugendämtern übertragen, die sich zur Durchführung dieser Aufgabe nach § 6 der privaten Hilfe bedienen können. Darüber hinaus sollen aber die Landesregierungen in der Lage sein, sie ganz oder teilweise den Organen der freien Liebestätigkeit zu übertragen. Gegen die in letzterer Bestimmung enthaltene Ausschaltung der Jugendämter wurde im Ausschuß stark Widerspruch erhoben und eine andere Fassung angenommen. Im Plenum wurde versucht, die Regierungsfassung wiederherzustellen. Die Anträge wurden aber abgelehnt und nur der in der Ausschußfassung enthaltene Hinweis auf § 6 JWG. fortgelassen. Es dürfen also die Landesregierungen die Geschäfte der Jugendgerichtshilfe den Organen der freien Liebestätigkeit nicht übertragen, sondern prinzipiell steht diese Tätigkeit gemäß §§ 3 und 5 JWG. dem Jugendamt zu. Dieses hat sie im Benehmen mit den Vereinigungen, die sich damit befassen, auszuüben, kann sie diesen nach §§ 6 und 11 übertragen, und zwar nach Regelung durch die Landesbehörden, die nähere Vorschriften darüber erlassen können. Die Beteiligung der freiwilligen Organisationen gestaltet sich daher in folgender Weise: a) Heranziehung nach § 6 JWG.; b) Möglichkeit zur Mitwirkung nach § 23 Abs. 2 JGG.; c) das Jugendamt kann nach § 11 die Erledigung einzelner Geschäfte oder Gruppen, also die gesamte Jugendgerichtshilfe, ihnen widerruflich übertragen.

² Art. 3 EG. z. JWG. wird durch diese Bestimmung gegenstandslos. Sollten Landesgesetze auf Grund der Ermächtigung des Art. 3 erlassen sein, verlieren sie mit Inkrafttreten des JGG. ihre Bedeutung.

³ Landesregierung kann bestimmen, daß bis zum Inkrafttreten des JWG. die Jugendgerichtshilfe von Vereinigungen der freiwilligen Liebestätigkeit wahrgenommen wird (§ 49 I).

Dritter Abschnitt.

§ 43. Die §§ 2 und 45 Abs. 1 treten mit der Verkündung in Kraft; im übrigen tritt das Gesetz mit dem 1. Juli 1923 in Kraft. Die Anordnungen, welche erforderlich sind, um die Besetzung der Gerichte bis zum Inkrafttreten dieses Gesetzes nach dessen Vorschriften herbeizuführen, trifft die oberste Landesbehörde.

[1] Die Vorbereitungen für die Durchführung des Gesetzes nehmen noch einige Monate in Anspruch, so daß das Gesetz erst am 1. Juli in Kraft treten kann; doch würde es unerträglich sein und von der Öffentlichkeit nicht verstanden werden, wenn nach Verabschiedung des Gesetzes, das die Strafmündigkeit auf das 14. Lebensjahr heraufsetzt, nun noch Jugendliche zwischen 12 und 14 Jahren aus formalen Gründen bis zum 1. Juli sollten bestraft werden können. Deshalb treten § 2 und § 43 Abs. 2 sofort nach Verkündung in Kraft.

§ 44[1, 2]. Die am Tage des Inkrafttretens dieses Gesetzes anhängigen Voruntersuchungen[3] sind zu schließen[4], wenn sämtliche Angeschuldigten am Tage des Inkrafttretens dieses Gesetzes noch jugendlich sind; die Akten sind an die nach diesem Gesetze zuständige Staatsanwaltschaft abzugeben[5]. Befanden sich die jugendlichen Angeschuldigten in Untersuchungshaft, so kann die Haftfrist nach Maßgabe des § 28 Abs. 4 verlängert werden[6].

Die am Tage des Inkrafttretens dieses Gesetzes in erster Instanz anhängigen Strafsachen gehen in der Lage, in der sie sich befinden, auf das Jugendgericht über, wenn sämtliche Beschuldigte am Tage des Inkrafttretens dieses Gesetzes noch jugendlich sind; eine bereits begonnene Hauptverhandlung ist jedoch nach den bisherigen Vorschriften zu Ende zu führen[7]. Die zur Überleitung des

Verfahrens erforderlichen Bestimmungen trifft die oberste Landesbehörde[8]. Wenn eine Entscheidung bekanntzumachen ist, auf welche Weise die Entscheidung durch ein Rechtsmittel angefochten werden kann und welches Gericht über das Rechtsmittel entscheidet, bestimmt sich nach den bisherigen Vorschriften, wenn die Entscheidung vor dem Inkrafttreten dieses Gesetzes oder auf Grund einer nach den bisherigen Vorschriften zu Ende geführten Hauptverhandlung erlassen worden ist[9, 10].

[1] Die materiellen Vorschriften, insbesondere die Bestimmung über Erziehungsmaßnahmen und bedingte Strafaussetzung finden, da sie durchweg milder sind, gemäß § 2 StGB. auf die vor dem Inkrafttreten des Gesetzes begangenen Straftaten Anwendung. Sie sind daher auch auf die bereits anhängigen Strafsachen anzuwenden, wenn das nach der prozessualen Lage der Sache möglich ist (Begr. zu § 42 Abs. 1).

[2] Neue Verfahrensvorschriften sind auch für Sachen maßgebend, die beim Inkrafttreten der Anordnung bereits anhängig sind. Dagegen ergibt sich aus allgemeinen Rechtsgrundsätzen, daß Änderungen der Gerichtsverfassung, die eine Verschiebung der sachlichen Zuständigkeit enthalten, auf die zur Zeit des Inkrafttretens bereits gerichtlich anhängigen Sachen keine Anwendung finden, vielmehr die alten Zuständigkeitsbestimmungen anwendbar bleiben. Es erscheint indessen nicht zweckmäßig, diesen Grundsatz ausnahmslos durchzuführen, wenn sämtliche Angeschuldigte zur Zeit des Inkrafttretens des Gesetzes jugendlich, also noch nicht 18 Jahre alt sind.

[3] Voruntersuchungen sind in Jugendsachen nach § 176 Abs. 3 StPO. unzulässig, da alle Jugendsachen Schöffensachen sind.

[4] Nur, wenn sämtliche Angeschuldigten am 1. Juli noch

nicht das 18. Lebensjahr erreicht haben, ist die Voruntersuchung zu schließen.

[5] Die Staatsanwaltschaft, der die Akten nach Abschluß der Voruntersuchung übersandt werden, hat eventuell noch notwendige Ermittlungen anzustellen.

[6] Nach § 188 StPO. ist die Voruntersuchung soweit auszudehnen, um eine Entscheidung darüber zu begründen, ob das Hauptverfahren zu eröffnen oder der Angeschuldigte außer Verfolgung zu setzen ist. Bei dem hier angeordneten vorzeitigen Abschluß der Voruntersuchung muß daher eine Entscheidung darüber getroffen werden, ob der Angeschuldigte in Untersuchungshaft bleiben kann. Nach § 28 Abs. 4 ist die Verlängerung der Untersuchungshaft über die im § 126 StPO. gegebenen Fristen möglich.

[7] Die beim Inkrafttreten des Gesetzes in erster Instanz anhängigen Strafsachen gehen, vorausgesetzt, daß alle Angeklagten am 1. Juli noch unter 18 Jahre alt sind, auf die Jugendgerichte über, doch soll eine bereits begonnene Hauptverhandlung von dem bisher zuständigen Gericht und nach den alten Verfahrensvorschriften zu Ende geführt werden. Ist also z. B. eine vor der Strafkammer anhängige Verhandlung vertagt, so wird sie nicht an das Jugendgericht überwiesen.

[8] Für Preußen AV. d. JM. v. 20. Juni 1923, I, 4.

[9] Die Bekanntmachung und die Anfechtung einer vor Inkrafttreten des Gesetzes ergangenen Entscheidung oder auf Grund einer nach den bisherigen Gesetzen zu Ende geführten Hauptverhandlung regelt sich nach den bisherigen Gesetzen, dagegen finden in dem Verfahren vor dem Rechtsmittelgericht die neuen Verfahrensvorschriften Anwendung, z. B. a) Vormundschaftsbehörde und Jugendamt sind über den weiteren Gang des Verfahrens zu unterrichten (§ 27 Abs. 1 S. 1); b) dem Jugendlichen ist bei verwickelten Sachen erforderlichenfalls ein Verteidiger zu stellen (§ 29 Abs. 2); c) das Gericht kann einen Beistand bestellen (§ 29 Abs. 3 S. 1); d) der gesetz-

liche Vertreter hat die gleichen Rechte im Verfahren wie der Angeklagte selbst (§ 30); e) den Eltern ist im Hauptverfahren auf Verlangen das Wort zu erteilen, auch wenn sie nicht gesetzliche Vertreter sind (§ 31 Abs. 2 S. 2); f) dem Vertreter des Jugendamts ist in der Hauptverhandlung auf Verlangen das Wort zu erteilen (§ 31 Abs. 3); g) das Gericht kann mit Zustimmung der Staatsanwaltschaft die Einstellung des Verfahrens beschließen (§ 32 Abs. 2 S. 2); h) Hauptverhandlungen sollen von denen Erwachsener getrennt sein (§ 33 Abs. 1); i) Jugendlicher kann auf die Dauer von Erörterungen, die einen nachteiligen Einfluß befürchten lassen, aus dem Sitzungssaal entfernt werden (§ 28 Anm. 2 S. 2).

10 Über Wiederaufnahme des Verfahrens entscheidet nach § 407 StPO. das Gericht, das die Entscheidung erlassen. Ordnet es die Wiederaufnahme an, so wird es, wenn es in erster Instanz entschieden und die Sache noch Jugendsache ist, sie an das Jugendgericht abzugeben haben (Begr. zu § 42 letzter Satz).

§ 45. **Gegen Personen, die zur Zeit der Tat noch nicht vierzehn Jahre alt waren[1], dürfen Strafen nicht vollstreckt werden. Vermerke über Verurteilungen solcher Personen sind im Strafregister zu tilgen; soweit der Vermerk zu tilgen ist[2], findet § 5 des Gesetzes über beschränkte Auskunft aus dem Strafregister und die Tilgung von Strafvermerken vom 9. April 1920 (Reichsgesetzbl. S. 507) Anwendung[3].**

Gegen Personen, die zur Zeit der Tat vierzehn, aber noch nicht achtzehn Jahre alt waren, darf die Landespolizeibehörde die Befugnisse aus der Überweisung an die Landespolizeibehörde nicht mehr ausüben. Ein gegen solche Personen vor dem Inkrafttreten dieses Gesetzes durch eine nicht mehr anfechtbare Entscheidung festgesetzter

Verweis[4, 5] wird nach den bisherigen Vorschriften vollstreckt.

[1] Der geänderten Rechtsauffassung, daß Personen unter 14 Jahren nicht bestraft werden sollen und solche unter 18 Jahren nicht der Landespolizeibehörde überwiesen werden sollen, ist auch hinsichtlich der zur Zeit des Inkrafttretens zwar rechtskräftigen, aber noch nicht vollstreckten Urteile Rechnung zu tragen, indem ihre Vollstreckung für unzulässig erklärt wird.

[2] Die zu Anm. 1 erwähnten Verurteilungen sollen im Strafregister getilgt werden, auch wenn bereits die Urteile zur Zeit des Inkrafttretens vollstreckt waren. Die Tilgung hat zur Folge, daß die Verurteilung nicht mehr rückfallbegründend wirkt, wie die Bezugnahme auf § 5 des Gesetzes vom 9. April 1920 klarstellt.

[3] Die Bestimmung tritt mit der Verkündung des Gesetzes in Kraft.

[4] Die Vollstreckung rechtskräftiger Verweise wird zugelassen. Das Gesetz verzichtet zwar auf ihn, weil er neben Erziehungsmaßnahmen entbehrt werden kann; da es aber nicht angeht, rechtskräftig erledigte Sachen daraufhin nachzuprüfen, ob statt des Verweises eine Erziehungsmaßnahme am Platze gewesen wäre, wird der Verweis nach den bisherigen Bestimmungen vollstreckt. Dagegen ist er im Strafregister zu löschen (Anm. zu § 46).

[5] Dasselbe gilt auch von dem Verweis nach § 412 Abs. 3 RAbgO.

§ 46. Soweit im Strafregister die Strafe des Verweises vermerkt ist, ist der Strafvermerk zu tilgen. § 45 Abs. 1 Satz 2 Halbs. 2 findet Anwendung.

Wegen der Wirkungen des Verweises bei Begründung des Rückfalls ist seine Löschung im Strafregister besonders angeordnet. Das trifft auf alle Verweise zu.

§ 47. Die §§ 55 bis 57 des Strafgesetzbuchs, der § 73 Nr. 3 des Gerichtsverfassungsgesetzes und die §§ 268, 447 Abs. 4 der Strafprozeßordnung werden aufgehoben. Im § 140 Abs. 2 Nr. 1 der Strafprozeßordnung werden die Worte „oder das sechzehnte Lebensjahr noch nicht vollendet hat" gestrichen. Der § 266 Abs. 4 der Strafprozeßordnung findet in Jugendsachen keine Anwendung[1].

Der § 298 der Strafprozeßordnung erhält die Fassung:

„Hatte ein Angeklagter zur Zeit der Tat noch nicht das achtzehnte Lebensjahr vollendet, so muß die Nebenfrage gestellt werden, ob er zur Zeit der Tat nach seiner geistigen und sittlichen Entwicklung fähig war, das Ungesetzliche der Tat einzusehen und seinen Willen dieser Einsicht gemäß zu bestimmen[2].

Ist ein Angeklagter taubstumm, so muß die Nebenfrage gestellt werden, ob er bei Begehung der Tat die zur Erkenntnis ihrer Strafbarkeit erforderliche Einsicht besessen hat."

[1] Das Jugendstrafrecht des Strafgesetzbuchs (§§ 55—57). Die besonderen Zuständigkeitsvorschriften des § 73 Ziff. 3 GVG. Die Bestimmung über Zustellung von Urteilen, die eine Unterbringung in eine Erziehungs- oder Besserungsanstalt anordnen (§ 268 StPO.). Die Beschränkung der Strafbefehle gegen Jugendliche (§ 447 Abs. 4, ersetzt durch § 39 des Gesetzes). Die notwendige Verteidigung (§ 140 Abs. 2 Nr. 1 StPO., ersetzt durch § 29 Abs. 2). Vorstehende Paragraphen sind durch das Gesetz gegenstandslos geworden und daher ausdrücklich aufgehoben.

[2] Die durch das Gesetz zur Entlastung der Gerichte vom 11. März 1921, Art. 3 für Abfassung der Urteile gewährte Erleichterung ist für Jugendsachen wieder aufgehoben, da die

Erwägungen, von denen sich das Gericht bei der Zuerkennung der Strafe oder Festsetzung der Erziehungsmaßnahmen hat leiten lassen, von großem Werte für die richtige Durchführung sein können.

§ 48. Im § 52 Abs. 3 des Gerichtskostengesetzes in der Fassung der Bekanntmachung vom 21. Dezember 1922 (Reichsgesetzbl. 1923 I S. 12) fallen die Worte „Ist auf Verweis erkannt oder" weg.

Zu vgl. Anm. 1 zu § 41.

§ 49. Der § 46 Abs. 1 des Gesetzes über die Angelegenheiten der freiwilligen Gerichtsbarkeit in der Fassung der Bekanntmachung vom 20. Mai 1898 (Reichsgesetzbl. S. 771) erhält folgenden zweiten Satz:

„Als ein wichtiger Grund ist es in der Regel anzusehen, wenn ein unter Vormundschaft stehender Minderjähriger wegen einer strafbaren Handlung vor einem anderen Gericht angeklagt ist."

Zu vgl. § 25 Anm. –

§ 50. Die Reichsabgabenordnung vom 13. Dezember 1919 (Reichsgesetzbl. S. 1993) wird dahin geändert:

1. Der § 412 Abs. 3 fällt weg;
2. der § 424 Abs. 3 fällt weg; in dem letzten Absatz wird die Anführung „§ 412 Abs. 4" geändert in „§ 412 Abs. 3".

Durch Wegfall des Verweises bedingt.

§ 51. Bis zum Inkrafttreten des Reichsgesetzes für Jugendwohlfahrt gelten folgende Bestimmungen:

I. Die in diesem Gesetze den Jugendämtern zugewiesenen Rechte und Pflichten ruhen. Die Landesregierungen können jedoch bestimmen, daß sie von anderen Behörden oder von Vereinigungen, die sich mit der Jugendfürsorge beschäftigen, wahrgenommen werden[1].

II. Die Fürsorgeerziehung wird nach Maßgabe der Gesetze des Landes ausgeführt, dem das Jugendgericht angehört.

III. Das Gericht kann den Täter neben oder an Stelle anderer Erziehungsmaßregeln unter Schutzaufsicht stellen. Über die Voraussetzungen, die Ausführung und die Beendigung der Schutzaufsicht bestimmt die Reichsregierung mit Zustimmung des Reichsrats.

Für Preußen AV. vom 20. Juni 1923, III, 1.

Anlage.

Allgemeine Verfügung vom 20. Juni 1923 zum Jugendgerichtsgesetz.

(JMBl. 1923 S. 450).

AV. v. 1. 6. 1908 — JMBl. S. 237 —, 22. 9. 1909 — S. 335—, 24. 1., 7. 2. und 21. 3. 1923 — S. 64, 96, 293 —.

I. Ausführungsbestimmungen.

Auf Grund des § 19 Abs. 2, des § 20 Abs. 2, des § 27 Abs. 1 Satz 3, des § 44 Abs. 2 Satz 2 und des § 51 I JGG. vom 16. Februar 1923 — RGBl. I S. 135, 252, — des § 57a GVG. in der Fassung des Artikels I Nr. 7 des Gesetzes zur Entlastung der Gerichte vom 11. März 1921 — RGBl. S. 229 — und des § 23 PrAG. zum GVG vom 24. April 1878 — PrGS. S. 230 — wird folgendes bestimmt:

1. Bildung der Jugendgerichte.

Die Ermächtigung, für den Bezirk mehrerer Amtsgerichte einem von ihnen die Entscheidung der Jugendsachen ganz oder zum Teil zuzuweisen, wird den Präsidenten der Oberlandesgerichte übertragen. Die für dieses Gericht erforderliche Zahl von Haupt- und Hilfsschöffen und die Verteilung der Zahl auf die einzelnen Amtsgerichtsbezirke bestimmt der Präsident des Landgerichts.

Von der Wahl besonderer Jugendschöffen ist abzusehen, wenn anzunehmen ist, daß ein Jugendgericht weniger als zehn Sitzungen jährlich abhalten wird. In solchen Fällen ist indes durch Maßnahmen gemäß Absatz 1 nach Möglichkeit Vorsorge zu treffen, daß wenigstens Jugendsachen von erheblicherer Bedeutung vor einem Jugendgericht verhandelt werden können, bei denen die Erfahrung der besonders ausgewählten Jugendschöffen zur Verfügung steht. Das gilt insbesondere von Sachen, die zur Zuständigkeit des großen Jugendgerichts gehören.

2. Zuständigkeit und Geschäftsverteilung.

a) Strafsachen.

Die Zuständigkeit des Jugendgerichts und des Jugendrichters in Strafsachen ergibt sich aus dem II. Abschnitt des JGG. und aus dem PrG. zur Abänderung des Forstdiebstahlsgesetzes und des Feld- und Forstpolizeigesetzes. Sie umfaßt auch das Verfahren bei amtsrichterlichen Strafbefehlen und das gerichtliche Verfahren nach vorangegangener polizeilicher Strafverfügung und bei Zuwiderhandlungen gegen die Vorschriften über die Erhebung öffentlicher Abgaben und Gefälle (§§ 459 bis 469 StPO. und 426 bis 442 RAO.).

Durch die Geschäftsverteilung ist dem Jugendrichter auch die Rechtshilfe in Jugendsachen zuzuweisen, soweit das Ersuchen um Rechtshilfe wegen der besonderen Art der auszuführenden Amtshandlung ausdrücklich an das Jugendgericht gerichtet wird.

b) Vormundschaftssachen.

Ist ein Amtsgericht mit mehreren Richtern besetzt, so sind die Geschäfte des Jugendrichters und des Vormundschaftsrichters demselben Richter zu übertragen. Sind bei einem Amtsgericht die Geschäfte des Vormundschaftsrichters mehreren Richtern zugewiesen, so sind einem oder einigen von ihnen zugleich die Geschäfte des Jugendrichters zu übertragen.

Dem Jugendrichter sollen in der Regel auch diejenigen vormundschaftsgerichtlichen Geschäfte zugewiesen werden, die mit einer Anordnung gemäß § 1631 Abs. 2 Satz 2, § 1666 BGB. oder einer entsprechenden Anordnung auf Grund der §§ 1800, 1838, 1915 BGB. oder mit der Schutzaufsicht (vgl. JWG. vom 9. Juli 1922 — RGBl. I S. 633 — §§ 56 bis 61) oder mit der Fürsorgeerziehung zusammenhängen.

Wird gegen eine Person, die zur Zeit der Tat das 18. Lebensjahr nicht vollendet hatte, wegen eines Verbrechens, wegen eines Vergehens oder wegen einer Übertretung gegen § 361 Nr. 3 bis 8 StGB. die öffentliche Klage erhoben, so sind bei dem Amtsgericht, bei dem die vormundschaftsgerichtliche Zuständigkeit für den Angeschuldigten begründet ist, die Geschäfte des Vormundschaftsrichters von dem Jugendrichter zu bearbeiten, auch wenn die Klage nicht bei dem Jugendgericht, sondern bei einer andern Abteilung des Amtsgerichts oder bei einem andern Gericht erhoben wird; werden vormundschaftsgerichtliche Geschäfte bei dem Amtsgericht bereits geführt, so gehen sie auf den Jugendrichter über, es sei denn, daß sie — falls die Klage nicht bei dem Amtsgerichte der vormundschaftsgerichtlichen Zuständigkeit oder in dessen Bezirk erhoben wird — gemäß § 46 FrGG., § 49 JGG. an den Jugend- (Vormundschafts-) Richter des Amtsgerichts, bei dem oder in dessen Bezirk das Strafverfahren geführt wird, abgegeben werden.

Absatz 3 findet im Verfahren gegen eine Person, die

zur Zeit der Tat das 18. Lebensjahr nicht vollendet hatte, auch Anwendung:

α) wenn ein amtsrichterlicher Strafbefehl beantragt, oder im Verfahren nach vorangegangener polizeilicher Strafverfügung oder bei Zuwiderhandlungen gegen die Vorschriften über die Erhebung öffentlicher Abgaben und Gefälle ein Antrag auf gerichtliche Entscheidung dem Gerichte vorgelegt oder ein Antrag auf Festsetzung einer Freiheitsstrafe an Stelle einer Geldstrafe (§ 40 Abs. 2 JGG., § 463 StPO.; § 435 RAO.) gestellt wird;

β) wenn vor Erhebung der öffentlichen Klage gegen den Beschuldigten Haftbefehl erlassen oder für ihn gemäß § 8 Abs. 1 JGG. eine vorläufige Anordnung über die Erziehung oder die Unterbringung beantragt wird;

γ) wenn die Staatsanwaltschaft das Verfahren einstellen will, weil der Beschuldigte zur Zeit der Tat nach seiner geistigen oder sittlichen Entwicklung unfähig war, das Ungesetzliche der Tat einzusehen oder seinen Willen dieser Einsicht gemäß zu bestimmen (§ 3 JGG.);

δ) wenn die Staatsanwaltschaft von der Erhebung der Klage absehen will, weil sie Erziehungsmaßregeln für ausreichend hält (§ 6 JGG.), oder weil sie annimmt, daß das Gericht gemäß § 9 Abs. 4 JGG. von Strafe absehen werde.

Hat der Beschuldigte minderjährige Geschwister, so wird in jedem Falle zu erwägen sein, ob nicht auch für sie die vormundschaftsgerichtlichen Geschäfte von dem nach Abs. 1 bis 3 zuständigen Jugend-(Vormundschafts-) Richter zu bearbeiten sein werden; eine getrennte Geschäftsführung wird zumeist nicht angezeigt sein.

Hat das Strafverfahren — außer im Falle des § 3 JGG. — die Unschuld des Beschuldigten ergeben oder dargetan, daß gegen ihn ein begründeter Verdacht nicht vorliegt, so geht die Bearbeitung der vormundschaftsgerchitlichen Geschäfte wieder auf den ordentlichen Vormundschaftsrichter über; unter der gleichen Voraussetzung wird, wenn vormundschaftsgerichtliche Geschäfte infolge des Strafverfahrens von einem anderen Gericht an den Jugend-(Vormundschafts-)Richter abgegeben worden waren, zumeist die Wiederabgabe zulässig sein.

3. Mitteilungen.

Die AV. vom 29. April 1907 — JMBl. S. 359 — in der Fassung der AV. vom 17. Mai 1921 — JMBl. S. 312 — wird wie folgt geändert:

a) In Ziffer 20 wird die Zahl „12" durch die Zahl „14" ersetzt.

b) Als Ziffer 20a wird folgende Bestimmung neu eingefügt:

„Im Verfahren gegen eine Person, die zur Zeit der Tat das 18. Lebensjahr nicht vollendet hatte, ist dem Vormundschaftsgericht und dem Jugendamte Mitteilung zu machen,

α) wenn wegen eines Verbrechens, wegen eines Vergehens oder wegen einer Übertretung gegen § 361 Nr. 3 bis 8 StGB. die öffentliche Klage erhoben, oder ein amtsrichterlicher Strafbefehl beantragt oder im Verfahren nach vorangegangener polizeilicher Strafverfügung oder bei Zuwiderhandlungen gegen die Vorschriften über die Erhebung öffentlicher Abgaben und Gefälle ein Antrag auf gerichtliche Entscheidung dem Gerichte vorgelegt, oder ein Antrag auf Festsetzung einer Freiheitsstrafe an Stelle einer Geldstrafe (§ 40 Abs. 2 JGG., § 463 StPO., § 435 RAO.) gestellt wird;

β) wenn vor Erhebung der öffentlichen Klage gegen den Beschuldigten Haftbefehl erlassen oder für ihn gemäß § 8 Abs. 1 JGG. eine vorläufige Anordnung über die Erziehung oder die Unterbringung beantragt wird;

γ) wenn die Staatsanwaltschaft das Verfahren einstellen will, weil der Beschuldigte zur Zeit der Tat nach seiner geistigen oder sittlichen Entwicklung unfähig war, das Ungesetzliche der Tat einzusehen oder seinen Willen dieser Einsicht gemäß zu bestimmen (§ 3 JGG.);

δ) wenn die Staatsanwaltschaft von der Erhebung der Klage absehen will, weil sie Erziehungsmaßregeln für ausreichend hält (§ 6 JGG.), oder weil sie annimmt, daß das Gericht gemäß § 9 Abs. 4 JGG. von Strafe absehen werde;

ε) wenn die Staatsanwaltschaft die Mitteilung aus einem anderen Grunde für geboten erachtet.

Über den weiteren Gang des Verfahrens sind Vormundschaftsgericht und Jugendamt zu unterrichten".

c) Die bisherige Ziffer 20a erhält die Bezeichnung 20b.

4. Übergang anhängiger Strafsachen.

Die in erster Instanz anhängigen Strafsachen sind, wenn sämtliche Beschuldigte am 1. Juli 1923 noch jugendlich sein werden, von dem Gerichte, bei dem sie anhängig sind, alsbald an die Staatsanwaltschaft abzugeben, falls feststeht, daß sie vor dem 1. Juli 1923 in erster Instanz nicht mehr erledigt werden können. Die Staatsanwaltschaft beantragt bei dem zuständigen Jugendgericht die Eröffnung des Hauptverfahrens oder — falls das Hauptverfahren bereits eröffnet war — die Anberaumung der Hauptverhandlung. Die am 1. Juli 1923 gegen jugendliche Personen anhängigen Privatklagesachen sind, bevor auf Grund des § 38 JGG. die Zurückweisung oder die Einstellung ausgesprochen wird, der Staatsanwaltschaft zur Entschließung darüber vorzulegen, ob sie gemäß § 417 Abs. 2 StPO., § 38 Abs. 1 Satz 3 JGG. die Verfolgung übernehmen will.

5. Jugendämter.

Bis zum Inkrafttreten des Reichsgesetzes für Jugendwohlfahrt werden die im JGG. den Jugendämtern zugewiesenen Rechte und Pflichten für diejenigen Gemeinden, für die Jugendämter bereits bestehen, von diesen, wo sie nicht bestehen, von solchen in der Jugendfürsorge tätigen Vereinigung, die der Landgerichtspräsident für geeignet erklärt, wo auch solche nicht bestehen, von den Magistraten oder Bürgermeistern der Stadtgemeinden wahrgenommen. Dies gilt aber nur insoweit, als sich die Behörde oder Vereinigung zur Übernahme der bezeichneten Rechte und Pflichten bereit erklärt; die Erklärung ist dem Jugendrichter gegenüber abzugeben;

ihre Beschränkung auf eine einzelne Sache ist nicht statthaft; sie ist bis zum Inkrafttreten des Jugendwohlfahrtsgesetzes bindend. Im übrigen ruhen die Rechte und Pflichten der Jugendämter.

6. Zusammenwirken der Jugendämter mit den Vereinigungen für Jugendfürsorge.

Der Erlaß der Ausführungsbestimmungen zu § 42 Satz 2 JGG. bleibt vorbehalten.

II. Andere Bestimmungen.

1. Erziehungsmaßregeln.

Ausführungsbestimmungen der Reichsregierung zu § 7 Abs. 2 und Abs. 3 und zu § 51 III des JGG. werden voraussichtlich zunächst nicht ergehen. Aus dem Begriffe der Erziehungsmaßregel darf gefolgert werden, daß der mit der Ausführung einer solchen Maßregel betraute Jugend- oder Vormundschaftsrichter bei einer Änderung der für die Anordnung maßgebend gewesenen tatsächlichen Voraussetzungen die getroffene Maßnahme ändern oder aufheben kann. Eine Änderung oder Aufhebung einer Erziehungsmaßregel im Gnadenwege findet nicht statt. Bis zum Inkrafttreten des Jugendwohlfahrtsgesetzes kann eine Schutzaufsicht nach dessen Vorschriften nicht angeordnet werden. Der Zweck der Schutzaufsicht wird aber in der Weise zu erreichen sein, daß dem Verurteilten als besondere Verpflichtung auferlegt wird, sich dem Schutze einer bestimmten Person oder Vereinigung zu unterstellen, und daß für die Ausübung dieses Schutzes die erforderlichen Bestimmungen im Einzelfalle nach dem

Vorbilde der Bestimmungen des JWG. über die Schutzaufsicht getroffen werden.

2. Bedingte Strafaussetzung.

Die bedingte Aussetzung von Freiheitsstrafen, die nach den bestehenden Bestimmungen — auch wenn die Gerichte dazu ermächtigt sind — nur im Verwaltungsweg auf Grund übertragenen Gnadenrechts geübt wird, ist durch die §§ 10 bis 15 JGG. bei Straftaten jugendlicher Personen und unter den Voraussetzungen des § 13 Abs. 1 JGG. auch bei Straftaten Erwachsener den Gerichten als richterliche Amtshandlung zugewiesen worden; die Gerichte sind bei ihrer Anwendung an Verwaltungsanordnungen nicht mehr gebunden. Soweit die bedingte Strafaussetzung im JGG. eine gesetzliche Regelung gefunden hat, ist die den Gerichten übertragene Befugnis zur Aussetzung im Gnadenweg überflüssig geworden; insoweit wird daher die den Gerichten durch die AV. vom 19. Oktober 1920 — JMBl. S. 565 —, 15. und 29. Juni 1921 — JMBl. S. 349, 370 — und 3. Mai 1922 — JMBl S. 157 — erteilte Ermächtigung zurückgenommen und die bedingte Strafaussetzung im Gnadenwege wieder von dem Justizminister ausgeübt.

Die am 30. Juni 1923 im Aussetzungsverfahren laufenden Strafsachen sind nach den bisherigen Bestimmungen zu erledigen, solange nicht gemäß § 11 JGG. eine bedingte Strafaussetzung im Sinne des JGG. angeordnet wird.

Gesuche um bedingte Strafaussetzung sind, wenn eine Aussetzung nach den Vorschriften des JGG. in Frage kommt, als Gnadengesuche nur dann zu behandeln, wenn das Gericht durch nicht mehr anfechtbare Entscheidung die Aussetzung abgelehnt hat. Im übrigen sind solche Gesuche, wenn in ihnen lediglich um Aussetzung der Strafvollstreckung gebeten wird, von der Justizbehörde, bei der sie eingehen, unmittelbar dem erkennenden Gerichte zu übersenden. Die Vorschrift des § 24 der AV. vom 19. Oktober 1920 in der Fassung der AV. vom 15. Juni 1921 findet mit der Maßgabe entsprechende Anwendung, daß die im Abs. 2 S. 4 vorgesehene Anzeige von dem Beauftragten für Gnadensachen zu erstatten ist.

In der gemäß § 29 der AV. vom 19. Oktober 1920 zu fertigenden Zusammenstellung sind auch diejenigen Fälle zu berücksichtigen, in denen die Aussetzung auf Grund des Jugendgerichtsgesetzes erfolgt, ohne daß es ihrer besonderen Hervorhebung bedarf. Das gleiche gilt bei der Zählung der Geschäfte der Beauftragten für Gnadensachen (RV. vom 12. Januar und 6. Juni 1922 — I. 6534 und 4061 —).

3. Erhebung der öffentlichen Klage.

Die Staatsanwaltschaft hat gegen Personen, die zur Zeit der Tat jugendlich waren, zur Zeit der Erhebung der Anklage aber nicht mehr jugendlich, jedoch noch jünger als 21 Jahre sind, Anklage grundsätzlich bei dem Jugendgerichte zu erheben, wenn nach den persönlichen Verhältnissen des Beschuldigten Erziehungsmaßregeln noch angezeigt und nicht aussichtslos erscheinen und wenn anzunehmen ist, daß das Verfahren vor der Vollendung des 21. Lebensjahrs beendet werden wird.

4. Jugendstaats-(Amts-)Anwalt.

Die Bearbeitung der Jugendsachen ist bei jeder

Staats-(Amts-)Anwaltschaft in den Händen bestimmter Beamten zu vereinigen. Ausnahmen bedürfen der Genehmigung des Generalstaatsanwalts.

5. Ist die Vernehmung des Beschuldigten

im vorbereitenden Verfahren gegen einen Jugendlichen erforderlich, so empfiehlt es sich, soweit es sich nicht um geringfügige Straftaten handelt, die Vernehmung gerichtlich bewirken zu lassen.

6. Strafvollstreckung.

Soweit die Strafvollstreckung dem Jugendrichter zugewiesen ist, wird Ziffer 1 der AV. vom 14. August 1879 (JMBl. S. 237) als gegenstandslos aufgehoben. Der Jugendrichter ist auch bei der Strafvollstreckung unabhängig und nur dem Gesetz unterworfen. An Stelle der Aufsichtsbeschwerde findet nunmehr die Rechtsbeschwerde, für die bisher im Strafvollstreckungsverfahren nur im Rahmen des § 494 Abs. 4 StPO. Raum war, gegen alle die Strafvollstreckung und die Ausführung einer Erziehungsmaßregel betreffenden Entscheidungen des Jugendrichters statt.

7. Auswahl der Jugendrichter.

Der Reichstag hat bei der Verabschiedung des JGG. eine Entschließung angenommen:

„Es möchten für das Amt des Jugendrichters wie überhaupt für das Amt des Strafrichters gerade die bestbefähigten Richter herangezogen werden.“

Er hat damit der Überzeugung Ausdruck verliehen, daß das Amt des Jugendrichters besondere Beanlagung und Liebe zur Sache erfordere und daß für die Arbeit an der Jugend die tüchtigsten Kräfte Verwendung finden müßten. Die Entschließung des Reichstags wird den beteiligten Justizbehörden in der Erwartung bekanntgegeben, daß sie sich der Bedeutung des Amtes der Jugendrichter bei deren Auswahl bewußt sein werden.

8. Schlußbestimmungen.

Die AV. vom 1. Juni 1908 und 22. September 1909 werden aufgehoben. Die anderen unter der Überschrift aufgeführten Verfügungen bleiben unberührt.

Berlin, den 20. Juni 1923.

Der Justizminister. J. V.: Dr. am Zehnhoff.

Schlagwortverzeichnis.

Die Zahlen ohne Zusatz bezeichnen die Paragraphen des Reichsgesetzes für Jugendwohlfahrt, mit dem Zusatz E. die Artikel des Einführungsgesetzes zum Reichsgesetz für Jugendwohlfahrt, mit dem Zusatz JGG. die Paragraphen des Jugendgerichtsgesetzes und mit dem Zusatz A. die Abschnitte der Allgemeinen Verfügung vom 20. Juni 1923 zum Jugendgerichtsgesetz. Hochgestellte Zahlen geben die Anmerkungen des betreffenden Paragraphen an.

A.

F.

G.

H.

R.

S.

T.

U.

Z.

Gedruckt bei A. W. Hayn's Erben, Potsdam.

Nachtrag

zu

Drewes-Sandré Reichsgesetz für Jugendwohlfahrt

(Guttentagsche Sammlung Deutscher Reichsgesetze Nr. 154.)

I.

Verordnung über das Inkrafttreten des Reichsgesetzes für Jugendwohlfahrt.

Vom 14. Februar 1924 (RGBl. Teil I S. 110).

Auf Grund des Ermächtigungsgesetzes vom 8. Dezember 1923 (Reichsgesetzbl. I S. 1179) verordnet die Reichsregierung nach Anhörung eines Ausschusses des Reichsrats und des Reichstags:

Art. 1. Artikel 8 des Einführungsgesetzes zum Reichsgesetze für Jugendwohlfahrt vom 9. Juli 1922 (Reichsgesetzbl. I S. 647) erhält folgende Fassung:

Bis auf weiteres sind Reich und Länder nicht verpflichtet, Bestimmungen des Reichsgesetzes für Jugendwohlfahrt durchzuführen, die neue Aufgaben oder eine wesentliche Erweiterung bereits bestehender Aufgaben für die Träger der Jugendwohlfahrt enthalten. Es wird daher — unter Aufrechterhaltung des Gesetzes im übrigen — folgendes bestimmt:

1. Die oberste Landesbehörde kann den Gemeinden oder Gemeindeverbänden (§ 8) die Befugnis erteilen, statt der Einrichtung von Jugendämtern nach den §§ 9 und 10 die dem Jugendamt obliegenden Aufgaben einer anderen nach Maßgabe des Gemeindeverfassungsrechts gebildeten Amtsstelle der Selbstverwaltung oder einer anderen geeigneten Amts-

stelle zu übertragen, die erforderlichenfalls eine auf die Jugendwohlfahrt hinweisende Zusatzbezeichnung zu führen haben. Hierbei ist den im Bezirke der Amtsstelle wirkenden freien Vereinigungen für Jugendwohlfahrt und Jugendbewegung eine den Bestimmungen des § 9 Abs. 2 entsprechende Mitwirkung innerhalb der Amtsstelle zu gewährleisten.

2. Die Durchführung der §§ 12 bis 14 über das Landesjugendamt wird dem Ermessen der Länder überlassen. Die §§ 16 und 17 über das Reichsjugendamt treten nicht in Kraft. Im § 77 wird hinter „Landesbehörde" eingeschoben „oder dem Landesjugendamte".
3. Die oberste Landesbehörde kann von der Durchführung der Aufgaben des § 3 Nr. 5—8 befreien.
4. Eine Verpflichtung zur Durchführung der im § 4 bezeichneten Aufgaben besteht nicht.
5. Die oberste Landesbehörde kann auf Antrag die Altersgrenze des § 19 herabsetzen. Die Herabsetzung ist nur zulässig, wenn die Durchführung des § 19 eine wesentliche Erweiterung bestehender Aufgaben bedeuten würde.
6. Die oberste Landesbehörde kann auf Antrag Gemeinden und Gemeindeverbände von der Durchführung der Bestimmungen über die gesetzliche Amtsvormundschaft (§§ 35 bis 40) befreien.
7. Die Ausübung der Schutzaufsicht (§ 60) darf auf ein Jugendamt nur mit seinem Einverständnis übertragen werden.
8. Die Bestimmung des § 70 Abs. 2 Satz 5 wird aufgehoben.

Art. 2. Der Abschnitt V des Reichsgesetzes für Jugendwohlfahrt einschließlich des § 3 Nr. 3 wird mit Ausnahme des § 55 aufgehoben. Bis zum Erlaß anderer Bestimmungen gelten die Vorschriften im § 49 Abs. 1 und 2 als Vorschriften im Sinne des § 6 der Verordn. über die Fürsorgepflicht v. 13. Febr. 1924.

Art. 3. § 78 des Reichgesetzes für Jugendwohlfahrt wird aufgehoben.

Art. 4. Diese Verordnung tritt am 1. April 1924 in Kraft.

Berlin, den 14. Februar 1924.

Der Reichskanzler. Marx.

Der Reichsminister des Innern. Dr. Jarres.

II.

Preuß. Ausführungsgesetz zum Reichsgesetze für Jugendwohlfahrt vom 9. Juli 1922 (RGBl. I S. 633).

Vom 29. März 1924 (Gesetzsamml. S. 180).

Der Landtag hat folgendes Gesetz beschlossen:

I. Die Jugendwohlfahrtspflege als Selbstverwaltungsangelegenheit.

§ 1.

Die Aufgaben der öffentlichen Jugendwohlfahrtspflege mit Ausnahme der Ausführung der Fürsorgeerziehung sind Selbstverwaltungsangelegenheiten der Gemeinden und Gemeindeverbände.

II. Aufbau der Jugendwohlfahrtsbehörden.

§ 2.

Bezirksabgrenzung.

(1) Für jeden Stadt- und für jeden Landkreis ist ein Jugendamt zu errichten.

(2) In der Stadtgemeinde Berlin ist für jeden Verwaltungsbezirk ein Jugendamt (Bezirksjugendamt) zu errichten. Die Rechte des Magistrats gegenüber den Bezirken — nach dem Gesetz über die Bildung einer Stadtgemeinde Berlin vom 27. April 1920 (Gesetzsamml. S. 123) — bleiben unberührt.

(3) Innerhalb eines Landkreises können auf Antrag von Gemeinden oder Gemeindeverbänden (rheinische Bürgermeistereien, westfälische Ämter)

von mehr als 10000 Einwohnern, in der Provinz Hannover auch auf Antrag selbständiger Städte (§ 27 Abs. 1 der Kreisordnung für die Provinz Hannover vom 6. Mai 1884 — Gesetzsamml. S. 181—) durch Beschluß des Kreisausschusses für diese besondere Jugendämter errichtet werden. Gegen die die Errichtung ablehnende Entscheidung des Kreisausschusses steht den Antragstellern die Beschwerde an den Bezirksausschuß zu, der endgültig entscheidet.

(4) Ist ein besonderes Jugendamt errichtet, so können ihm weitere Gemeinden, Landbürgermeistereien und Ämter auf Grund des Zweckverbandsgesetzes vom 19. Juli 1911 (Gesetzsamml. S. 115) angegliedert werden.

Zusammensetzung der Jugendämter.

§ 3.

Für Zusammensetzung, Verfassung und Verfahren der Jugendämter sind vorbehaltlich der folgenden Bestimmungen die auf Grund der Gemeindeverfassungsgesetze zu erlassenden Satzungen maßgebend, die der Bestätigung durch die Beschlußbehörde bedürfen.

§ 4.

(1) Dem Jugendamt gehören an:

1. Ein bis vier leitende Beamte des Selbstverwaltungskörpers, unter ihnen der Vorsitzende (§§ 7 bis 9), welcher bei Stimmengleichheit den Ausschlag gibt. Diese Mitglieder, unter denen sich der leitende Fachbeamte des Jugendamts befinden muß, werden vom Vorstand des Selbstverwaltungskörpers bestimmt.
2. Höchstens die fünffache Zahl (mindestens zehn) von in der Jugendwohlfahrt erfahrenen und bewährten Männern und Frauen.

(2) Zwei Fünftel dieser Zahl (Abs. 1 Ziffer 2) werden vom Vorstande des Selbstverwaltungskörpers auf Grund von Vorschlägen ernannt, die von den

freien Vereinigungen zu machen sind, welche sich ganz oder vorwiegend mit der Förderung der Jugendwohlfahrt befassen oder der Jugendbewegung dienen, soweit sie in dem Bezirke wirken, für den das Jugendamt errichtet ist. Die Vereinigungen haben mindestens die doppelte Anzahl der auf sie entfallenden Vertreter vorzuschlagen. Die Vorgeschlagenen müssen die Wählbarkeit für Ehrenämter des Selbstverwaltungskörpers besitzen. Über die Zulassung der Vereinigungen zur Ausübung des Vorschlagsrechts und die Zahl der von ihnen zu stellenden Vertreter entscheidet der Vorstand des Selbstverwaltungskörpers. Bei der Entscheidung ist auf die Bedeutung der Vereinigungen für die Jugendwohlfahrtspflege Rücksicht zu nehmen. Gegen die Entscheidung können die Vorschlagsberechtigten sowie die Vereinigungen, deren Vorschlagsrecht abgelehnt ist, binnen zwei Wochen Beschwerde beim Regierungspräsidenten erheben.

(3) Unter den verbleibenden drei Fünfteln müssen sich befinden je ein evangelischer und ein katholischer Geistlicher, soweit Kirchengemeinden dieser Bekenntnisse im Bezirke vorhanden sind, sowie ein Rabbiner, soweit Synagogengemeinden im Bezirke vorhanden sind und der Rabbiner im Bezirk ansässig ist, sowie zwei Lehrpersonen (Lehrer und Lehrerin). Die vorbenannten geistlichen Mitglieder werden von den zuständigen Stellen der betreffenden Religionsgesellschaften ernannt oder gewählt, die Lehrpersonen werden von der Vertretung des Selbstverwaltungskörpers nach Mehrheitsbeschluß gewählt.

(4) Im übrigen werden die in der Jugendwohlfahrt erfahrenen Männer und Frauen von der Vertretung des Selbstverwaltungskörpers auf Grund der für die Wahlen von Ehrenbeamten geltenden Vorschriften gewählt.

§ 5.

(1) Soweit sie nicht schon auf Grund des § 4

Mitglieder des Jugendamts sind, sind zur Teilnahme an seinen Sitzungen berechtigt und haben in ihnen beratende Stimme:

1. der Kreisschulrat;
2. der Kreismedizinalrat;
3. der Gewerberat;
4. der Vormundschaftsrichter.

Sind mehrere solcher Beamten im Bezirk angestellt, so erfolgt die Auswahl durch die vorgesetzte Dienstbehörde.

(2) Den im Abs. 1 genannten Personen steht gegen die Gemeinden und Gemeindeverbände ein Anspruch auf Vergütung für die Teilnahme an den Sitzungen nicht zu.

§ 6.

Die Amtsdauer der Mitglieder des Jugendamts beträgt 4 Jahre. Mit dem Ablaufe dieser Frist endet auch das Amt der Ersatzleute.

§ 7.

Stadtjugendämter.

(1) In den Städten regelt sich der Vorsitz und die Stellvertretung des Vorsitzenden nach den Vorschriften der Städteordnung über Deputationen und Kommissionen.

(2) Die Satzungen der Berliner Bezirksjugendämter werden durch Ortsgesetz geregelt. In den Bezirksjugendämtern haben Bezirksbürgermeister, Bezirksämter und Bezirksversammlungen die Befugnisse der entsprechenden städtischen Stellen.

§ 8.

Kreisjugendämter.

(1) In den Kreisjugendämtern führt den Vorsitz der Landrat als Vorsitzender des Kreisausschusses. Der Stellvertreter im Vorsitze wird, soweit die Satzung nichts Abweichendes bestimmt, vom Kreisausschusse gewählt.

(2) Wird Gemeinden oder Gemeindeverbänden von mehr als 10 000 Einwohnern oder selbständigen Städten der Provinz Hannover, für die kein besonderes Jugendamt errichtet ist, durch die Satzung des Kreisjugendamts das Recht der Vertretung zugebilligt, so haben die Berechtigten Anspruch auf Berufung der von ihnen zu bezeichnenden Vertreter.

§ 9.
Jugendämter in Landgemeinden, rheinischen Landbürgermeistereien und westfälischen Ämtern.

In Landgemeinden, rheinischen Landbürgermeistereien und westfälischen Ämtern regelt sich der Vorsitz und dessen Stellvertretung nach der Gemeindeordnung. Die Stellvertretung kann durch die Satzung anderweit geregelt werden.

§ 10.
Wohlfahrtsämter.

(1) In Gemeinden und Gemeindeverbänden, in denen gemäß § 2 ein Jugendamt zu errichten ist und in denen ein Wohlfahrtsamt oder eine andere der Wohlfahrtspflege dienende geeignete Stelle der Selbstverwaltung besteht oder errichtet wird, können durch Satzung die Aufgaben des Jugendamts dieser Stelle oder einem Ausschusse dieser Stelle im Rahmen der nach Maßgabe der Gemeindeverfassungsgesetze diesen Amtsstellen oder Ausschüssen zustehenden Befugnisse übertragen werden. Jedoch muß die Zusammensetzung der Stelle oder des Ausschusses, soweit es sich um die Wahrnehmung der Aufgaben des Jugendamts handelt, den Erfordernissen des § 4 entsprechen. Auch ist hierbei die Beteiligung der im § 5 genannten Personen sicherzustellen.

(2) In der Stadtgemeinde Berlin können in jedem Verwaltungsbezirk, in dem ein Wohlfahrtsamt oder eine andere der Wohlfahrtspflege

dienende geeignete Stelle der Bezirksverwaltung besteht oder errichtet wird, durch Ortsgesetz die Aufgaben des Jugendamts dieser Stelle oder einem Ausschusse dieser Stelle übertragen werden. Abs. 1 Satz 2 und 3 gelten entsprechend.

§ 11.

Gesundheitsämter.

(1) Die Übertragung der gesundheitlichen Aufgaben eines Jugendamts auf ein Gesundheitsamt oder eine entsprechende Behörde (§ 10 Abs. 2 des Reichsgesetzes für Jugendwohlfahrt) erfolgt durch Satzung des Selbstverwaltungskörpers. Sie ist auch zulässig, wenn das Gesundheitsamt oder die entsprechende Behörde im Rahmen eines Wohlfahrtsamts besteht.

(2) Verbleiben die gesundheitlichen Aufgaben beim Jugendamte, so ist bei ihrer Bearbeitung ein Arzt zuzuziehen.

§ 12.

Landesjugendämter.

(1) Die Provinzialverbände, in der Provinz Hessen-Nassau die Bezirksverbände Wiesbaden und Cassel, der Kommunalverband der Hohenzollernschen Lande und die Stadtgemeinde Berlin können zur Erfüllung der Aufgaben aus § 13 mit Ausnahme von Ziffer 8 des Reichsgesetzes für Jugendwohlfahrt ein Landesjugendamt errichten. Die Aufgaben des Landesjugendamts können auch einem bei demselben Kommunalverband errichteten Landeswohlfahrtsamt oder einer bei diesem errichteten anderen der Wohlfahrtspflege dienenden Stelle übertragen werden.

(2) Die aus § 77 des Reichsgesetzes für Jugendwohlfahrt und Nr. 2 der Verordnung über das Inkrafttreten des Reichsgesetzes für Jugendwohlfahrt vom 14. Februar 1924 sich ergebenden Rechte der Landesregierung bleiben unberührt.

§ 13.

(1) In das Landesjugendamt sind Vertreter von Jugendämtern und Justizbehörden zu berufen.

(2) Die Vorschriften der §§ 4 und 10 finden entsprechende Anwendung mit der Maßgabe, daß an Stelle des Regierungspräsidenten der Oberpräsident tritt. Die Beteiligung von Sachverständigen auf dem Gebiete der Schule, der Heilkunde und der Gewerbeaufsicht mit mindestens beratender Stimme ist sicherzustellen.

(3) Im übrigen richten sich Zusammensetzung, Verfassung und Verfahren der Landesämter nach dem Gemeindeverfassungsrechte.

§ 14.

Die aus § 29 des Reichsgesetzes für Jugendwohlfahrt sich ergebenden Rechte stehen dem Minister für Volkswohlfahrt zu; dieser kann sie ganz oder teilweise an Stellen der Staats- oder Selbstverwaltung übertragen.

III. Rechtsmittel.

§ 15.

(1) Gegen die Entscheidung der Jugendämter oder der Stellen, welchen jugendamtliche Aufgaben übertragen sind, steht der Einspruch zu:

1. wenn durch Nichtanwendung oder unrichtige Anwendung des bestehenden Rechtes, insbesondere auch rechtsgültiger Satzungen, das Interesse eines Kindes oder einer Gruppe von Kindern verletzt ist, dem gesetzlichen Vertreter und den Eltern des Kindes oder denjenigen, die berechtigt sind, die Interessen der Gruppe zu vertreten, insbesondere auch den gemäß § 29 des Reichsgesetzes für Jugendwohlfahrt von der Aufsicht des Jugendamts befreiten Anstalten und für geeignet erklärten Vereinigungen;

2. ferner unabhängig vom Vorliegen der Voraussetzungen zu 1, wenn die Entscheidung die Erlaubnis zur Aufnahme eines Pflegekindes oder die Aufsicht über ein Pflegekind betrifft, den von der Entscheidung Betroffenen sowie den Eltern und dem gesetzlichen Vertreter des Kindes.

(2) Der Einspruch ist bei derjenigen Stelle einzulegen, welche die Entscheidung erlassen hat. Ist diese Stelle eine andere als der Vorstand des Selbstverwaltungskörpers, so ist der Einspruch diesem zur Entscheidung vorzulegen.

§ 16.

(1) Gegen den auf Einspruch ergehenden Beschluß des Vorstandes des Selbstverwaltungskörpers findet binnen einer Frist von zwei Wochen die Beschwerde an die Kommunalaufsichtsbehörde und in den Fällen aus § 15 zu 1 wahlweise die Klage im Verwaltungsstreitverfahren statt.

(2) In den Beschlüssen des Vorstandes des Selbstverwaltungskörpers ist auf diese Vorschriften hinzuweisen.

§ 17.

Im Verwaltungsstreitverfahren entscheidet im letzten Rechtszuge das reichsgesetzlich zuständige Gericht, soweit Verletzung des Reichsrechts gerügt wird.

IV. Fürsorgeerziehung.

§ 18.

(1) Fürsorgeerziehungsbehörden sind die Provinzialausschüsse, in der Provinz Hessen-Nassau die Landesausschüsse der Kommunalverbände Wiesbaden und Cassel, der Magistrat der Stadtgemeinde Berlin, der Kreisausschuß des Kreises Herzogtum Lauenburg und der Landesausschuß der Hohenzollernschen Lande.

(2) In den Fällen aus § 63 Abs. 2 des Reichsgesetzes für Jugendwohlfahrt muß das Vormund-

schaftsgericht vor der Beschlußfassung die Fürsorgeerziehungsbehörde hören.

§ 19.

(1) Im Falle der vorläufigen Fürsorgeerziehung hat die Fürsorgeerziehungsbehörde bis zum rechtskräftigen Abschlusse des Verfahrens dem Vormundschaftsgerichte von dem Orte der jeweiligen Unterbringung des Minderjährigen Nachricht zu geben.

(2) Nach rechtskräftigem Abschlusse des Verfahrens ist das Vormundschaftsgericht auf sein Ersuchen von dem Orte der jeweiligen Unterbringung des Minderjährigen zu benachrichtigen.

(3) Die Beendigung der Fürsorgeerziehung vor Eintritt der Volljährigkeit ist dem Vormundschaftsgerichte mitzuteilen.

§ 20.

Bei der Ausführung der Fürsorgeerziehung ist das Landesjugendamt zu beteiligen, soweit ein solches errichtet ist. Die Beteiligung ist durch den Minister für Volkswohlfahrt zu regeln.

§ 21.

(1) Für die Entscheidung über die Aufhebung der Fürsorgeerziehung gemäß § 72 Abs. 2 des Reichsgesetzes für Jugendwohlfahrt ist die Fürsorgeerziehungsbehörde zuständig. Gegen ihren ablehnenden Beschluß kann der Antragsteller binnen zwei Wochen vom Tage der Zustellung an die Entscheidung des Vormundschaftsgerichts anrufen.

(2) Bei einer unter Vorbehalt des Widerrufs erfolgten Aufhebung der Fürsorgeerziehung steht die Ausübung des Widerrufs der Fürsorgeerziehungsbehörde zu. Diese hat vorher das Jugendamt zu hören. Die Anhörung kann in dringenden Fällen nachträglich erfolgen. Ist die unter Vorbehalt des Widerrufs erfolgte Aufhebung der Fürsorgeerziehung gemäß Abs. 1 durch das Vormundschaftsgericht erfolgt,

so bedarf innerhalb der ersten drei Monate nach der Aufhebung der Widerruf der Zustimmung des Vormundschaftsgerichts.

§ 22.

Träger der Kosten der Fürsorgeerziehung sind die Kommunalverbände, bei denen Fürsorgeerziehungsbehörden bestehen (§ 18). Sie erhalten zu diesen Kosten aus der Staatskasse einen Zuschuß von zwei Dritteln.

§ 23.

(1) Für die Erstattungsforderungen der Kommunalverbände an die Minderjährigen oder die zu ihrem Unterhalte Verpflichteten sind Tarife zugrunde zu legen, welche von dem Minister für Volkswohlfahrt nach Anhörung der Kommunalverbände festgesetzt werden. Die Kosten der allgemeinen Verwaltung der Fürsorgeerziehung, des Baues und der Unterhaltung der von den Kommunalverbänden errichteten Anstalten bleiben hierbei außer Ansatz. Die Kommunalverbände sind berechtigt, in besonderen Fällen die Tarife bis zur Höhe der entstandenen Selbstkosten zu überschreiten.

(2) Für die Fürsorgeerziehung Schulentlassener sollen von diesen und den zum Unterhalt Verpflichteten Kosten nur dann erhoben werden, wenn sie in Anstalten untergebracht oder durch Krankheit arbeitsunfähig sind.

(3) Wird gegen den Erstattungsanspruch Widerspruch erhoben, so beschließt darüber auf Antrag des Kommunalverbandes der Bezirksausschuß endgültig. Zwei Drittel der durch die Kommunalverbände von den Erstattungspflichtigen eingezogenen Beträge sind auf den Beitrag des Staates anzurechnen.

§ 24.

(1) Die Kommunalverbände haben für die Ausführung der Fürsorgeerziehung und für die Ver-

waltung der von ihnen errichteten Erziehungsanstalten Anweisungen zu erlassen.

(2) Die Anweisung bedarf der Genehmigung der Minister für Volkswohlfahrt und für Wissenschaft, Kunst und Volksbildung hinsichtlich der Bestimmungen, welche sich auf die Aufnahme, die Behandlung, den Unterricht und die Entlassung der Minderjährigen beziehen.

§ 25.

Wenn schulpflichtige zur Fürsorgeerziehung überwiesene Minderjährige der öffentlichen Volksschule ohne sittliche Gefährdung der übrigen die Schule besuchenden Kinder nicht zugewiesen werden können, so hat der Kommunalverband dafür zu sorgen, daß ihnen während des schulpflichtigen Alters der erforderliche Schulunterricht anweitig zuteil wird. Im Streitfall entscheidet der Oberpräsident nach Anhörung der Schulaufsichtsbehörde.

§ 26.

(1) Die Oberpräsidenten und in höherer Instanz der Minister für Volkswohlfahrt haben die Aufsicht über die Ausführung der Fürsorgeerziehung durch die Kommunalverbände und die von ihnen zur Unterbringung von Minderjährigen benutzten Anstalten zu führen. Jedoch bleiben Bestimmungen, nach denen anderen staatlichen Behörden das Recht der Fachaufsicht zusteht, unberührt.

(2) Soweit den Landesjugendämtern Aufsichtsrechte zustehen, sollen Besichtigungen der staatlichen Behörden im Benehmen mit den Landesjugendämtern erfolgen.

V. Übergangsvorschriften.

§ 27.

(1) Soweit Beamte einer Gemeindearmenverwaltung auf Grund des Artikels 78 § 4 des Preußischen Ausführungsgesetzes zum Bürgerlichen

Gesetzbuch alle oder einzelne Rechte und Pflichten von Vormündern über Minderjährige haben, gehen diese Rechte und Pflichten auf das Jugendamt über, zu dessen Bezirke die Gemeinde gehört.

(2) Soweit Beamte oder Angestellte von Kreisen oder Gemeinden Vormundschaften als Sammelvormünder kraft Bestellung auf Anweisung ihrer Anstellungsbehörde führen, gehen diese Vormundschaften auf das Jugendamt über.

(3) Bei Errichtung der Berliner Bezirksjugendämter hat der Magistrat Berlin über die Verteilung der Vormundschaften Bestimmungen zu treffen.

§ 28.

(1) Sind die Gemeinden, deren Beamte oder Angestellte die Vormundschaft ausüben, nicht Träger des Jugendamts, so werden diese kraft Gesetzes beamtete Mitglieder des Jugendamts und gelten betraut mit den vormundschaftlichen Obliegenheiten im Sinne des § 32 des Reichsgesetzes für Jugendwohlfahrt. Diese Mitglieder werden bei der Zahl der beamteten Mitglieder des Jugendamts gemäß § 4 Abs. 1 nicht mitgerechnet.

(2) Die Abs. 1 Satz 1 vorgesehenen Wirkungen erlöschen einen Monat nach Aufkündigung seitens des Trägers des Jugendamts oder der Gemeinde.

§ 29.

(1) Die auf Grund des § 27 eintretenden Amtsvormundschaften gelten als bestellte Amtsvormundschaften, soweit es sich um die Überleitung einer Mitvormundschaft, Gegenvormundschaft, Pflegschaft, Beistandschaft oder um eine Vormundschaft über eheliche Mündel handelt, in anderen Fällen als gesetzliche Amtsvormundschaften.

(2) Die Bestallungen der bisherigen Sammelvormünder gelten als Bescheinigungen im Sinne des § 37 des Reichsgesetzes für Jugendwohlfahrt

und sind durch einen Vermerk des Jugendamts als solche zu kennzeichnen.

§ 30.

Soweit auf Grund des Artikels 78 § 1 des Preußischen Ausführungsgesetzes zum Bürgerlichen Gesetzbuche Vorstände von Anstalten die Rechte und Pflichten eines Vormundes über Minderjährige haben, oder soweit Anstaltsvorstände auf Grund des § 12 des Gesetzes über die Fürsorgeerziehung Minderjähriger bestellt sind, bleiben die Vormundschaften bestehen und gelten als bestellte Anstaltsvormundschaften im Sinne des § 47 des Reichsgesetzes für Jugendwohlfahrt.

§ 31.

(1) Auf schwebende Fürsorgeerziehungsverfahren finden die Bestimmungen des Reichsgesetzes für Jugendwohlfahrt mit folgender Maßgabe Anwendung.

(2) Ist der Antrag vor Inkrafttreten des Gesetzes gemäß Abs. 1 des § 4 des Gesetzes über die Fürsorgeerziehung Minderjähriger gestellt, so ist der Beschluß auch dem Antragsteller zuzustellen, dem das Recht der sofortigen Beschwerde aus Abs. 4 des § 4 zusteht. Sind die Anhörungen gemäß Abs. 2 des § 4 erfolgt, so bedarf es im ersten Rechtszuge nicht mehr der Anhörung des Jugendamts vor der Beschlußfassung.

(3) Beschlüsse auf vorläufige Unterbringung, die auf Grund des § 5 des Gesetzes über die Fürsorgeerziehung Minderjähriger erlassen sind, gelten als Beschlüsse über Anordnung der vorläufigen Fürsorgeerziehung gemäß § 67 des Reichsgesetzes für Jugendwohlfahrt. § 5 Abs. 2 des Gesetzes über die Fürsorgeerziehung Minderjähriger ist nur anwendbar, wenn der Beschluß auf Ablehnung des Antrags auf Fürsorgeerziehung oder die Einstellung des Verfahrens vor Inkrafttreten dieses Gesetzes rechtskräftig geworden ist.

§ 32.

Auf die auf Grund der bisherigen gesetzlichen Bestimmungen überwiesenen Minderjährigen finden die Bestimmungen des Reichsgesetzes für Jugendwohlfahrt Anwendung.

§ 33.

(1) Bis zur Errichtung der Satzungen werden die Zuständigkeiten der Jugendämter durch den Vorstand des Selbstverwaltungskörpers wahrgenommen. Die §§ 11 und 32 des Reichsgesetzes für Jugendwohlfahrt finden Anwendung.

(2) Kommt die Satzung bis zum 1. Oktober 1924 nicht zustande, so wird sie von der Aufsichtsbehörde erlassen.

VI. Ausführung des Gesetzes.

§ 34.

Mit der Ausführung des Gesetzes wird der Minister für Volkswohlfahrt beauftragt.

VII. Aufhebung bisheriger Gesetze.

§ 35.

Das Gesetz über die Fürsorgeerziehung Minderjähriger vom 2. Juli 1900 und 7. Juli 1915 (Gesetzsamml. 1900 S. 264 und 1915 S. 113) sowie Artikel 78 des Preußischen Ausführungsgesetzes zum Bürgerlichen Gesetzbuche vom 20. September 1899 (Gesetzsamml. S. 177) werden aufgehoben.

VIII. Inkrafttreten des Gesetzes.

§ 36.

Dieses Gesetz tritt am 1. April 1924 in Kraft.

Das vorstehende, vom Landtage beschlossene Gesetz wird hiermit verkündet. Die verfassungsmäßigen Rechte des Staatsrats sind gewahrt.

Berlin, den 29. März 1924.

Das Preußische Staatsministerium.

Braun. Hirtsiefer.

III. 25. — 15 000. 2.

Nr. 13. **Konkurs-O. u. Anfechtungs-G.** Von R. Sydow. Fortgef. v. L. Busch u. O. Krieg. 13. Aufl 1923. Mit Nachtr. 1924. Gm 4,—

Nr. 14. **Gerichtsverfassungsgesetz.** Von R. Sydow. Fortgeführt von L. Busch. 11. Auflage. In Bearbeitung.

Nr. 15. **Das deutsche Gerichtskostengesetz.** Von R. Sydow. Fortgeführt von L. Busch und F. Koehler. 10. Auflage. — 1920. (Nachtr., enth. die Änder. bis Ende 1924, im Druck.) Gm 3,—

Nr. 16. **Rechtsanwaltordnung.** Von R. Sydow. 5. Auflage von M. Jacobsohn. Mit Nachtrag von 1910. — 1907. Gm 1,20

Nr. 17. **Gebührenordn. f. Rechtsanw. u. d. Preuß. Gebührengesetz.** Von R. Sydow. Fortgef. v L. Busch u. O. Krieg. 12. Aufl. 1922. (Nachtr., enth. die Änder. bis Ende 1924, im Druck.) Gm 4,—

Nr. 18. **Reichsstempelgesetz.** Von P. Loeck. Vergriffen. Wird durch Kapitalverkehrssteuergesetz ersetzt. Erläuterte Ausgabe in Bearbeitung.

Nr. 19. **Die Seegesetzgebung.** Von W. E. Knitschky. 5. Auflage von O. Rudorff. — 1913. Gm 8,—

Nr. 20. **Krankenversicherungsgesetz** siehe Nr. **107.**

Nr. 21. **Die Konsulargesetzgebung.** Von Ph. Zorn. 8. Auflage von K. Zorn. — 1911. Gm 4,50

Nr. 22. **Patentgesetz.** Von R. Lutter. 8. Auflage. — 1920. Mit Nachtrag. — 1924. Gm 4,—. Nachtrag apart Gm 0,40

Nr. 23. **Gewerbe-Unfallversicherungsgesetz** siehe Nr. **108.**

Nr. 24. **Aktiengesellschaft u. Kommanditgesellschaften auf Aktien.** Von H. Keyßner und H. Veit Simon. 7. Aufl In Bearbeitung.

Nr. 25. **Brausteuergesetz.** Von A. Düffe. 2. Aufl. — 1910. Gm 2,—

Nr. 26. **Münz- und Notenbankwesen.** Von R. Koch. 7. Aufl. von Reichsbankpräsident Schacht. Im Druck.

Nr. 27. **Gesundheitswesen im Deutschen Reich.** Von E. Goesch und J. Karsten. — 1888. Vergriffen.

Nr. 28. **Bau-Unfallversicherungsgesetz** siehe Nr. **108.**

Nr. 29. **Erwerbs- und Wirtschaftsgenossenschaften.** Von L. Parisius und H. Crüger. 17. Auflage. — 1924. Gm 3,50

Nr. 30. **Invalidenversicherungsgesetz** siehe Nr. **109.**

Nr. 31. **Gewerbegerichtsgesetz.** Von W. Cuno. Vergriffen, neunte Auflage in Vorbereitung. Siehe auch Nr. **112, 112a.**

Nr. 32. **Gesellschaften mit beschränkter Haftung.** Von L. Parisius und H. Crüger. 16. Aufl. — 1923. Gm 2,—

Nr. 33. **Vereins- und Versammlungsrecht.** Von E. Ball. 2. Auflage von F. Friedenthal. — 1907. Gm 2,—

Reichs-Vereinsgesetz vom 19. April 1908 siehe Nr. **88.**

Nr. 34. **Die Abzahlungsgeschäfte.** 3. Auflage von E. Wilke. — 1910. Gm 1,20

Nr. 35. **Die Reichs-Eisenbahngesetzgebung.** Von W. Coermann. — 1895. (Siehe auch Nr. 66.) Gm 2,—

Nr. 36. **Privatrechtliche Verhältnisse der Binnenschiffahrt und Flößerei.** Von E. Löwe. 6. Auflage. — 1923. Gm 4,—

Nr. 37. **Unlauterer Wettbewerb.** Von A. Pinner. 7. Auflage von A. Elster. — 1921. Gm 1,40

Nr. 38/39. **Bürgerliches Gesetzbuch nebst Einführungsgesetz.** Von A. Achilles. In Verbindung mit F. André, O. Meyer, O. Strecker, K. v. Unzner herausgegeben von M. Greiff. 11. Aufl. — 1923. Mit Nachtrag 1924. Gm 13,—

Nr. 40. Gesetz, betr. die **Pflichten der Kaufleute bei Aufbewahrung fremder Wertpapiere [Depotgesetz].** Von F. Lusensky. 3. Auflage. — 1916. Mit Nachtrag 1924. Gm 1,—

Nr. 41. **Börsengesetz.** Von Th. Hemptenmacher. 8. Auflage von O. Meyer. — 1915. Gm 3,50

Nr. 42. **Grundbuchordnung.** Von O. Fischer. 8. Auflage. — 1924. Gm 3,—

Nr. 43. **Zwangsvollstreckung.** Von J. Krech und O. Fischer. 9. Auflage von O. Fischer. — 1922. Gm 3,50

Nr. 44. **Auswanderungswesen.** Von F. Stoerk. — 1899. Gm 2,—

Nr. 45. **Das Entmündigungsrecht.** Von P. Koll. — 1900. Gm 1,20

Nr. 46. **Freiwillige Gerichtsbarkeit.** Von H. Jastrow. 6. Auflage von Herm. Günther. — 1921. Gm 4,50

Nr. 47. **Deutsches Vormundschaftsrecht.** Von M. Schultzenstein und P. Köhne. 2. Auflage. — 1901. Gm 2,50

Nr. 48. Gesetze, betr. den **Drogen-, Gift- und Farbenhandel** außerhalb der Apotheken. Von J. Broh. — 1899. Gm 1,20

Nr. 49. **Deutsche Kolonialgesetzgebung.** Von Ph. Zorn. 2. Auflage von Sassen. — 1913. Gm 5,—

Nr. 50. **Der Viehkauf [Viehgewährschaft].** Von H. Stölzle und H. Weiskopf. 5. Auflage. — 1913. Gm 5,50

Nr. 51. **Hypothekenbankgesetz.** Von H. Göppert. 2. Auflage von Seidel. — 1911. Gm 2,20

Nr. 52. **Rechte der Besitzer von Schuldverschreibungen.** Von H. Göppert. 2. Auflage von E. Trendelenburg. — 1915. Gm 1,50

Nr. 53. **Reichspreßgesetz.** Von A. Born. 3. Auflage. — 1924. Gm 4,—

Nr. 54. Verkehr mit **Nahrungsmitteln, Genußmitteln und Gebrauchsgegenständen.** Von G. Lebbin. — 1900. Vergriffen.

Nr. 55. **Beschlagnahme von Lohn- und Gehaltsforderungen.** Von G. Meyer. 5. Auflage. — 1914. Durch Nachträge ergänzt. (Nachträge allein. Gm 0,70) Gm 2,30

Nr. 56. **Bekämpfung gemeingefährlicher Krankheiten.** Von B. Burkhardt. — 1900. Gm 1,20

Nr. 57. **See-Unfallversicherungsgesetz** siehe Nr. **108.**

Nr. 58. **Recht der unehelichen Kinder.** Von H. Jastrow. — 1901. Gm 1,60

Nr. 59. **Beurkundung des Personenstandes und die Eheschließung.** Von F. Fidler. 2. Auflage. — 1912. Gm 2,30

Nr. 60. **Das Urheberrecht an Werken der Literatur und der Tonkunst.** Von O. Lindemann. 4. Auflage. — 1921. Gm 1,80

Nr. 61. **Verlagsrecht.** Von B. Marwitz. 3. Auflage. — 1922. Gm 1,60

Nr. 62. **Private Versicherungsunternehmungen.** Von H. Könige. 3. Auflage. In Bearbeitung.

Nr. 63. **Gesetzestafel des deutschen Reichsrechts.** Von H. Bruhns. 2. Auflage. — 1913. Gm 3,—

Nr. 64. Gesetzsammlung, betr. den **Handel mit Drogen und Giften.** Von H. Sonnenfeld. 2. Auflage. — 1912. Gm 3,—

Nr. 65. **Weingesetz.** Von G. Lebbin. 2. Aufl. — 1909. Gm 2,—

Nr. 66. **Die Eisenbahn-Gesetzgebung.** Von W. Pietsch. 2. Auflage. — 1913. (Siehe auch Nr. 91.) Gm 3,—

Nr. 67. **Militär-Strafgesetzbuch.** Von A. Romen und C. Rissom. 3. Auflage. — 1918. Gm 5,—

Nr. 68. **Fleischbeschaugesetz.** Von G. Lebbin und G. Baum. — 1903. Gm 2,80

Nr. 69. Reichsgesetz über die **Naturalleistungen der bewaffneten Macht im Frieden.** Von W. v. Hippel. — 1903. Gm 1,—

Nr. 70. **Das Reichs-Haftpflichtgesetz.** Von G. Eger. — 1903. Vergr. — (Als Ersatz Komment. von Seligsohn. — 1920. Gm 6,50)

Nr. 71. **Kinderarbeit in gewerblichen Betrieben.** Von H. Spangenberg. 2. Auflage. — 1904. Gm 1,20

Nr. 72. **Unfallversicherungsgesetz** siehe Nr. **108.**

Nr. 73. **Entschädigung für unschuldig erlittene Verhaftung und Bestrafung.** Von A. Romen. — 1904. Gm 1,70

Nr. 74. **Die Kaufmannsgerichte.** Von M. Apt. 3. Auflage. — 1904. (Siehe auch Nr. **112.**) Gm 1,60

Nr. 75. **Konsulargerichtsbarkeit.** Von A. F. Vorwerk. 2. Ausgabe, mit den Schutzgebietsgesetzen. — 1908. Gm 1,60

Nr. 76. **Die Rechtshilfe im Verkehr mit den ordentlichen Gerichten.** Von A. Friedländer. — 1906. Gm 1,50

Nr. 77. **Das Erbschafts-StG.** Von B. Henckel. 1920. Gm 5,—
— Neue Fassung v. H. Schachian. 2. Aufl. — 1924. Gm 2,—

Nr. **78. Zigarettensteuergesetz.** Von Cuno. In Vorbereitung.

Nr. **79. Die Militärpensionsgesetze.** Von A. Romen.
a) I. Teil: **Offizierpensionsgesetz. — 1907.** Gm 2,—
b) II. Teil: **Mannschaftsversorgungsgesetz.** Mit **Kapitalabfindungsgesetz.** — 1908. Gm 2,—
Militärversorgungsgesetze siehe auch Nr. **136.**

Nr. **80. Gerichtliche Registerführung.** Von O. Lindemann. — 1906. Gm 2,40

Nr. **81. Urheberrecht an Werken der bildenden Künste und der Photographie.** Von L. Fuld. 2. Auflage im Druck.

Nr. **82. Reichsbeamtengesetz.** Von A. Arndt. 3. Auflage. —1923. Mit Nachtrag, enth. die Änderungen bis April 1924. Gm 3,50

Nr. **83. Versicherungsvertrag.** Von P. Hager und E. Bruck. 4. Auflage. — 1920. Gm 6,—

Nr. **84. Sammlung kleinerer privatrechtlicher Reichsgesetze.** Von G. Müller. — 1908. Gm 5,50

Nr. **85. Scheckgesetz.** Neue Auflage im Druck.

Nr. **86. Die Auslieferungsverträge des Deutschen Reiches.** Von A. Cohn. — 1908. Gm 4,—

Nr. **87a. Das deutsche Warenzeichenrecht.** Von Freund und Magnus. 6., neubearbeitete Auflage. Teil I: **Die internationalen Verträge.** — 1924. Gm 9,—

Nr. **88. Vereinsgesetz.** Von A. Romen. **4.** Aufl. — 1916. Gm 2,—

Nr. **89. Vogelschutzgesetz.** Von L. v. Boxberger. — 1909. Gm 1,—

Nr. **90.** Die Haager Abkommen über das **Internationale Privatrecht.** Von G. Bogeng. — 1908. Gm 2,—

Nr. **91. Eisenbahn-Verkehrsordnung.** Von E. Blume. 2. Auflage von Weirauch. — **1922.** Mit Nachtrag, enth. alle Neuerungen bis Ende 1924. Gm 5,—. (Nachtrag einzeln Gm 1,50)

Nr. **92. Verkehr mit Kraftfahrzeugen.** Von R. Kirchner. 3. Auflage. — 1915. Mit Nachtrag, enth. alle Neuerungen bis Ende 1924. Gm 5,—. (Nachtrag einzeln Gm 1,50)

Nr. **93. Sicherung der Bauforderungen.** Von E. Harnier. 3. Auflage. — 1912. Gm 1,50

Nr. **94. Die Beamtenhaftpflichtgesetze des Reiches und der Länder.** Von H. Delius. 3. Auflage. — 1921. Gm 3,20

Nr. **95.** Die Berner Übereinkunft über **Internationales Urheberrecht.** Von H. Dungs. — 1910. Gm 1,—

Nr. **96. Branntweinsteuergesetz.** 3. Auflage von **K. Kniebe** in Vorbereitung. **Branntweinmonopolgesetz** siehe Nr. **131 a.**

Nr. **97. Schutzgebietsgesetz.** Von J. Gerstmeyer. — 1910. Gm 2,50

Nr. **98. Sechs Haager Abkommen über Internationales Privatrecht.** Von H. Dungs. — 1910. Gm 1,50

Nr. 99. **Die Abkommen d. Haager Friedenskonferenz.** Vergr. Jetzt: Wehberg, **Völkerbundakte.** Gm 4,— (Außerh. d. Samml.)

Nr. 100. **Kaligesetz.** Von B. Voelkel. — 1910. Gm 2,40

Nr. 101. **Zuwachssteuergesetz.** Von W. Cuno. — 1911. Gm 3,50

Nr. 102. **Urheberrecht an Mustern und Modellen** und Schutz von **Gebrauchsmustern.** Von J. Neuberg. — 1911. Gm 2,40

Nr. 103. **Reichs-Viehseuchengesetz.** Von W. v. Hippel. 2. Auflage. — 1912. Gm 4,—

Nr. 104. **Versicherungsgesetz für Angestellte** siehe Nr. 144.

Nr. 105. **Das Geldwesen in den deutschen Schutzgebieten.** Von W. Hintze. — 1912. Gm 1,80

Nr. 106—109. **Reichs-Versicherungsordnung.** Von F. Caspar und A. Spielhagen. 4 Bände. Kplt. Gm 18,—

Nr. 106. I., V. und VI. Buch. **Gemeinsame Vorschriften. — Beziehungen der Versicherungsträger zu einander und zu anderen Verpflichteten. — Verfahren.** Von K. Lippmann, L. Laß und H. Siefart. — 1913. Mit Nachtrag. Von K. Lippmann. 1920. (Nachtrag einzeln. Gm 0,40) Gm 5,—

Nr. 107. II. Buch. **Krankenversicherung.** Von H. Siefart und F. Sitzler. — 1916. Mit Nachtrag. Von K. Lippmann. — 1920. (Nachtrag einzeln. Gm 1,20.) Gm 5,50

Nr. 108. III. Buch. **Unfallversicherung.** Von A. Radtke. — 1913. Mit Nachtrag. Von A. Radtke. — 1921. (Nachtrag einzeln. Gm 1,60.) Gm 6,50

Nr. 109. IV. Buch. **Invaliden- und Hinterbliebenenversicherung.** Von B. Jaup und H. Follmann. — Neudruck 1922. Mit Nachtrag, enthaltend die Ergänzungen 1914—1921. (Nachtrag einzeln. Gm 1,—.) Gm 3,50

Reichsversicherungsordnung in neuester Fassung von K. Lippmann s. Nr. 161.

Nr. 110. **Wehrbeitragsgesetz.** Von A. Fernow. 2. Auflage. — 1913. Gm 1,60

Nr. 111. **Reichs- und Staatsangehörigkeitsgesetz.** Von A. Romen. — 1913. Vergriffen.

Nr. 112. **Kaufmannsgerichtsgesetz.** Von H. Depène. — 1914. Gm 2,60

Nr 112a. **Kaufmanns- u. Gewerbegerichtsgesetz nebst Schlichtungsordnung.** (Ergbd z. Nr. 112.) V. H. Depène. 1924. Gm 3,50

Die Nr. 112 u. 112a enthalten zusammen den vollständigen Text des Gewerbegerichtsgesetzes.

Nr. 113. **Postscheckgesetz.** Von J. Weiland. — 1914. Mit Nachtrag 1918. Gm 1,50

Nr. 113 a. **Postscheckordnung.** Von J. Weiland. — 1914. Mit Nachtrag 1918. Gm 1,50

Nr. **114. Waffengebrauch und Festnahmerecht des Militärs.** Von A. Romen und C. Rissom. — 1914. Gm 1,80

Nr. **115. Das vertragliche Wettbewerbsverbot [Konkurrenzklausel].** Von G. Baum. — 1914. Gm 3,—

Nr. **116. Kriegs-Zivil- u. Finanzgesetze.** 3. Aufl. — 1915. Gm 1 50

Nr. **116a.** Zweite Folge: Jahr 1915. — 1916. Gm 1,20

Nr. **117. Darlehnskassengesetz.** — 1915. Gm 1,80

Nr. **118. Militärhinterbliebenengesetz.** Von Reh. Mit **Kapitalabfindungsgesetz.** — 1915. (Siehe auch Nr. **136.**) Gm 2,20

Nr. **119. Kriegsleistungsgesetz.** Vergriffen.

Nr. **120. Telegraphenwegegesetz.** Von Wolf. — 1916. Gm 1,—

Nr. **121. Direkte Kriegssteuer.** Von A. Mrozek. 1916. Gm 3,50

Nr. **122. Belagerungszustand.** Von H. Bürschel. 1916. Gm 3,50

Nr. **123. Warenumsatzstempel.** Von Lindemann. — 1916. (**Umsatzsteuergesetze** siehe Nr. **132.**) Gm 1,30

Nr. **124. Todeserklärung Kriegsverschollener.** Von J. Partsch. — 1917. Gm 2,—

Nr. **125. Vaterländischer Hilfsdienst.** 3. Auflage. — 1917. Gm 1,—

Nr. **126. Besitzsteuergesetz.** Von A. Mrozek. Vergriffen.

Nr. **127. Geschäftsaufsicht zur Abwendung des Konkurses.** Von G. Klien u. Ernst Jaeger. — 1917. Durch Nachträge nach dem Stand v. 1924 ergänzt. Gm 1,60. Nachtrag einzeln 0,60

Nr. **128. Verhaftung und Aufenthaltsbeschränkung.** Von A. Romen. — 1917. Gm 1,20

Nr. **129. Zivil-** und **Prozeßrechtkriegsgesetze.** Von Fischer. — 1918. Gm 1,50

Nr. **130. Ersatzlebensmittelverordnung.** — 1918. Gm 1,50

Nr. **131 a. Reichsfinanzgesetzgebung 1918.** Bd. I. **Getränkesteuern.** Von G. Mayer. — 1918. Gm 2,50

Nr. **131 b. Reichsfinanzgesetzgebung 1918.** Bd. II. **Abgabe vom Einkommen, Stempel, Umsatz, Kriegsgewinn** usw., **Steuerflucht.** Von G. Mayer. — 1919. Gm 1,50

Nr. **132. Umsatzsteuergesetz.** Von Otto Lindemann. 3. Auflage. — 1923. Gm 4,—

Nr. **133. Reichswuchergesetzg.** Von Ad. Lobe. — 1918. Gm 2,80

Nr. **134. Der Ostfrieden.** Von Karl Strupp. — 1918. Gm 3,—

Nr. **135. Erbbaurecht.** Von H Günther. — 1919. Gm 2,—

Nr. **136. Militärversorgungsgesetze.** Von Hermann Günther. — 1919. Gm 2,30

Nr. **137. Reichsverfassung.** Von Arndt. 2. Aufl. — 1921. Gm 2,50

Nr. **138 a. Arbeiterschutz und Arbeitsrecht.** Von A. Günther. 1920. (Nachtr., enth. alle Neuer. bis Ende 1924, im Druck.) Gm 5,—

Nr. **138 b. Betriebsrätegesetz.** Von A. Günther. — 1920. Gm 2,—

Nr. 139. **Grunderwerbsteuergesetz.** Von Otto Lindemann. — 1919. Gm 1,80

Nr. 140. **Die Siedelungsgesetzgebung im Reich und in Preußen.** Von W. Holzapfel. — 1920. Gm 3,—

Nr. 141. **Sozialisierungsgesetze.** Von Reier. — 1920. Gm 2,20

Nr. 142. **Wirtschaftliche Demobilmachung.** Von Gg. Fischbach. — 1920. Gm 1,—

Nr. 143. **Reichsabgabenordnung.** Von Nieberl. — 1922. Mit Nachtrag, enth. die Änderungen von 1924. Gm 4,—

Nr. 144. **Versicherungsgesetz für Angestellte.** Von Lippmann. — 1920. Gm 3,50

Nr. 145. **Steuer- und Kapitalflucht.** Von E. H. Meyer. 2. Auflage. — 1921. Gm 1,60

Nr. 146. **Tabaksteuergesetz.** Von Wündisch. — 1920. Mit Nachtrag, enthaltend alle Neuerungen. Gm 3,—

Nr. 147. **Filmzensur.** Von Szczesny. — 1920. Gm 1,50

Nr. 148. **Reichsausgleichsgesetz.** Von Decke. — 1920. Gm 1,50

Nr. 149. **Reichsnotopfergesetz.** Von Friedmann und Wrzeszinsky. — 1921. Gm 4,—

Nr. 150. **Reichsschädengesetze.** Von Adolf Hohenstein und Wenzel Goldbaum. — 1922. Gm 4,—

Nr. 151. **Reichseinkommensteuergesetz.** Von A. Hirschburger. 1923. Gm 6,50

Nr. 152 **Wohlfahrtsgesetze.** Von Behrend und Stranz-Hurwitz. 1923. Mit Nachtrag, enth. alle Neuerungen bis Ende 1924. Gm 5,—

Nr. 153. **Zwangsanleihegesetz.** Von Simon und Beutner. 1923. Gm 8,—

Nr. 154. **Jugendwohlfahrtsgesetz und Jugendgerichtsgesetz.** Von Drewes und Sandré. — 1923. Mit Nachtrag, enth. die Ergänzungen bis April 1924. Gm 6,—

Nr. 155. **Reichsknappschaftsgesetz.** Von Max Reuß und Fritz Hense. — 1923. Gm 7,—

Nr. 156. **Mietrecht und Wohnungsmangelgesetz.** Von Krieg. 2. Auflage. — 1924. Gm 4,80.

Nr. 157. **Dritte Steuernotverordnung v. 14. 2. 1924** mit den Vorschriften über **Aufwertung.** Von Michaelis. Gm 7,—

Nr. 158. **Strafprozeßordnung.** Alte und neue Fassung synoptisch gegenübergestellt. Von Reichsanwalt Feisenberger. — 1924. Gm 4,50

Nr. 159. **Industriebelastungsgesetz.** Von Höpker. Gm 4,—

Nr. 160. **Fürsorgegesetz.** Von Sandré. Gm 6,—

Nr. 161. **Reichsversicherungsordnung.** Von K. Lippmann. Gm 11,—

B. Preußische Gesetze.

Nr. 1. **Die Verfassung des Freistaats Preußen.** Von A. Arndt. — 1921. Gm 2,—
Ausführlicher Kommentar von Stier-Somlo. — 1921. Gm 5,—

Nr. 2. **Preußische Beamten-Gesetzgebung.** Von K. Pfafferoth. 5. Auflage. — 1916. Gm 2,40

Nr. 3. **Notteftamente.** Von E. Kurtz. — 1904. Gm 1,50

Nr. 4. **Gebührenordnung für Notare.** Von Rausnitz. 5. Auflage — 1917. (Neue Aufl. in Bearbeitung.) Gm 2,20

Nr. 5. Gesetz vom **24. April 1854 [betr. die außereheliche Schwängerung].** Von Schulze. — 1873. Vergriffen.
Reichsrecht siehe Reichsgesetze Nr. **58.**

Nr. **6—9** vergriffen.

Nr. **10. Einkommensteuergesetz** siehe Reichsgesetze Nr. **151.**

Nr. **11. Gewerbesteuergesetz.** Von A. Fernow. Vergriffen.

Nr. **12. Allgemeines Berggesetz.** Von Schlüter und Hense. 4. Auflage. — In Vorbereitung.

Nr. **13. Ergänzungssteuergesetz.** Von A. Fernow. 5. Aufl. Gm 3,—

Nr. **14. Kommunalabgabengesetz.** Von F. Adickes. 6. Auflage von Falk. — 1922. Gm 3,50

Nr. **15. Die Kreisordnungen.** Von O. Kolisch. — 1894. Gm 4,—

Nr. **16. Konzessionierung gewerblicher Anlagen.** Von W. v. Rüdiger. 2. Auflage. — 1901. Vergriffen.

Nr. **17. Preußisches Gerichtskostengesetz.** Von P. Siméon. 7. Auflage. — 1913. Mit Nachtrag von 1919 und 1920. Gm 4,—

Nr. **18. Preußisches Stempelsteuergesetz.** Von P. Loeck und W. Seyffarth. 9. Auflage mit Nachtrag von Eiffler. — 1922. (Neue Auflage in Bearbeitung.) Gm 7,50

Nr. **19. Jagdscheingesetz.** Von F. Kunze. 2. Aufl. — 1899. Gm 2,—

Nr. **20. Die preußischen Erbschaftssteuergesetze.** Von U. Hoffmann. — 1905. Gm 3,—
(**Reichs**-Erbschaftssteuergesetz siehe Reichsgesetze **Nr. 77.**)

Nr. **21. Handelskammern.** Von F. Lusensky. 2. Auflage. — 1909. Gm 3,—

Nr. **22. Anstellung und Versorgung der Kommunalbeamten.** Von W. Ledermann. 2. Auflage von L. Brühl. — 1914. Gm 2,—

Nr. 23. **Ausführungsgesetze zum Bürgerlichen Gesetzbuche.** Von P. Siméon. 3. Auflage. — 1914. Gm 2,20

Nr. 24. **Die Hinterlegungsordnung (1879).** Von G. Bartels. 2. Auflage. — 1908. Gm 2,—

Abänderungsgesetz vom 21. April 1913 siehe Nr. 53.

Nr. 25. **Preußische Kommunalbeamtengesetzgebung.** Von F. Kremski. — 1901. Gm 3,—

Nr. 26. **Diensteinkommen der Lehrer und Lehrerinnen.** Von E. Cremer. — 1900. Gm 2,20

Nr. 27. **Warenhaussteuer.** Von G. Strutz. — 1900. Gm 1,20

Nr. 28. **Die Fürsorgeerziehung Minderjähriger.** Von P. F. Aschrott. 3. Auflage. — 1917. Gm 2,80

Nr. 29. **Ärztliche Ehrengerichte, das Umlagerecht und die Kassen der Ärztekammern.** Von F. Fidler. — 1901. Gm 1,50

Nr. 30. **Preußisches Staatsschuldbuch** und **Reichsschuldbuch.** Von J. Mücke. — 1902. Gm 2,—

Nr. 31. **Die preußischen Gesindeordnungen.** Zwei Bände. Von St. Gerhard.

31 a. Altpreußische Provinzen und Rheinland. 2. Auflage. — 1914. Gm 3,—

31 b. Hannover, Schleswig-Holstein, Hessen-Nassau und Hohenzollern. — 1902. Gm 2,50

Nr. 32. **Städteordnung.** Von W. Ledermann und L. Brühl. 2. Auflage. — 1913. Gm 6,—

Nr. 33. **Rentenguts- und Anerbenrechts-Gesetzgebung.** Von M. Peltasohn und B. Peltasohn. — 1903. Vergriffen.

Nr. 34. Sammlung der wichtigsten **preußischen Strafgesetze.** Von Lindemann. 2. Auflage. — 1912. Gm 3,50

Nr. 35. **Geschäftsordnung für Gerichtsvollzieher.** Von E. Exner. — 1904. Gm 3,—

Nr. 36. **Polizeiverordnungen in Preußen.** Von O. Lindemann. — 2. Auflage. 1912. Gm 2,50

Nr. 37. **Enteignung von Grundeigentum.** Von O. Meyer. 2. Auflage. — 1911. Vergriffen.

Nr. 38. **Kreis- und Provinzial-Abgabengesetz.** Von F. Schmidt. — 1906. Gm 1,20

Nr. 39. **Unterhaltung der öffentlichen Volksschulen.** Von A. Marcks. — 1906. Gm 1,80

Nr. 40. **Verwaltungsstrafverfahren.** Von R. Katzenstein. — 1907. Gm 3,50

Nr. 41. **Die preußischen Jagdpolizeigesetze.** Von F. Kunze und R. Kühnemann. 2. Auflage. — 1907. Vergriffen.

Nr. 42. **Allgemeine Landesverwaltung** und **Zuständigkeit der Verwaltungs- und Verwaltungsgerichtsbehörden.** Von K. Friedrichs. 2. Auflage. — 1921. Gm 3,—

Nr. 43. **Verschuldungsgrenze** für land- und forstwirtschaftlich benutzte Grundstücke. Von R. Leweck. — 1908. Gm 2,40

Nr. 44. **Quellenschutzgesetz.** Von E. Voelkel. — 1909. Gm 1,—

Nr. 45. **Rechtsverhältnisse der Juden in Preußen.** Von M. Kollenscher. — 1910. Gm 2,40

Nr. 46. **Austritt aus der Landeskirche.** Von H. Caro. — 1911. Gm 2,40

Nr. 47. **Feuerbestattung.** Von W. Lohmann. — 1912. Gm 1,50

Nr. 48. **Zweckverbandsgesetz für Groß-Berlin.** Von L. Brühl, K. Gordan und W. Ledermann. — 1912 Gm 4,—

Nr. 49. **Gesetze gegen die Verunstaltung landschaftlich hervorragender Gegenden.** Von O. Goldschmidt. — 1912. Gm 2,40

Nr. 50. **Gesetz, betr. die Anlegung und Veränderung von Straßen und Plätzen in Städten und ländlichen Ortschaften.** Von O. Meyer. — 1913. Gm 3,—

Nr. 51. **Das preußische Disziplinargesetz für die nichtrichterlichen Beamten.** Von E. v. Dultzig. — 1914. Gm 4,20

Nr. 52. **Preußisches Wassergesetz.** Von G. Wulff und F. Herold. — 1913. Gm 4,50

Nr. 53. **Hinterlegungsordnung** von 1913. Von Hagemann. — 1914. Gm 2,20

Nr. 54. **Anlegung von Sparkassenbeständen in Inhaberpapieren.** Von H. Döhring. — 1914. Gm 2,80

Nr. 55. **Preußisches Wohnungsgesetz.** Von B. Schmittmann. — 1918. Gm 2,60

Nr. 56. **Das preußische Tumultschadengesetz.** Von Bruno Friedländer. — 1919. Gm 0,80

Nr. 57. Gesetz über **Landeskulturbehörden.** Von W. Holzapfel. — 1919. Gm 2,—

Nr. 58. **Arbeitsnachweis.** Von P. Wölbling. — 1920. Gm 1,—

Nr. 59. **Bildung der neuen Stadtgemeinde Berlin.** Von P. Wölbling. 2. Auflage. — 1920. Gm 1,40

Nr. 60. **Umlegungsordnung.** Von W. Holzapfel. — 1921. Gm 1,80

Nr. 61. **Preußische Verwaltungsgebührenordnung.** Von K. Eiffler. — 1925. Gm 6,—

C. Textausgaben

ohne Anmerkungen mit Sachregister.

Betriebsrätegesetz.		Vergriffen.
Bürgerliches Gesetzbuch. 14. Auflage.	Gm	4,—
Erbschaftssteuergesetz m. Ausführungsanweis. 2. Auflage.	Gm	0,70
Neue Fassung von H. Schachian. 2. Auflage.	Gm	2,—
Freiwillige Gerichtsbarkeit. — 1920.	Gm	1,—
Handelsgesetzbuch mit **Seerecht.** 11. Auflage. — 1924.	Gm	2,60
Konkursordnung. 2. Auflage. — 1915.	Gm	0,70
Kriegsgewinnsteuer. — 1916.	Gm	0,40
Die Kriegssteuergesetze. 2. Auflage. — 1917.	Gm	0,80
Militärstrafgerichtsordnung m. **Einführungsges.** — 1901.	Gm	1,30
Militär-Strafgesetzbuch. 2. Auflage. — 1916.	Gm	0,50
Reichseinkommensteuer — Körperschaftssteuer — Kapitalertragssteuer — Landessteuer.	Gm	1,—
Einkommensteuergesetz in der Fassung v. 24. März 1921 mit **Ausführungsbestimmungen,** durch Nachträge ergänzt.	Gm	1,40
Reichsfinanz- und Steuergesetze. 1922.	Gm	2,—
Reichsfinanzgesetze von 1909. — 1909.	Gm	2,60
Reichsmietengesetz. — 1922.	Gm	0,50
Reichsnotopfergesetz.		Vergriffen.
Reichsversicherungsordnung.		Vergriffen.
Strafgesetzbuch. — 1921.	Gm	1,20
Strafprozeßordnung. 5. Auflage. — 1924.	Gm	2,50
Umsatzsteuergesetz. — 1920.	Gm	0,60
Verkehrs- u. Kohlensteuer u. Kriegssteuerzuschlag. 1917.	Gm	0,60
Verfassung des Deutschen Reiches v. 11.8.1919. 2. Aufl.	Gm	0,60
Verfassung des Freistaates Preußen.	Gm	0,60
Versicherungsgesetz für Angestellte. — 1924. S.R.144.	Gm	2,—
Wechselordnung. — 1908.	Gm	0,50
Wehrbeitrag und **Besitzsteuer.** — 1913.	Gm	0,50
Zivilprozeßordnung mit **Gerichtsverfassungsgesetz** und **Einführungsgesetzen.** — 1924.	Gm	3,50
Zuwachssteuergesetz. — 1911.	Gm	0,50
— **Ausführungsbestimmungen.** — 1911.	Gm	0,40
Preuß. Ausf.-Anweis. zur **Gewerbeordnung.** — 1904.	Gm	1,—

Schlagwort-Register

R. = Nummer der Sammlung Deutscher Reichsgesetze.
P. = Nummer der Sammlung Preußischer Gesetze.
S. = Seite.

Schlagwort-Register. (R. = Reichsgesetz, P. = preuß. Gesetz.)

Schlagwort-Register. (R. = Reichsgesetz, P. = preuß. Gesetz.)

Schlagwort-Register. (R. = Reichsgesetz, P. = preuß. Gesetz.)

FSC
www.fsc.org
MIX
Papier | Fördert
gute Waldnutzung
FSC® C083411

Kolibri 360 GmbH
Ferdinand-Jühlke-Straße 7
99095 Erfurt, Deutschland
produktsicherheit@kolibri360.de